도시경영시대와 부산

- 창조도시, 해양수도, 세계도시로의 비전

河 奉 逵 저

PUKYONG NATIONAL UNIVERSITY PRESS
부경대학교 출판부

▌저자 서문

세계화와 함께 지방화(분권화)는 21세기의 메가트렌드(Megatrend)가 되고 있다. 특히, 신경제(New Economy)와 3차산업혁명(3rd Industrial Revolution)로 압축되는 새로운 국가경쟁력의 패러다임은 지난 세대 신도시형과 공단제조업 중심에서 창조적 도시경쟁력으로 전환되고 있다. 이러한 시대적 전환기에 한국의 국가경쟁력 특히 도시경쟁력은 한계에 직면하고 있다. 뿐만 아니라 북한(핵)의 위협과 선진국들의 견제, 계층과 지역간의 갈등과 대립, 이념과 사회적 아노미는 진정한 신정치경제(the New Political Economy)를 요구하고 있다.

한국의 지정학적 위치는 대륙중심의 관점에서는 동아시아의 주변적 위치이나 해양의 시대에는 세계(바다)로 진출하는 전략적 우위로 전환된다. 세계사의 흐름도 해양세력의 우위로 검증된바 있다. 하지만 불행하게도 중추적 세계견인국으로 해양국가로서의 위상에서 제2의 도시인 부산은 개국과 국난극복(6.25), 산업화(근대화)에서의 역할에도 불구하고 지난 30년간 국가지도력의 실종으로 중앙(서울)중심주의와 집권주의의 폐해로 낙후와 무관심속에 경쟁력이 저하되어 국가경쟁력에도 부정적 영향을 주고 있는 실정이다.

이제 국가경영과 도시경영의 시대적 요구로 해양시대를 견인할 새로운 국가경쟁력의 관건으로 부산의 재창조가 요구되고 있다. 부산의 '창조적 파괴(creative destruction)'는 대륙 및 서울중심주의에서 벗어나 해양과 지방(분권)의 시대적 요구이며, 민주화 이후 국가지도력의 실종에서 국가경쟁력의 관점에서 도시경쟁력을 강화시키는 시험대가 될 것이다. 실지로 부산은 최근 광역교통체제의 구축, 신항만 이전 및 북항 재개발, 도심 및 부도심 재개발, 국제공항(가덕신공항) 신축 추진 등 일련의 도시재창조 프로젝트가 가시화되고 있다.

하지만 국제해양도시, 창조허브도시, 메갈로폴리스(MCR) 등의 새로운 비전은 아직 구체화되지 못하고 있다. 이러한 도시미래비전은 한계에 봉착한 서울중심주의를 탈피하여 새로운 국가경쟁력의 대안으로 자리잡을 것이다. 특히, 국가4분지계는 한국의 지정학적 위상에서 장기발전계획이며, 국제도시화 디자인은 한국최초의 진정한 해양국제도시로의 면모를 보여준다.

도시경영시대의 부산 기획은 단순히 맹목적 지방과 지역의 활성화 기획이 아니라 국제경쟁력, 산업구도와 신경제, 해양도시의 전략적 기회, 지난 세대(민주화)의 반성과 새로운 도전 등과 함께 세계(해양시대)로 나아가는 우리 민족의 세계관문인 부산의 과거와 현재 등 세계, 대륙, 국가, 지방 및 과거, 현재, 그리고 미래가 함께하는 체계적이고 창의적인 노력을 보여준다고 하겠다.

정치학을 전공으로하는 필자가 감히 부산의 미래 비전에 관심을 갖는 것은 지역사회에 대한 관심에서다. 무엇보다 오랜기간 지역사회 구성원의 일원으로 성장하였고 직장(부경대학교)도 아름답고 추억 많은 부산에서 자리잡은 행운에 늘 감사 해왔다. 이러한 관심과 인연은 국가경영, 정치경제를 전문 연구영역으로하는 필자에게 부산의 미래상을 구상케하였다. 하지만 천학비재(淺學非才)하여 국제정치경제, 국가경영과 마케팅, 도시재창조와 도시공학, 신경제, 3차 산업혁명, 전략우위, 정치경제 등 다양하고 새로운 주제들을 체계적으로 다루려는 의도는 성공적이라 할 수 없을 것이다. 하지만 여전히 창조는 모방과 응용, 명제와 반명제, 도전과 응전, 과거와 미래, 전공과 학제 등이 유기적으로 구성되는 영역으로 이러한 새로운 시도는 결코 그 가치가 위협받지 않을 것이다.

마지막으로 본 서의 출간이 있게 한 가족을 비롯한 여러분들에게 감사의 뜻을 표하는 바이다. 또한 출판과정에서 도와주신 도서관장님(김희섭교수님), 도서출판 다산의 임직원들에게도 감사를 드린다. 특히, 본 서와 함께 기획된『미래 한국의 국가경영 비전』의 출간부터 조언과 격려를 아껴주지 않으신 선배동료교수님들을 포함하여 포럼부산비전, 하나로포럼, (사)국민교양운동본부 관계자들께도 지면을 빌려 거듭 감사를 표하는 바이다.

2013. 7

저자 씀

목/차

2부 한국의 발전과 부산의 위상

1부

국가경영과 도시(지역)경영

- 인간은 자기가 보고 싶은 것만 이해하는 동물이다
  - 줄리어스 시저

- 현대 세계는 8개의 국가전략그룹과 산업분야간의 경쟁 구도이다
  - 필립 코틀러

- 도시성이 모든 곳을 지배하고 있다
  - 찰스 랜드리

1장 / 국가경영과 국제정치경제의 환경

1 서론

✔ 탈냉전과 새로운 국가목표: Target Shift

1989/1991년 국제정치질서의 대변혁은 정치경제 특히 발전의 정치경제학에서도 소화하기 힘든 것이었다. 1989년 여름 National Interest 지에 발표되어 세간의 관심을 불러일으킨 프랜시스 후쿠야마(Francis Fukuyama)의 표현처럼 '역사의 종말(the end of history)'은 아닐지라도 '전후체제의 종말(the end of war system)'이 도래한 것이었다. 즉, 동서로 양분되어 있던 물리적, 상징적 장벽이 무너지고 이와 함께 세계 각국 외교정책의 뼈대가 와해된 것이었다.

발전의 논의에 항상 중심을 이끌어온 정치경제학자들에게 새로운 상황은 당혹과 함께 새로운 인식이 요구되었다. 전후체제의 종식은 정치경제학자들에게 대규모 이념분쟁의 종말 또는 이념간의 변증법적 대결의 종식을 의미했고, 이 싸움이 결국 자유주의적 민주주의의 승리로 끝났으며, 이제 남은 일은 이 이념을 실현할 구체적인 수단을 정리하는 작업뿐이었다. 그러나 자유주의적 민주주의의 상이한 형태사이의 또 다른 경쟁의 가능성이 동시에 제기되었다.

전후 냉전체제의 종식과 동시에 인식된 자유주의적 민주주의(혹은 자본주의)체제의 하위체제는 앵글로-색슨의 영미식 자본주의, 독일과 프랑스가 중심이 된 유럽식 자본주의, 그리고 일본이 주도하는 아시아식 자본주의로 귀착된다(Robert Gilpin 1991). 이들 자본주의 형태간의 근본적인 차이점은 경제적 운영과정에 있어서 집단주의적인 혹은 개인주의적 가치 중 어느 곳에다 중점을 두느냐 하는 데 있다. 또한 집단주의적 가치에서도 결정권자가 국가(정부) 인가 혹은 기업체(주주)인가에서 차별화 되었다. 문제의 관건은 체제상의 차이점에 국한되지 않고 새로운 상황에서 주도권을 장악하려는 경쟁체제로서의 상호인식이었다.

냉전체제의 종식은 새로운 국가 간의 경쟁구도를 보다 강화시킨 측면을 무시할 수 없을 것이다. 예컨대 경제전쟁으로 압축되는 경제주도의 시대에서 냉혹한 국제관계는 게임이론적 측면이 강조되기도 하였다. 국가정책이나 국가목표를 달성하기 위한 중요한 수단이자 투입변수라고 할 수 있다. 냉전 하에서는 국가의 제1차적 목표가 국가안보와 동일시되는 상황, 즉 국가안보가 제1차적 목표로 설정되어 국방과 외교 능력 함양에 필요한 군사, 전략, 정치적 문제가 주요 쟁점이 되고 전쟁의 조기경보, 주변 안보환경의 효과적 탐지, 주적의 국력 및 군사력 현황탐지 및 평가 등이 관심사가 된다(하봉규 1998, 31-51).

그러나 탈냉전이란 '외부효과(external effect)'의 변화는 국가 목표 및 내용의 변화를 수반하게 되었다. 이제 국가의 제1차적 목표는 경제발전이 되고 국가경쟁력확보, 과학기술혁신, 그리고 자원의 안정적 공급 등이 주요 관심사가 되었다(Fred C. Bergsten 1992; Lester C. Thurow Spring 1992; Carl Boggs 2000). 마찬가지로 국가에 따라서는 환경보존, 문화재 보호, 조직범죄와 테러리즘 예방, 해외교민의 보호와 지위 향상 등의 현안들이 주요 목표로 설정되었다.

특히 이러한 변화는 메가트렌드로 압축되는 오늘날 국가에 영향을 미치는 주요 요소와 추세인 전 세계적 상호의존, 보호무역주의와 블록경제의 성장, 다국적 기업의 초국가화, 급속한 기술발달, 정치적 갈등과 부족중심주의, 환경에 대한 관심 증가 등을 포괄하는 새로운 정치와 국가에 대한 본질적(혁신의) 문제를 제기한다.

2 오늘날 국가에 영향을 미치는 주요 요소와 추세

오늘날 정치는 전세계적으로 변화와 도전에 직면하고 있음을 목격하게 된다. 정치적 위기에 포괄된 문제점들은 국내 및 국제 문제를 상호 결정적으로 연결시키는 더욱 근본적인 요소들에 의한 결과이다. 적어도 여섯 가지 요소를 생각해볼 수 있겠다. ①전세계적 상호 의존 ②보호무역주의와 블록 경제의 성장 ③다국적 기업의 초국가화 ④신속한 기술 발달 ⑤정치적 갈등과 부족중심주의 ⑥환경에 대한 관심 증가.

✔ 전세계적 상호 의존

제2차 세계대전 후, 국제 경제 체제는 확실히 전세계 거의 모든 지역과 연결되는 무역, 투자 및 개발의 상호 의존 시스템인 세계 경쟁 체제로 변모했다. 전형적으로 경제 운용 방식은 기업, 산업, 국가 및 지역 간의 양자간 혹은 다자간의 협상과 협정을 통해 결정되거나 수정된다.

이러한 새로운 상황에서 국가적 · 지역적 경제는 필연적으로 상호 연관되어 있지만, 어떤 국가라도 자국의 의도를 타국에 강요할 수는 없다. 다양한 기회와 위협이 한편으로는 협력과 제휴를 통해, 다른 한편으로는 경쟁과 갈등을 통해 나타난다. 따라서 국제적 상호 의존은 점점 더 특수한 목적을 위한 연대를 낳는다.

예를 들어, 유럽 연합(EU)은 유럽공동체(EC) 당시부터 일본과의 무역에서 막대한 적자를 초래하자 일본의 시장 장벽에 대해 비난하고 있다. 이에 대한 타개책으로 EU는 일본의 사회보장 및 노동권이 국제 교역 규칙에서 다루어지도록 하기 위해 미국과 협력중이다.

국제적으로 상호 의존하는 상황 하에서 자급자족 경제국이 되고자 한다면, 이것은 최악의 선택이 될 것이다. 브라질과 인도는 오랜 기간 자급자족의 방안을 선택한 결과, 컴퓨터와 같은 여러 핵심 기술 부문에서 뒤처져 있다. 그 어떤 국가도 필요한 모든 것을 스스로 만들어낼 수는 없다. 국가는 품질은 더욱 좋고 가격은 더욱 싼 제품을 수입해야 한다. 그리고 국가는 고품질, 저가격 제품을 생산 · 수출하여 수입에 대한 비용을 지불해야 한다.

✔ 보호무역주의와 블록 경제의 성장

도쿄 라운드 무역 협상의 일환으로 관세가 인하되고 있기는 하지만, 1970년대 중반 이후 비관세 장벽은 더욱 크게 증가하여 이제는 국제교역상의 장애 요인으로 관세보다 더 중요하게 되었다. 여러 가지 형태의 비관세 장벽이 존재하며, 그 예로는 차별적으로 적용되는 수입허가 자격조건, 수입 할당제, 각종 감시 관행, 검역, 전횡적인 자격 요건 및 기준, 특정 국가의 수출 품목에 대한 공공연한 금지 등이 있다. 우습게도 수입을 인위적으로 제한하는 비관세 장애보다, 수입액에 대해 단순하게 부과되는 관세가 선호되고 있다.

블록 경제 역시 보호무역주의의 한 형태이다. 관세와 무역에 관한 일반협정(GATT)을 통해 일반적으로는 자유무역이 최혜국을 기준으로 적용되고 있으나, 블록 경제는 권역 내 회원국에게만 특혜 무역 협정을 발효하여 다른 지역 국가들과 명백히 차별화하고 있다. 그러나 GATT 제24조에는 조건부로 블록 경제의 수립을 허용하고 있다.

현재 약 100개 이상의 지역 블록이 존재한다. 블록 경제의 수립으로 교역 창출 및 전용이 가능하다. 지역 내 자유무역을 통해 거래 비용과 무역 관련 장벽을 낮추고, 산업 내 및 산업간의 전문화를 촉진시킨다. 블록 경제로 인한 '규모의 경제'는 산업의 효율성과 경제 성장을 더욱 강화시킨다. 지역 내 무역 증대는 새로운 무역 창출과 제3국 수입 대체(즉 블록 선호에 의해 전용된 무역)의 두 가지로부터 비롯될 수 있다. 무역의 전용은 제3국 수입 대체 효과가 신무역 창출보다 큰 경우 발생하며, 이것은 전세계 경제 복지를 전반적으로 악화시킨다.

전세계적 상호 의존, 보호무역주의 및 블록 경제의 성장을 고려해 볼 때 한 가지 중요한 문제는 양자간, 지역간, 다자간, 국제 무역 관리를 통해 각국이 원활한 교역을 할 수 있도록 하는 것이다.

✔ 다국적 기업의 초국가화

산업과 무역의 세계화는 경제 발전의 새로운 현실이다. 자동차, 전자, 의약품, 화학, 석유 및 석유화학 같은 범세계적 산업의 성장으로 새로운 형태의 국제 분업 조직이 생겨났다. 산업 국가와 개발도상국 모두가 관련되어 점점 더 상호 통합되고 있다.

다국적 기업은 빈약한 국제 조직에서 고도로 계획되고 전세계적으로 확장하는 초대형 기업으로 발전해왔다. 그 중 많은 다국적 기업의 총매출고는 대부분 국가의 GNP보다 높다. 몇몇 기업은 자국 내 정치적 영향력을 가지고 있으며, 경제 정책, 산업 개발 및 직업 창출에 영향을 미친다.

존 스톱퍼드(John Stopford)와 수잔 스트레인즈(Susan Strange)가 언급한 것처럼, "국가 체제는 그 국가의 국내 시장에 대한 진입을 통제함으로써 교역을 교란, 관리, 왜곡할 수 있는 권한은 가지고 있으나, 세계 시장에서의 거래를 위한 생산을 그렇게 쉽게 통제할 수는 없으며, 또한 생산 자체가 그 국가에서 반드시 이루어지는 것도 아니다."

결국 국제 경제 활동에서 국가 체제의 역할은 직접적인 영향을 끼치던 관행에서 벗어나 계약이나 교섭만을 다루는 방향으로 크게 변화했다. 게다가 국가가 국내 시장 보호를 위해 지출하는 비용이 무역 보호를 위해 들이는 비용보다 많지는 않다고 하더라도 그에 상당할 수는 있다.

브라질정부가 정보과학법을 도입하여 국제적인 컴퓨터 회사들의 브라질 내 생산을 금지시켰을 때, 경쟁 업체들을 따라잡기 위해 최신 성능의 컴퓨터를 필요로 하는 브라질 기업들에게 이 법의 도입은 큰 비용을 들게 했다.

✔ 급속한 기술 발달

현재 세계는 산업 시대에서 정보 시대로 발전하고 있다. 산업 시대 제1기에는 농업에서 산업으로 중심이 이동했다. 이때는 이전에 우세하던 비숙련 노동집약적 산업보다 자본집약적 산업이 더 중요시된 전환기였다. 정보 시대에는 자본집약적 산업에서 지식집약적 산업으로 중심이 변했다. 이때에 경쟁의 핵심 분야는 고부가가치 상품과 고임금 직업을 창출하는 기술 개발이 될 것이다. 초소형 전자 기술, 생물공학, 고급 자재, 텔레커뮤니케이션, 민간항공, 로봇학, 공구 및 컴퓨터 소프트웨어, 총 8개 산업 부문에서 치열한 경쟁이 벌어질 것이다. 표 1-1은 이와 관련된 30가지 성장 기술과 그들의 분야별 영향을 나타낸다.

기술은 생산성을 향상시키고, 제조업, 정보 기술 산업 등 많은 산업분야에서 총비용 가운데 노동비를 절감시킨다. 동시에 기술 및 현대적 디자인을 통해 원료를 절약할 수 있다. 이것은 값싼 노동력이나 원자재를 수출의 기본 전략으로 삼는 많은 개발도상국에게 큰 위협이 된다.

또한 최근 많은 다국적 기업들이 그들의 노동집약적 생산 시스템을 개발도상국에서 선진국으로 옮겼다.

[표 1-1] 30가지 성장 기술과 이들이 영향을 미치는 분야

기술	영향을 미치는 분야
유전자 공학	농업, 제조업(의약품), 서비스(보건), 임업, 광업
강화 칩/갈륨 비소(GaAs)	제조업(전자 및 과학 장비), 통신, 국방
인공지능	서비스, 제조업
세포/조직 배양	서비스(보건), 제조업(의약품, 식품), 농업, 임업
마이크로 컴퓨터	서비스, 제조업, 국방
CAD/CAM/CAP/CAE	제조업, 서비스, 통신
로봇학	제조업, 광업
복합 재료	제조업(자동차, 항공기)
원격 탐사	임업, 농업, 광업, 서비스, 국방
영상	제조업(전자), 서비스, 광업, 통신
광학섬유	통신, 제조업(전자)
단(單)클론 항체	농업, 제조업(의약품), 서비스(보건)
컴퓨터 소프트웨어	제조업, 서비스, 통신, 국방
고분자	제조업
레이저	제조업(전자, 운송, 의료 장비), 서비스, 통신
합성 연료	제조업(정제), 에너지, 서비스(운송)
석탄 기술	광업, 제조업
식품 조사	제조업(식품, 화학), 농업
텔레커뮤니케이션	통신, 서비스, 건설
표면 분석 화학/플라즈마 기술	제조업, 에너지, 농업, 서비스
생물자원	제조업(화학), 농업, 에너지, 임업
수소 에너지 기술	제조업, 공익 설비, 에너지
격막 및 피막 기술	제조업(식품, 화학)
발효	제조업(식품), 농업
조직 요업	제조업(금속, 운송 설비)
광전자공학/저장 시스템	통신, 제조업(전자)
건설 기술	건설, 광업
음성 인식	제조, 서비스
광기전 공학	제조(전자), 통신
신 합금술	광업, 제조업(운송 설비)

Source : From Hamid Noori, *Managing the Dynamics of New Technology : Lssues in Manufacturing Management*(New York : Prentice-Hall, 1990), Exhibit 2-1. p. 20.

그러나 이들 최신 기술은 제3세계의 발전에도 기여한다. 샘 피트로다(Sam Pitroda)가 주장한 것처럼, 첨단 기술은 수자원 탐사, 위생 설비, 농업 및 건설 등 많은 개발 분야에서 이미 중요한 요소이다. 예를 들면 지역 사회가 전기선을 교체하거나 광범위한 면역 사업을 벌일 때, 전화시스템은 과업을 완수하는 데 필수 불가결한 것이다. 특히 그

과업이 홍수나 가뭄과 같은 자연 재해와 관련되어 있다면 더 중요하다. 게다가 정보 기술은 문화적 장벽을 낮추고 경제적 불균형 등을 완화시킬 뿐 아니라 지적 불균형까지도 보완할 수 있다. 그러나 대부분의 일반 직장인들이 이런 신기술을 적절히 다루지 못하기 때문에 인적 요소에 대한 관심이 증가될 것이다.

✔ 정치적 갈등과 부족중심주의

냉전 종식 후, 각국에서는 첨예한 경제적 · 민족적 갈등 때문에 내분이 일어났다. 이제 문화적으로, 때로는 언어적으로 구별되는 사람들의 집단이 한 국가의 서로 다른 지역에 집중 분포하고 있는 복합 사회와 다국적 국가를 구별하는 것이 중요하다. 그 예로서 캐나다, 인도, 유고슬라비아, 르완다, 나이지리아, 에티오피아, 에르트리아가 있다. 정치적 긴장이 지속되고 싸움이 억제되지 않으면, 공개적 민족 분쟁으로 발전한다. 1982년에서 1992년 사이 발생한 82차례의 분쟁 가운데 72건이 내전에 상응하는 내분이었다. 소말리아, 이라크, 아프가니스탄, 캄보디아 같은 국가에서는 혼란이 더욱 심화될 듯하다. 현재 스리랑카와 구 유고슬라비아는 분열될 것이 가장 확실시된다.

1991년에서 1992년 사이 유고슬라비아가 해체되었을 때, 일부 다른 공화국들이 분리된 국가로 독립을 선언했다. 이들 중 크로아티아와 보스니아에는 상당수의 세르비아 소수 민족이 있었다. 세르비아인들은 의용군의 힘으로, 세르비아계 공동체가 있거나 지리적으로 세르비아인들과 연관돼 있는 크로아티아와 보스니아의 여러 지역에서 실질적인 통제권을 장악했다. 이들 지역의 비세르비아계는 '민족 숙청'의 이름으로 축출되거나 대량 학살되었다.

분리주의 운동이나 지역적 민족자결주의에 대한 주장은 복합 사회보다 다국적 사회에서 더 자주 발생한다. 반면 복합 사회에서는 문화적 · 민족적으로 구별되는 여러 집단이 미국의 예에서 볼 수 있듯이 국가 전역에 걸쳐 함께 생활하고 있다. 그러나 일부 집단은 끊임없는 차별과 반목에 시달린다. 집단간의 상호 관계는 경제적 · 사회적 불평등이 클 때 매우 위험하게 되며, 그 영향이 정치적 분야로까지 확산될 수 있다.

여러 동아프리카 국가에는 아시아인들, 특히 인도인 주민들이 살고 있다. 그들 중 상당수가 경제 활동을 하고 있고 비교적 부유하다. 인도네시아의 중국인들이나 유럽의 유태인들과 마찬가지로 그들은 매우 도시화되어 있고 비교적 교육 수준이 높다. 그들의 상대적 부유함과 더불어 색다른 문화와 외모로 인해 아프리카 다수 민족 사이에서 외국인 혐오증과 질투를 일으켰다. 1973년, 약 3만 명의 아시아인들이 우간다에서 쫓겨났다. 그리하여 우간다는 인재의 두뇌 유출로 인해 손해를 보게 되었으며, 아직도 그 손실을 만회하지 못하고 있다. 최근에는 케냐의 많은 아시아인들이 적대적 외국인 혐오증의 희생양이 되었다.

반면 근본적으로 다국적 국가인 '부족사회'에서 특정한 한 부족이 다른 부족들에 비해 정치적 · 경제적 세력이 더 크다면, 그 사회는 지정학적으로 뿌리 깊은 긴장과 불안에 직면할 수밖에 없다. 이러한 불안은 최근 르완다에서 다수의 후투족이 소수의 투치족에 의해 차별당하는 예에서 찾아볼 수 있다.

요컨대 민족의 양극화가 극심해지면 분쟁, 정치 불안 및 정치 분열이 자주 발생한다. 그리고 이 모든 것들은 국부 증진에 커다란 장애 요소가 된다.

✔ 환경에 대한 관심 증가

인류의 미래를 결정하는 가장 시급한 문제 가운데 하나가 바로 생태학적 붕괴이다. 다행스러운 것은 지구가 갖가지 공해, 비대체 자원의 고갈 및 각종 재해에 대해 취약하다는 인식이 점차 확산되고 있다는 점이다. 그러나 향후 성장이 환경에 미치는 부정적 영향에 관심을 보이며 환경 보호법을 더 많이 만드는 것은 후진국이 아니라 선진국이다. 반면 후진국은 생활 수준을 높이기 위해 필사적으로 노력하지만, 환경 파괴나 성장에 따른 악영향에 관해서는 거의 고려하지 않는다.

현재 환경 문제가 교역 회담에서 표면화되었다. 예를 들어, 선진국들은 환경법이 허술하거나 존재하지 않는 후진국에서는 생산비가 훨씬 더 적게 든다는 점을 들어 불이익을 당하고 있다고 불만을 표시하고 있다. 그러나 후진국에서는 환경법 제정 및 시행이 자국의 경제 발전을 지연 시킬 위험이 있다고 보고 있다.

2장 / 신경제의 충격과 도시화의 우위

1 서론

냉전체제의 종식으로 세계질서는 경제적 이해관계를 중심으로 재편되고 있다. 이러한 신국제질서의 재편과정에서 가장 두드러지게 나타나고 있는 현상을 범세계주의(globalism)와 지역주의(regionalism)라는 두 평행한 움직임의 대두라고 할 수 있다. UR 협상 타결에 따른 WTO체제의 출범이 전자의 대표적 현상이라면, 유럽연합(EU), 북미자유무역협정(NAFTA) 및 기타 지역경제블록의 형성은 후자의 대표적 현상일 것이다.

흔히 세방화(glocalization = globalization과 localization의 합성어)로 운위되는 국제정치경제의 구조적 변화에는 소위 신경제(new economy)와 도시성(Cityness)이 동시에 자리하고 있다. 신경제란 1980년 중반 이후 국제정치경제에 나타난 새로운 탈산업적 현상을 말한다. 무역의 세계화와 장거리통신, 전자, 운송, 금융서어비스 분야 등 주요 경제부문에서의 탈규제화와 인터넷으로 대표되는 정보통신기술의 혁신에 의해 가속화된 신경제는 미국을 위요한 선진경제 경쟁력의 추동력이 지적자본, 연구개발(R&D), 브랜드 파워, 인적자본 등으로 대변되는 비가시적, 지적 및 지식자산(intangibles)에 있음이 명백해진 것이다.

신경제와 함께 새로운 메가트랜드는 도시화의 충격이다. 세계의 도시 인구는 이제 50%를 돌파했다. 불과 1세기 전(1900년)에는 세계인구의 약 10%인 1억 6천만 명이 도시에 거주했으며, 반세기전(1950년)에는 세계 인구의 34%인 7억 4천만 명이 도시에 거주 했다. 미래에는 도시가 모든 것을 좌우할 것이다. 유럽은 74%, 중동과 오스트레일리아 지역은 80%에 달한다. 어쨌거나 중요한 시점이다. 모든 것의 중심이 시골에서 도시로 옮겨가는 전환점이기 때문이다. 그러나 동아시아나 기타 개발도상국의 도시는 꺾일 줄 모르는 흡인력을 특성으로 하는 산업화의 패턴 아니면, 유럽과 북미 등 선진공업국들은 도시부활사업이 주된 과제로 떠오르고 있다.

우리는 불확실하고 불길하고 취약하고 세계의 거만한 세력을 통제하지 못하는 시대를 살아가고 있다. 산업혁명기나 지난 반세기동안 일어난 기술혁명 같은 역사의 과도기는 필연적으로 혼란을 낳는다. 신경제에서는 행위를 이끌어갈 윤리적 가치 기반이 필요하며, 모든 사회적 문제에는 정치, 경제, 문화, 환경 등 다각적 가치와 선택의 문제가 포함된다.

도시는 여러 얼굴을 갖고 있는 통합체이다. 경제행위가 이루어진다는 측면에서 경제이다. 사람들의 공동체라는 측면에서는 사회이다. 인위적으로 조성된 환경이라는 점에서 인공물이다. 자연환경으로 본다면 생태계이다. 그리고 경제, 사회, 인공물, 생태계라는 여러 가지 이름을 모두 지배하는 것은 합의된 규칙, 다시 말해서 정치이다. 그러나 내부를 움직이고 이끄는 것은 문화이다. 우리가 중요하다고 생각하는 것, 신념, 습관으로서의 문화야 말로 도시를 구별할 수 있게 해준다.

각각의 도시는 국가 단위의 정부보다 훨씬 큰 세상을 대화상대로 삼아야 한다. 전세계 투자은행, 국내투자기업, 토지개발자, 인재의 관심을 끌어야 한다. 그 도시가 주는 울림을 고정시킬 수도 새로 만들어 줄 수도 있는 미디어의 환심을 사야한다. 대도시는 잘 살아남기 위해 다양한 무대, 즉 직접 맞닿는 지역에서부터 지방, 국가, 더 넓게는 전 세계에서 활약해야 한다.

2 신경제의 충격

✔ 신경제의 대두: Intangibles의 중요성

이러한 국제 정치경제구조적 변화를 총칭하는 개념으로 신경제(new economy)를 논급할 수 있다. 신경제란 시기적으로 80년대 중반이후에 나타난 탈산업적 경제로 다음의 두가지 현상에 의해 가속화된 새로운 국면이다. 첫째로는 무역의 세계화와 장거리통신, 전자, 운송, 금융서어비스 분야 등의 주요 경제부문에서의 탈규제화이다. 둘째로는 인터넷에 의해 가속화된 정보기술(information technology)의 발전이다.[1)]

이러한 두 가지 본질적 발전- 하나는 경제 · 정치적이며 다른 하나는 기술적인-은 기업의 구조를 극적으로 변화시켰으며 intangibles(무형자산)를 선진경제에서의 주요 가치 창출자로서 위치시켰다. 비물리적 혹은 비가시적(non-physical or unseen) 자산으로 불리워지는 intangibles는 지적 자본, 연구개발, 브랜드명, 인적자본 등을 포괄하는 자산으로 21세기로 접어들면서 미국을 위시한 선진경제의 핵심적 경제추동자이다. 반면 공장, 기계, 사무실, 광물자원 등으로 대변되는 전통경제의 회계자산(장부가액)은 여전히 신속하고 직접적인 상품화에도 불구하고 기껏해야 투자에 비해 기본적(일반적) 가치창출에 머무른다.

그림 1-1에서 보여주듯 기업의 장부가액(대차대조표)에 대한 시장가치의 비율은 1980년대 초부터 증가하기 시작하여 2001년 3월에 이르러 6.0(배)에 이르게 된다. 스탠더드 앤 푸어(Standard and Poor)사가 분석한 대상(기업)이 미국의 500대 기업에 한정되지만 마이크로소프트사의 예에서 보여주듯[2)] 기업의 가치 뿐 아니라 선진경제 경쟁력의 '관건열쇠(master key)'는 intangibles인 것이다.

[그림 1-1] Average Price-to-Book Ratio of S&P 500 Companies, December 1977–March 2001

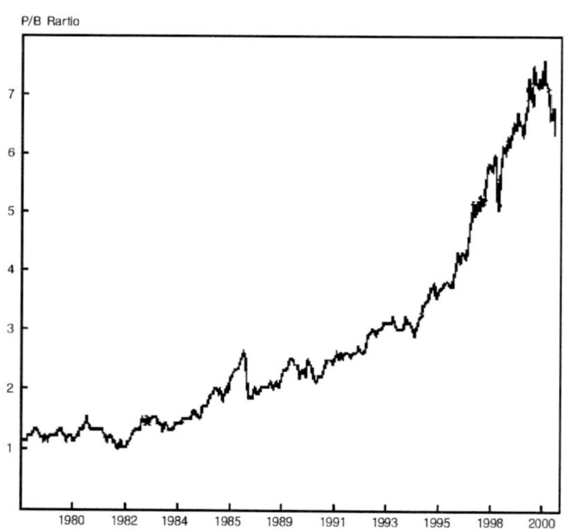

출처 : Compustat, Standard and Poor, McGraw Hill.

a. Ratio record every month

'지적자본(intellectual capital)' 혹은 '지식자산(knowledge assets)'으로도 불리우는 intangibles는 크게 3가지의 하위유형을 갖는다. 첫째는 혁신관련 intangibles로, 이것은 개인(Thomas Edison, Alexander Graham Bell) 및 기업의 활동에서 언제나 중요한 활

동영역인 동시에 특허나 신안적 우위에 의해 일정기간 비정상적 혹은 독점적 이윤을 확보할 수 있다. 둘째는 인적자원 intangibles로 이것은 혁신관련 intangibles와 직결되어 신경제 기업의 사활적 요소가 된 혁신의 긴급성에 따른 혁신 혹은 창조적 활동에 필요한 대량의 인적자원 관리문제이다.[3] (전문적 창조적 노동자(professional creative workers)는 건축가, 엔지니어, 수학자, 컴퓨터과학자, 도시계획가, 저술가, 예술인, 연예인, 운동선수가 포함되며 이들의 수는 미국의 경우 1900년 기준 20만 명에서 1999년에는 760만 명에 이르렀으며, 고용비율로는 0.7%(1900년)에서 5.7%(1999년)로 상승했다.(Baruch Lev 2001, 14-15) 셋째는 조직적 intangibles로 20세기 후반 이후 요구되는 지속적 혁신과 관련하여 단순 관리(조직운영)차원이 아니라 조직간의 창조적 결합을 통해 특정 산업에서의 주도적 위상이나 새로운 분야를 창출할 수 있다.[4]

실지로 Intangibles는 1970년대 뿐 아니라 훨씬 예전인 문명화의 초기에도 존재해 왔었다. 하지만 가게나 논밭, 작업장에서 이에 대한 아이디어가 사용될 때 이것은 창조된 것이며, 전기, 내연기관, 전화, 의약품과 같은 발명을 통해 intangibles의 파도가 나타난 것이다. 그러므로 이것은 결코 새로운 현상이 아니라 1980년대 중반이후 그 비중(경쟁력)의 주도적 위치가 자리잡힌 것으로 알 수 있듯이 정치, 경제, 기술적 대전환에 의해 극적으로 나타난 것이다. 그리고 이러한 현상은 국부에 관한 새로운 논의를 야기 시키는 것이다.

3 도시성의 지배

도시성이 모든 곳을 지배하고 있다.

세계의 도시 인구는 이제 50%를 돌파했다. 이 수치에는 굉장한 의미가 담겨 있다. 사람들이 아무런 제약 없이 시골을 떠나간다. 미래에는 도시가 모든 것을 좌우할 것이다. 물론 선진국에서는 도시 인구가 50%를 넘은 지 오래다. 유럽은 74%, 중동과 오스트레일리아 지역은 80%에 달한다. 어쨌거나 중요한 시점이다. 모든 것의 중심이 시골에서 도시로 옮겨가는 전환점이기 때문이다.

'도시성(Cityness)'은 우리 대부분이 처한 상태이기도 하다. 도시성이 모든 곳을 지배하고 있다. 거리상 도시와 멀리 떨어져 있더라도 도시의 큰 소용돌이를 벗어날 수는 없다. 도시의 촉수와 틀과 발자취는 주변의 넓은 지역에까지 뻗쳐 있다. 물리적인 모습과 정서적인 느낌, 환경, 그리고 경제를 형성한다. 예를 들어 런던의 경우 사방 70km까지, 뉴욕은 더 멀리까지, 도쿄는 그보다는 훨씬 더 멀리까지 자기 도시권으로 인식하고 물리적으로 영향을 미친다. 이들의 도로와 파이프, 고압선 탑의 연결망은 끝없이 이어진다. 이런 현상은 작은 도시 주변에서도 마찬가지이다. 각 도시마다 자신의 관할 구역 또는 강력하게 주변을 끌어들이는 중심점이 있다. 자석처럼 끌어당기는 소용돌이와 이 관할 구역이라는 것이 합쳐지면 우리가 한때 자연이라 부르던 대부분이 사라진다. 주변의 모든 것에 영향을 미치는 기운을 가진 존재가 바로 도시이다.

도시주의urbanism(보통 농촌과 대조적이라고 생각되는 도시의 생활양식을 구성하는 모든 특질의 총체를 말한다, 역자)는 이러한 기운(도시의 영향력, 역자)을 이해하고, 도시와 도시성이 가진 힘, 자원, 잠재력을 보다 풍부하게 파악할 수 있는 개념 틀이다. 도시를 이해한다는 것은 곧 도시를 '읽고', 도시의 생리를 이해할 수 있는 능력과 기술을 말한다. 도시를 이해한다는 것은 도시주의에 대해 배우면 진전될 수 있다. 도시를 이해한다는 것과 도시주의는 포괄적으로 연계되어 있으며, 가장 중요한 기술이다. 도시주의를 완전히 이해하려면 반드시 다양한 전망과 통찰력, 복합적인 관점을 가지고 도시를 바라봐야 한다. 그 위에 더해지는 것이 바로 문화에 대한 이해, 즉 문화의 생리에 대한 이해이며, 궁극적으로는 이것이 열쇠이다.

밤에 지구를 보면 도시가 어느 정도나 차지하고 있는지 가장 구체적으로 드러난다. 일본은 국가 전체가 등대처럼 빛난다. 오사카에서 도쿄까지의 거리 515km 전부가 인구 8천만 명이 거주하는 연결된 도시로, 한 덩어리에 가깝다. 중국 남부의 주장 강 삼각주는 쌀농사를 짓던 들판이 50년 만에 거의 다 도시로 바뀌었다. 더 놀라운 점은 중국 동부 해안 지대가 머지않아 하나로 이어지는 도시가 된다는 사실이다. 미국의 동부 해안은 보스턴에서부터 워싱턴에 이르는 710km 거리가 거의 완전히 도시화되었으며, 그 불빛은 내륙 쪽으로도 뻗어나간다. 그 길이는 동부 해안에서 내륙방향으로 1000km에 달한다. 40년 전만 해도 에스파냐 해안선을 상공에서 내려다보면 바르셀로나, 발렌시아, 알리칸테, 알메리아, 말라가 등 눈에 띄는 대도시가 몇 안 되고, 그 사이로 어촌이 드문드문 자리했다. 오늘날에는 970km에 달하는 거리가 거의 전부 도시이다. 프랑스의 마르세유에서 이탈리아의 제노바까지(440km)도 마찬가지다. 아프리카 대륙만 유일하게 어둡고 눈에 띄는 밝은 곳이 드물다.

도시가 유지될 수 있는 것은 도시에서 자기의 꿈과 기대를 이루거나 생존에 필요한 요구를 완전하게 만족시킬 수 있다는 확고한 신념을 갖고 활동하는 사람들 덕분이다. 그러나 어디나 다 그렇지는 않다. 우선, 유럽에서는 인구가 정체되고 이제 내리막길에 들어섰다. 유럽과 미국의 사례가 증명하듯이 산업화 시대에는 사람들이 작은 마을에서 대도시로 이동하는 인구 집중이 대세이다. 이제 나타나기 시작한 두 번째 양상은 역도시화(도시화 과정의 3단계에 해당하는 것으로, 대도시 중심부와 교외를 포함한 대도시권 전체의 인구가 감소하기 시작하는 단계이며, 학교와 같은 공공 편의 시설의 유휴화 현상과 저소득층의 비율 증가, 슬럼가 형성, 범죄 발생률 증가 등 도시의 쇠퇴 현상이 뚜렷하게 나타나게 된다, 역자)와 유사하다. 인구 증가율이 대도시에서는 주춤거리면서 소도시와 시골에서 가장 높은 수치를 기록하고 있다. 물론 서구에서 도시 부활 사업이 전개되면서 그러한 경향이 다소 줄어들고 있는 것은 사실이다. 도시 부활 사업은 도시를 더욱 안전하고 매력적이고 생기 넘치는 곳으로 만들려는 시도들인데, 이는 자식 없는 사람들이나 젊은 전문가층 같은 다양한 소집단들의 관심을 끌게 되었다.

반대로 동 아시아나 기타 개발도상국이 도시는 꺾일 줄 모르는 흡인력을 여전히 자랑하고 있다. 사람들은 희망과 필요에 따라 도시로 몰려든다. 인류 역사상 최대 규모의 인구 이동이 바로 눈앞에 펼쳐지고 있다. 도시를 찾아오는 사람들의 물결이 끝없이 이어진다. 대다수는 가난하다. 그러나 일단 어느 정도 정착하고 나면, 그 속에서도 여러 계층으로 나누어지고 각 계층마다 갖는 경제적 전망도 달라진다. 인구가 폭발적으로 증가하고 있는 아프리카, 아시아, 라틴 아메리카의 도시에서 빈곤 계층들이 비참한 상태에 놓여 있기는 하지만 각 빈곤 계층은 자기보다 조금 형편이 나은 집단에게 서비스를 제공할 수 있다. 그렇게 해서 자신들의 꿈을 일부나마 이룬다. 음식을 만들어 파는 일부터 개인 서비스까지 다양한 일을 하면서 사슬 아래쪽에서 점차 위쪽으로 올라가게 된다. 맨 아래에는 착취적인 생산 라인에서 일하는 노동가 운송 서비스가 있고, 그 다음엔 건축과 건설, 꼭대기에는 서구에서 요구하는 수준과 비슷한 금융 및 레저 관련 직업이 있다. 따라서 슬럼가는 복잡하다. 그 속에는 그들만의 고유한 계층 구조와 성층화가 존재한다.

상파울로의 인구가 1984년의 천만 명에서 1999년 2천 만 명으로 팽창하면서(연간 유입 인구가 60만 명이 넘는다) 생긴 영향이 어떠했을지 상상해 보자. 아니면 홍콩에서 차로 90분 거리에 있는 선전(深圳)을 보자. 어쩌면 가장 극단적인 예일지도 모르지만

이 도시는 1970년대 후반에 벼농사를 짓는 마을에서 오늘날 천 만이 넘는 인구를 가진 도시로 성장했다. 어떻게 보면 정말 감탄할만한 업적이다.

얼마나 많은 물리적 인프라가 필요해질지 상상해 보자. 심리적 스트레스가 얼마나 클지 상상해 보자. 이런저런 수치들이 발표되지만, 그 수치를 뒤에 이어지는 '0'의 행렬 속에는 밀집된 생활환경, 악화되는 환경오염, 가난의 고통, 도시의 급박함, 멋대로 지어진 흉한 건물, 갈수록 커져 가는 무력감이 들어 있지 않다. 그 '0'들로는 꿈을 이루거나 파괴당한 삶들이 감당해야 했던 힘겨운 무게, 그들이 겪어야 했던 비애, 참아낼 수밖에 없었던 불의와 무력감, 어쩌다 한 번씩 찾아오는 기쁨을 담아낼 수 없다.

1900년에는 세계 인구의 10%인 1억 6천 만 명이 도시에 거주했다. 1950년에는 34%인 7억 3천 만 명이 거주했다. 오늘날에는 50%인 32억 5천 만 명이 도시에 산다. 유럽, 남북 아메리카, 아프리카, 오세아니아, 서아시아의 모든 사람이 도시에 한다는 얘기와도 같다. 한편 이런 평균값만 봐서는 격차를 알 수 없다. 도시 지역에 사는 인구 비율이 벨기에의 경우 97%, 영국이 89%, 독일이 88%인 반면, 유럽 전체로 보면 74%이다. 프랑스와 벨기에의 전체 인구를 합한 숫자인 6천 8백 만 명이 해마다 새로이 도시 인구에 합류한다. 유럽에서는 인구 증가율이 벌써 안정되었고, 나머지 증가분은 아시아와 아프리카의 몫이 될 것으로 예상하고 있다.

1900년 세계 10대 도시는 북반구에 자리했다. 현재는 10대 도시 중 뉴욕과 로스앤젤레스만 북반구에 있고, 2015년이 되면 하나도 남지 않을 것이다. 1800년에는 인구 백만 명인 런던이 세계 최대 도시였다. 오늘날은 인구가 백 만 명이 넘는 대도시는 326개이다. 2025년에는 650개가 된다고 한다. 이렇게 백 만이 넘는 도시 중에는 란치, 솔라푸르, 산루리스 포토시, 가지안테프, 남포, 다퉁, 탄중카랑, 다바오, 우루무치 등 들어보기도 힘든 도시가 많다. 충칭의 인구가 거의 8백만에 육박하고, 아마다바드가 5백만을 웃돌고, 우한과 하얼빈이 바짝 뒤따를 것이라고 누가 생각이나 했겠는가? 인구 천만이 넘는 거대 도시의 수는 1975년 5개에서 1995년 14개로 증가했으며, 2015년에는 26개에 달할 것으로 예상된다. 라고스의 인구는 1980년 280만이었던 것이 오늘날에는 1300만 명이며, 캄팔라의 인구는 같은 기간 동안 3배 넘게 성장했다. 예를 들자면 끝도 없다.[5)]

3장 / 전환기적 세계와 패러다임의 변화

1 서론

세계사에서 강대국으로서 위치가 영구히 고정적이진 않았음은 분명한 것이다. 그러나 국가경쟁력상의 우열위를 결정하는 요소 자체는 사회집단의 성장속도, 기술 그리고 조직과 같이 몇 개의 주요한 고정적 범주이다. 예컨대, 국제세력으로서 서양의 발흥과 동양의 쇠퇴는 1500년 이후 등장한 장거리 함포를 탑재한 군함을 갖고 왕성한 대서양 무역을 행한 유럽국가들에 의해 구조화되었다. 왜냐하면 그 후 등장한 증기기관, 선박, 금속자원 등의 개발에 진력해 온 유럽국가들은 여타 지역의 국가들의 힘을 크게 위축시키면서 상대적 우위를 증대시켰기 때문이다. 기술발전과 군사력의 역할관계로 우열위가 결정됨이 명확하여진 것이다.

거시비교사적으로 살펴보면 관례적이니 동서양의 구분은 유라시아대륙에 걸쳐 근대화의 이전 세계권력의 판도를 변화시킬 능력을 가졌었던 유목세력을 빠뜨린 미흡성을 보여줄 뿐 아니라 중국, 인도, 이란으로 대변되는 동양의 정주(농경)세력과 그리스와 로마를 필두로 지중해에서 대서양으로 확대된 유럽세력과 차별되는 전략적 합리성을 보여온 유라시아 유목세력의 역사와 의미를 돌아보게 한다.

지난 700여 년 동안 중국은 동양에서 군사력이 가장 강력한 나라였으나 공식적인 국가업무와 종교적 영역뿐만 아니라 상업활동이나 무기개발 같은 분야에서도 획일적인 신앙과 관습을 강요하는 중앙집권적 권력을 구축한 결과로 엄청난 피해를 보았다. 반면 유럽에서는 위세있고 조직적으로 보이는 거대 권력이 존재하지 않은 반면 여러 왕국과 도시국가들이 호전적 분쟁을 일삼는 바람에 끊임없이 군사력 증강을 자극했다. 그것은 기술적 · 상업적 진보와 서로 맞물려 열매를 맺었다. 변화를 가로막는 장애가 적은 유럽사회는 지속적인 경제성장을 이루어 군사력을 증강할 수 있게 됨으로써 시간이 경과함에 따라 세계의 다른 지역을 앞지르게 되었다.

한편 국가(국민경제, 국부 등)의 발전문제의 해답을 찾기 위해 경제적 사회와 번영의 성격에 대한 하나 또는 다수의 고전적 관전에서 찾아지는 이들 관점 가운데 가장 대표적인 것들은 다음과 같다. 토머스 먼(Thomas Mun, 1571-1641)은 중상주의, 프랑수와 케네(Francois Quesnay, 1694-1774)의 중농주의, 아담 스미스(Adam Smith, 1725-1790) 노동분업론, 칼 마르크스(Karl Marx, 1818-1883)의 자본론, 존 케인즈(John M. Kaynes, 1883-1946)의 재정정책 관리론, 프리드리히 하이에크(Friedrich von Hayek, 1899-1992)의 자유시장주의에 이르기 까지 다양하게 이어진 국부구축에 관한 기라성 같은 경제학자들의 이론들은 수많은 기술, 강연 및 토론회에서 닦여지고 토론되고 정교화되었다.

2 거시비교사적 발전패턴

오늘날 세계권력의 구도는 세계지도에 압축되어 있으며 그것은 바로 서구의 우위이다. 서구의 패권은 산업혁명(근대화)을 통해 구조화됐으며 이러한 불평등구조는 세계화의 메가트렌드에 의해 미래사회의 도전의 핵심이 될 것이다.

우리는 지금까지 동서양이란 이분법적 용어를 일상화 하였다. 그러나 이러한 접근은 동서양, 특히 유라시아 유목제국을 누락시키는 우를 범하는 것이다. 또한 거시역사적 비교관점에서 보면 중국과 인도를 중심한 아시아농업(정주)국가, 유라시아 고원초원지대의 유목(부족)국가, 유럽역사의 주축을 이루어온 해양(도시)국가들은 상이한 자연적 특성과 이에 따른 국가생존(전략)의 선택에서 많은 시사점을 제공한다.

아시아의 농경정주권, 유럽의 해양교역권, 유라시아 유목제국권은 지리적 특성에 기초한 생존 및 발전방식 또한 뚜렷한 차이점을 보여준다. 이러한 방식은 인문지리적인 원칙, '전략적 합리성(strategic rationality)'에서 찾아진다.

농경정주권은 중화세계의 아열대/온대기후, 인도의 열대성 기후, 이란의 지중해성 기후를 막론하고 조밀한 인구 속에 고착적이고 정태적인 특성을 가진 사회였다. 유목사회의 경우는 농경사회와 달리 군사사회였다. 즉, 구성원이 곧 군인으로 타고난 기마술과 궁술을 바탕으로 사회적 합의만 이루어지면 전쟁으로 즉시 이전될 수 있었다. 유럽의 경우에는 정주성과 유목성을 결합한 형태에 가까웠다. 도시국가란 정치단위로서만 아니라 군사 및 경제(교역)단위이기도 했다.

지난 천년동안 중국은 동아시아에서 가장 강대한 나라였으나 13세기 몽고, 17세기 여진족의 침략에서 보여주듯 유목세력으로부터 끊임없는 침략과 약탈의 반복이었다. 중화세계는 민족국가 형성 이후 만리장성과 전제정에 안주하면서 서서히 약해졌으며 권력중심부로부터 부패가 만연되었다. 혁명과 새로운 왕조가 탄생되기도 했으나 공식적인 국가업무와 종교적인 영역, 상업 활동 등 전반에서 획일적인 신앙과 관습을 강요하는 중앙집권적 권력을 구축한 결과 엄청난 피해를 입게 되었다.

반면 유라시아 초원지대 유목인들은 끊임없는 이동과 주기적인 자연재해와 같은 가혹한 자연환경으로 인해 강인성, 이동성, 편재성 등을 갖게 되었다. 그들은 농경문명에 약탈과 공납의 요구를 되풀이하였다. 기원전 2세기에서 17세기의 중국과 투르크-몽골인들의 관계, 로마말기의 훈족과 13세기 동유럽침략의 몽골족의 예에서처럼 유럽도 예외일 수 없었다. 아틸라, 징기스칸, 티무르로 대표되는 유목민이 건설한 대제국과 몰락은 지리적 특징과 함께 유목민적 특성으로 이해 가능하다.

메소포타미아와 나일강으로 대표되는 소아시아의 변경에서 출발한 유럽의 역사는 해양세력 주도의 역사였다. 오리엔트문화는 에게문명을 탄생시켰으나 그리스는 오리엔트와는 근본적으로 다른 독창적인 문화를 창조, 발전시킴으로써 오늘의 유럽문화의 원천이 되었다. 그리스는 지리적 여건으로 바다와 친숙해 해외로 진출했고, 곳곳에 식민지를 건설함으로써 지중해 일대가 하나의 역사로 형성될 기반을 조성하였다. 그리스 몰락 후 로마는 5세기 동안 오리엔트를 포함한 전지중해를 정복하고 3대륙에 걸친 거대한 제국을 건설하였다. 로마제국 붕괴 후 유럽의 패권은 민족이동기나 그 직후의 혼란과 무질서 상태를 겪게 되고, 베네치아와 같은 바다도시국가에서 스페인, 포르투갈을 걸쳐 네덜란드와 영국으로 패권의 축이 북상하게 되었다.

농업기반의 정주사회에서는 생산은 자기자족적인 단순 순환과정만을 보여주며, 농업과 공업이 하나로 통합되는 '(농업)생산과 자조 합리성(production and self-help rationality)'으로 설명될 수 있으며, 약탈과 공납의 요구를 번갈의 되풀이하는 유목민들의 이러한 전략선택 방식은 '약탈과 전쟁 합리성(predation and war rationality)'으로 이해할 수 있으며, 유럽의 경우 식민중심주의와 양립적 패턴(생산과 약탈)은 '교역과 식민 합리성(trade and colony rationality)'으로 이해할 수 있다.[6)]

3 국부론의 전개

경제 발전문제의 해답을 찾기 위해 제시되는 여러 현존 제안들은 경제적 사회와 번영의 성격에 대한 하나 또는 다수의 고전적 관점에서 비롯된다. 이들 관점 가운데 가장 대표적인 것들은 다음과 같다.[7)]

토머스 먼(Thomas Mun, 1571-1641)은 국부 구축을 연구한 초기 경제학자 가운데 한 사람으로서, 그는 영국이 외국에서 수입한 물자보다 더 많은 물자를 팔아야한다는 중상주의 정책을 주장했다. 그는 외국 제품의 가격을 올리고 수입품목에 보호관세를 부과하여 국민의 외제품 소비를 줄여야 하며, 대부분의 국내필수품을 공급하는 자국 산업을 발전시키고, 영국기업들이 가능한 한 많은 제품을 수출하도록 권장하도록 제안했다. 이 관점은 국내 금 보유고를 증진시킬 수 있는 최선의 방안이라 여겨졌다. 중상주의자들은 재화가 아닌 금을 국부의 척도로 여겼다.

프랑수아 케네(Francois Quesnay, 1694-1774)는 중농주의적 관점을 진전시켜, 국부는 축적된 금의 양이 아니라 국가가 향유할 수 있는 원자재의 양(특히 생산비용을 초과하는 농산물 및 광산물의 잉여치에 의해 결정된다고 보았다. 케네는 제조나 교역을 기껏해야 인위적인 부를 창출할 뿐 상대적으로 헛된 활동이라고 보았다.

아담 스미스(Adam Smith, 1725-1790)는 유명한 국부의 본질과 원인에 관한 탐구 An Inquiry into the Nature and the Causes of the Wealth of Nations라는 논문에서, 각 노동자가 전문가화됨으로써 특정 작업에서 더 생산적이 될 수 있다는 노동분배 원칙에 따라 국가는 최고의 가치나 부를 창조한다고 설명했다. 어느 누구도 작업환경에서 필요한 모든 것을 얻어낼 수 없으며, 노동자는 그가 작업한 노동의 교환가치에 따라 원하는 재화를 획득할 수 있다는 것이다. 아담 스미스는 교환, 사유, 재산 그리고 자유시장을 국부 구축의 기초로 간주했다.

존 메이너드 케인즈(John Maynard Keynes, 1883-1946)는 자유시장경제 및 계획경제 양자에 결점이 있다고 보았다. 그는 통화공급과 재정정책을 능숙히 관리함으로써 경기주기를 단축하는 긍정적 역할을 정부가 해야 한다고 주장했다.

프리드리히 폰 하이에크(Friedrich von Hayek, 1899-1992)는 이와 반대로 정부가 기업을 소유하거나 규제하는 등 적극적으로 개입하면 경제성장을 저해하고, 국내경제를 파탄에 이르게 하며, 폭정(전제주의) 통치를 가져올 수 있어 결국에는 국가를 농노제도화할 수 있다고 주장했다. 그의 주장은 시장사회주의로 지칭되는 전후 독일(서독)의 경제체제의 기반이 되었으며 밀턴 프리드먼에 의해 확장되었다. 프리드먼은 현재 정부의 기업소유나 경제에 대한 규제를 강력히 반대하는 학자로서, 정부의 개입이 사회전체의 손실과 혼란을 야기하는 근원이라고 생각했다.

국부 구축에 관한 이러한 기라성 같은 경제학자들의 이론들은 수많은 저술, 강연 및 토론회에서 닦여지고 토론되고 정교화되었다. 슘페터, 해러드, 도마르, 쿠즈네츠, 크라크, 로스토우, 갈브레이드 등과 같은 경제학자들은 경제 발전 과정을 이해하는 데 커다란 공헌을 해왔다. 세계은행이나 IMF과 같은 경제발전 기구들 또한 어느 나라의 어떤 경제발전 프로그램을 지원할 것인가를 결정하기 위한 지침으로서 독자적인 이론들을 보유하고 있다.

필립 코틀러((Philip Kotler)는 국가마케팅the Marketing of Nations에서 먼저 국가경제 발전경로상의 문제점 등 국부 구축상 고려되어야 할 여러 가지 환경상의 문제점과 기본적인 사항을 설명하고 나서, 국가의 전략적 비전 설정을 위한 SWOT(strengths, weaknesses, opportunities, threats) 분석 방법을 설명하고 있다. 기업이 시장을 분석하는 것처럼 전세계적 관점에서 경쟁국가별로 분석을 실시할 것을 제안하고 있다. 분석은 자원의 효율적 배분을 위해 매우 중요한 방법이다. 다음으로, 각 분야별로 국가의 전략개발 방법을 사례를 들어 설명하고 있다. 마지막으로, 기업과 국가정책간의 상호보완 및 연관성의 중요성을 강조하며, 기업이 자기 성장 및 투자 평가를 위해 국가정책을 시너지적으로 활용할 수 있는 방법을 제시하고 있으며, 기업간·국가간의 전략적 제휴가 국부 구축의 중요한 전략임을 예시한다.

정치경제 특히 발전의 정치경제학으로 국가경영, 즉 마케팅개념을 도입한 국가마케팅은 새로운(마케팅적) 국가의 목적과 목표, 발전전략, 각국의 치열한 국부 창출노력과 시장 점유 전략 등을 보여주는 하나의 좋은 본보기이다. 그러나 하나의 대안 과학으로서 그리고 새로운 정치경제학으로서 위상을 찾으려면 국가마케팅의 주창을 수용해야하는 동시에 그 것의 한계를 인식하고 적절한 대안을 찾아야할 것이다. 예컨대 국가마케팅에서 결여된 정치(군사) 및 외교의 역할관계, 지역 및 비경제적 자원(요소)관리, 개혁과 개선 정책 우선순위 등을 포괄해야할 것이다.

4 국가경쟁력

가장 방대하고 복잡한 조직체인 국가를 경영대상으로 할 때 종래의 정치학 의미에서 논의해온 소위 국가의 구성요소, 즉 국민, 영토, 정부 그리고 주권에서 탈피해야할 필요가 있다. 이는 주권과 같은 법적 개념인 동시에 (국제)정치적 개념 뿐 아니라 국민과 영토라는 애매하고 관례적인 접근에서 벗어나 보다 구체적인 요소들로 재구성해야할 필요성이 제기된다. 특히, 정부는 국가경영의 주체인 동시에 경영대상이 되기에 법적이거나 대내적인 개념에서 나아가 경영자 및 대외적 개념으로 전환해야할 것이다. 그리고 이러한 대안은 소위 국가마케팅에서 흔히 운위되는 국부의 (평가)요소에서 찾아질 수 있을 것이다.

전통적인 국가 정책 입안자들은 자국의 상품 및 서비스 양을 확대시키고자 한다. 그러나 이런 식의 발상은 많은 정책 입안자들로 하여금 장기적 국가 경제의 건실한 발전에 필요한 중대한 요소들을 간과하게 할 수 있다.

국부를 평가하는 데에는 다음의 네 가지 요소가 포함되어야 한다.

① 천연자본-토지, 수자원, 광물, 목재, 그 밖의 천연자원의 가치

② 물적자본-기계류, 건물, 공공 시설물의 가치

③ 인적자본-국민의 생산적 가치

④ 사회자본-사회를 결속하는 가족, 공동체 및 다양한 조직의 가치

국가가 이들 가운데 어느 하나라도 소홀히 하거나 적절히 개선·투자하지 않는다면, 단기적 이익에 급급해 장기적인 국가 경제의 건실한 발전을 약화시킬 위험에 처하게 된다. 국부의 창출의 직접적인 요인은 국가경쟁력으로 나타난다.

국가경쟁력은 이제까지 국가경쟁력의 분석 범위와 분석단위의 모호성, 국가경쟁력의 결정요인과 평가요인의 혼용, 국가경쟁력의 상대적이고 동태적인 성격의 간과 등으로 그 개념에 있어서 매우 모호하게 사용되어 왔다. 그리고 국가경쟁력에 관한 각 이론들을 살펴보면 국가, 산업, 기업의 차원에서 각각 국가경쟁력을 설명하고 있을 뿐, 이들 세범주를 모두 포괄하며 범세계적 경쟁현상을 동태적으로 설명할 수 있는 통합적인 차원에서의 국가경쟁력을 설명하지는 못하고 있다.

국가경쟁력의 개념을 정의하기 위한 전제조건으로는 세분화된 산업을 분석단위로 한

국가범위와 기업범위를 통합한 분석범위를 가진 개념이어야 하며, 국가경쟁력의 결정요인과 평가요인을 모두 포괄할 수 있는 개념이어야 한다. 이에 국가경쟁력의 조건은 그 나라안에 존재하는 산업이 국제경쟁력을 가져야 하며, 이러한 산업이 다수이어야 하고, 이들 산업에 공통적으로 작용하는 경쟁력의 원천이 그 나라안에 있는 것을 말한다.

휴 모즐리(Hugh Mosley)와 건터 슈미드(Gunter Schmid)는(1993년) 국가의 경쟁력이 미시 경쟁력과 국제 경쟁력으로 구성된다고 주장한다. 미시 경쟁(경쟁 우위)은 해외경쟁 업체들과 비교한 상대적 가격 및 품질의 매력도 면에서 국내 기업이 자사 제품을 세계시장에서 판매할 수 있는 능력이다. 값싼 노동력과 풍부한 천연자원을 포함한 저비용 국가의 기업은 보다 가격 경쟁적으로 경쟁 우위를 누릴 수 있다.

반면 국가의 국제경쟁력(비교우위)은 국제 경제에서 높은 요소 소득을 달성할 수 있는 국가의 능력을 나타낸다. 만일 국가가 값싼 노동 우위로만 경쟁한다면, 국가는 노동력에 대한 임금 및 노동 조건을 영원히 낮게 유지해야 한다. 그러므로 목표는 단순히 국제교역에 관여하는 것만이 아니라 뛰어난 생산성, 서비스, 품질 및 혁신을 기반으로 하여 높은 임금 수준을 유지하며 국제 교역을 해야 한다. 공공 정책이 여기에서 중요한 역할을 할 수 있다.

河奉逵교수(1998년)는 산업발전의 패턴과 연결하여 국가경쟁력이 산업화 초기의 비교우위에서 산업발전과 함께 경쟁우위로 발전하고 오늘날 글로벌 경쟁체제와 정보통신의 혁명을 들어 미래의 국가경쟁력은 지식산업이 관건이 되는 동시에 국제경쟁과 협력이란 상이한 성격이 결합되는 '전략우위(strategic advantage)'로 나아갈 것으로 파악한다. 특히, 우위의 본질은 누적적인 동시에 변화(우위순환론: circulation of the advantage)한다고 설명한다. 표 1-2를 참조하면 명확해질 것이다.

[표 1-1] 우위유형 비교표
by Dr. Bong-Gyu Ha

	비교우위 (comparative adv.)	경쟁우위 (competitive adv.)	전략우위 (strategic adv.)
우위요소	노동, 자본, 토지	핵심요소 - 6개 세부요인 - 다수	관건요소(info-sphere), 핵심요소 및 세부요인
경쟁패턴	정태적(상황의존적)	동태적 (상황개선형-내부통제중심)	동태적(상황통제형-외부〈효과〉 통제중심)
합 리 성	시장합리성 - 지정학 - 다중의 소기업 중심 - 무역(산업의 국제화)	계획합리성 -지경학 -다수의 산업 및 MNC -생산의 국제화	전략합리성 -탈지경학 -산업의 복합화, 세분화 -생활의 국제화
특 성	invisible hand - national value - unique culture - industrialization - modernity - direct wage - missing link in env. - natural resource - economism	invisible fist - standard value - cultural identity - int'l ind.j - post-modernity(PM) - indirect wage - concrete effort - human resource - high politics	invisible head - eternal value - universal culture - glocal ind. - creative PM - cultural wage - alternative provider - intellectual resource - low politics

- cf. -

· Samuel Bowles and Herbert Gintis, "The Invisible Fist: Have Capitalism and Democracy Reached a Parting of the Ways?," American Economic Review, Vol. 68, No.2, p. 358; Chalmers Johnson, MITI and the Japanese Miracle(Stanford: Stanford Univ. Press, 1985), p. 25; Mike Featherton(ed.), Global Culture: Nationalism, Globalization and Modernity(London: SAGE Publications, 1990); 조동성, 『국가경쟁력』(민음사, 1995); 하봉규, '21세기 국가정보체계(NIS)에 관한 비교연구: 국가정보의 새로운 개념과 전략정보구상', 『국제지역연구』 제2권 제2호(국제지역학회, 1998), pp. 31-53.

5 국가브랜딩

브랜드는 기업 경영에서 사용하는 개념이었다. 브랜드는 타사의 제품과 자신의 제품을 구분해주는 역할을 하며, 브랜딩은 사람들의 인식을 바꾸어 그 브랜드를 가치 있게 만드는 작업이라는 것을 앞에서 살펴보았다. 국가브랜드도 브랜드의 한 유형이다. 그렇기 때문에 국가브랜드의 가치가 높아지려면 브랜드 인지도가 높아져야 하고, 브랜드 연상 작용이 긍정적이고 선호되는 것이어야 한다.

최근 주목받는 국가브랜드 개념은 기업에서 사용하는 브랜드의 개념을 국가로 확대해서 적용한 것이다. 사이먼 안홀트는 국가브랜드를 "사람들이 한 국가에 대해 느끼는 유형, 무형 가치들의 총합"이라고 정의했다. 국가브랜드는 특정 국가가 가지고 있는 고유의 특성과 잠재력, 미래 비전 등을 포함하는 한 국가의 '소프트파워'를 의미하는 개념이다. 이미 사람들은 하드파워의 시대가 가고 소프트파워 시대가 왔다고 입을 모아 말한다. 이런 변화의 흐름 속에 국가브랜드라는 개념은 경쟁력 있는 국가가 되기 위해 더욱 중요한 개념으로 부상하고 있다. 국가의 이미지와 브랜드 가치가 중요한 시대가 온 것이다.

국가브랜딩이란 국가 고유의 아이덴티티나 이미지를 긍정적인 방향으로 바꾸어 국가와 차별화시키고 국가의 인지도와 영향력, 경제적 가치를 높이는 작업이다. 국가브랜딩은 기업이 만드는 상품처럼 단순히 국가 자체를 하나의 브랜드로 만드는 것이라기보다, 국가 안에 존재하는 여러 요소들의 이미지 호의적이고 독특하며 강하게 만들어 궁극적으로 국가의 가치를 높이는 것이다. 가치를 높여 기업을 살리고 국민의 삶의 질을 향상시켜 종국에는 국가를 발전시키는 것을 주요 목적으로 한다. 국가브랜딩은 국가의 브랜드들이 시장에서 경쟁력을 갖도록 긍정적인 기반과 효과적인 환경을 생성하고 영향을 끼치는 것이다.

일본은 2005년 7월 경제산업성을 주축으로 "일본이 세계무대에서 경쟁력을 유지하려면 역사, 문화, 감성 등 고유자산을 바탕으로 일본 브랜드 가치를 향상시켜야 한다"는 사실을 공표했다. 그래서 만들어진 것이 바로 파나소닉, 도요타, 샤프, 캐논 등 일본을 대표하는 기업과 디자이너, 학자, 전문가 등이 모여 만든 '신일본양식협의회'다. 한국과 중국 등 다른 아시아 국가들이 치고 올라오는 상황에서 일본은 단지 제품의 품질만으로는 경쟁력을 높이기 어렵다는 생각을 하기 시작했고, 그래서 품질 그 이상의 가치를 부여할 수 있는 '브랜드 가치'에 관심을 쏟게 된 것이다. '신일본양식' 캠페인은 일본 전통에 뿌리를 둔 '일본다움'을 담고 있되, 현대를 살아가는 전 세계 사람들에게도 매력적으로 다가갈 수 있는 '일본 브랜드'의 개념을 확립한다는 목표를 두었다. 이 캠페인에 따라 '신일본양식'의 개념의 충실한 상품을 생산하도록 독려했다. 일본 정부는 야마하의 사일런트 바이올린, 도요타의 프리우스, 혼다의 아시모 로봇 등 세계적으로 인정받는 우수제품으로 구성된 '신일본영식 100선(選)'을 선정해 'J마크'라는 인증마크도 달아주는 등 브랜드 가치 높이기 작업을 펼쳤다. 이렇게 국가브랜드 가치를 높이는 일은 일본 기업이 생산하는 기업 브랜드들의 인지도와 가치를 높이는 일과 '윈-윈'할 수 있다.

성공적인 국가브랜딩은 경제적, 사회적, 정치적 효과를 낳는다. 경제적으로는 자국의 제품 경쟁력이 높아지고, 외국 관광객과 투자 유치가 활발해지며, 원산지 효과도 극대화되고 통화 안정성도 증가한다. 사회적으로는 국민들이 국가에 대한 자부심이 높아지면서 결속력이 증대되고, 갈등이 해소되면서 사회통합이 쉬워진다. 정치적으로도 국제정치력과 국제 협력체제가 강화되며 국제 신용도가 높아진다. 국가브랜딩은 끊임없이 순환하는 과정으로 국가브랜드의 가치가 높아지면 제품브랜드의 가치가 높아지고, 제품브랜드의 가치가 높아지면 또 국가브랜드를 강화하게 된다.

국가브랜드가 할 수 있는 역할은 매우 광범위한 영역에 걸쳐 있다. 우선 국가브랜드는 자국의 기업들이 만든 제품에 대해 보증브랜드(Endorsing Brand)와 총괄브랜드(Umbrella Brand) 역할을 할 수 있다. 데이비드 아커는 "보증브랜드는 피보증브랜드의 주장에 대해 지원과 신뢰성을 제공하는 역할을 한다"고 말했다. 즉, 국가가 보증브랜드가 된다는 것은 국가 자체가 원산지 브랜드가 되어 그 나라 안에서 만들어진 제품의 질에 대해 보증하는 역할을 한다는 의미다. 우리가 일반적으로 '메이드 인 재팬' 제품을 신뢰하는 것은 바로 이런 이유 때문이다.

총괄브랜드는 개별브랜드를 하나로 묶어줄 수 있는 브랜드로, 강력한 총괄 브랜드가 있으면 개별브랜드의 시장진입이나 인지도 확보에 큰 도움이 된다. 총괄브랜드의 긍정적인 이미지가 그대로 개별브랜드에 연결될 수 있기 때문이다. P&G의 기업브랜드의 이미지가 좋다면, P&G에서 생산하는 하위 브랜드인 프링글스, 아이보리, 페브리즈, 팸퍼스, 위스퍼 등도 좋을 것이라고 생각한다. 국가도 마찬가지다. 좋은 이미지를 가진 국가가 총괄브랜드가 된다면 그 국가 안에서 만들어진 제품들은 '메이드 인 OOO'이라는 라벨만 붙어도 자연스럽게 긍정적인 이미지를 획득할 수 있다. 오타와 주 칼톤대학 스프롯 경영대학원의 니콜라스 파파도풀로스 교수는 이렇게 말했다. "명확하고도 통일

된 총괄브랜드가 확립되면 범위 안에 포함된 부분들은 비일관적인 메시지가 외부에 전달될 수 있을지 걱정하지 않아도 해당 범위 내에서 마음껏 활동할 수 있다.” 결국 국가브랜드가 보증브랜드와 총괄브랜드로써 강력한 입지를 구축하게 되면 제조국의 이미지와 브랜드 이미지를 개선시켜 기업들의 해외 마케팅을 활성화할 수 있다.

또한 국가브랜드는 그 자체로도 ‘상품’이 될 수 있는데 관광산업이 대표적인 경우다. 국가를 그 자체로 제품처럼 브랜딩을 하게 되면 생산과 소비가 동시에 일어나는 관광산업이 발전할 수 있다. 국가브랜드는 투자유인효과를 만들어내기도 한다. 어떤 국가가 외국인직접투자를 유치하려면 충분한 인적, 물적 투자도 필요하지만 좋은 국가 이미지도 필수적이다. 국가브랜드는 외자유치에 직· 간접적으로 영향을 미칠 수 있는 중요한 요인이다. 오늘날의 기업들은 세계 곳곳에서 제품을 만들고, 전 세계를 대상으로 판매한다. 그렇기 때문에 기업들은 제품이 만들어지는 곳, 제품을 판매하는 곳의 차별화된 아이덴티티와 이미지를 중요하게 고려할 수밖에 없다. 소비자들 역시 기업의 브랜드뿐만 아니라, 제품이 만들어진 곳도 고려해 구매를 결정한다. 생산국가의 이미지가 부정적일수록 소비자들은 낮은 가격을 기대하고, 반대로 국가의 이미지가 긍정적이라면 고가라 해도 크게 관여하지 않는다. 이를 할로효과(후광효과)라 하는데, 국가브랜드는 할로효과를 만드는 중요한 요인이 된다.[7)]

4장 신정치경제 : 국가마케팅과 도시마케팅

1 서론

오늘날 사회과학자들에게 정치(국가)와 경제(사회)의 이론정립 만큼 친밀함과 당혹감의 이중구조를 갖는 영역도 드물 것이다. 국가의 재발견, 정치와 경제의 다이나미즘, 주요 국가들의 경제에 관한 역할관계, 현존하는 체제들의 다양화, 유동화 문제 등은 전체 사회과학의 영역에서의 새로운 패러다임, 즉 신정치경제학(the new political economy)의 논의가 제기되고 있는 것이다.

국가경영과 같은 새로운 정치경제학에서는 국가의 정의는 더 이상 규범적이나 역사적 개념규정에 머무르지 않는다. 예컨대 국가의 목적 및 목표도 가치나 규범 규정에 있는 것이 아니라 명시화된 성격을 갖는다. 그리고 무엇보다 경제적 가치에 기반한 사회가치의 창출로 적시된다. 그리고 이러한 가치창출의 직접적 요인은 국가경쟁력으로 구체화된다.

국가발전의 의제에 있어 먼저 국가와 발전의 개념이 갖는 질적·초경제적 포괄성이다. 국가란 가장 방대한 조직으로서 다양한 요소들로 구성된 복합체이다. 발전은 질적 및 초경제적 개념으로 즉, 성장(growth)의 개념이 갖는 양적, 경제적 제한개념과 대비된다.[8] 정치경제학적 접근에 의하면 국가발전에 대체 되는 개념은 국부(national wealth)일 것이다. 왜냐하면 부(wealth)란 정치, 경제 및 사회적 복합체인 것이다.[9]

실제로 모든 국가는 서로 다른 발전단계에 처해 있고, 서로 다른 특징을 보인다. 이들 단계 및 특징은 많은 전문가들에 의해 제시되었다. 그 가운데 월트 로스토우(Walt Rostow)와 마이클 포터(Michael Porter, 1990)가 대표적이라 하겠다.

로스토우는 경제발전 단계를 유명한 전통사회, 과도기적 사회, 경제개발 도약단계, 기술발달, 대중소비라는 유명한 5단계론을 제시하였다. 그에 따르면 경제성장은 한 단계에서 다음 단계로 넘어가는 원동력이며, 첫 3단계상에 있는 국가들은 저개발국가로 간주된다.[10]

보다 최근의 예는 마이클 포터의 국가경쟁력 발전단계론이다. 포터는 경쟁우위의 이론을 이용하여 국가의 경제발전과 성장과 번영의 국가적 차이를 설명한다. 그는 4단계 경제 발전 과정을 제시하며 각 단계는 각각의 특징을 보인다.[11]

포터의 관점에서 볼 때, 국가의 번영은 경쟁우위의 향상과 직접적으로 연결된다. 초기단계에서 국가는 발전을 위해 요소조건을 이용하려 한다. 다음 단계에서 국가는 해외기술 및 자본 설비 투자를 유치함과 동시에 저축을 권장한다. 노동 및 자원집약형 산업이 자본 및 기술집약형 산업으로 대체된다. 가장 우수한 기업들은 제품 및 서비스를 차별화하여 고부가가치를 생산할 수 있게 된다. 이들 기업은 해외에서 지식 활동에 집중한다. 그 다음 단계에서 국부 창출의 주 원동력으로 혁신을 꾀하게 된다. 만일 혁신이 성공한다면 국가는 기존의 부를 관리·보전하고자 하는 또 다른 단계로 이동한다. 국가의 경쟁우위가 쇠퇴하기 시작하면 투자 및 혁신 활동이 부진해 진다.

2 국가의 재발견

1) 국가의 목표

코틀러(Philip Kotler)교수는(1997년) 국가의 목적을 국부의 창출로 명시하고 국가의 목표를 아래와 같이 적시한다.

튼튼한 경제

여기에서 주목표는 경제 성장을 촉진시켜 빈곤을 감소시키고, 물질적 생활수준을 높여 1인당 GNP 수준을 향상시키는 것이다. 광범위한 경제 성장 패턴은 인구의 대다수를 차지하고 있는 '목표' 빈곤층의 소득 수준을 향상시키는 데 초점을 맞추어야 한다.

경제 성장 추구와 함께, 국가는 국제 경쟁력 향상에 힘써야 한다.[12] 대부분의 빈곤국가에서 국가 경쟁력 향상은 세계 시장에 대한 참여, 자본 유입 및 기술 이전의 강화를 의미한다.

국가는 내부적으로 높은 고용 수준과 물가 안정을 바란다. 또한 인구의 전 계층이 질 좋은 서비스를 이용·분배할 수 있기를 원한다. 개인적·사회적 차원에서 지속적이고 꾸준한 경제 발전 없이는 인적 잠재력은 현실화될 수 없다. 추가적인 도약을 위해서는 기본적인 것이 충족되어야만 한다. 그러므로 개인당 소득 수준 향상, 절대 빈곤층 제거, 교육 및 고용 기회 확대, 불균형 소득 분배 완화는 충분조건은 아니더라도 성장하는 데 있어 절대적으로 필요한 목표인 것이다.

건실한 사회

국가 회계의 잘못된 관행 가운데 하나가 GNP 성과를 토대로 국부 및 복지를 측정하는 것이다. 이것은 매우 편협한 견해이다. 사람의 생활은 자신의 소득뿐만이 아니라 장수, 안전, 환경, 건강 그리고 범죄로부터의 해방, 약물 및 가정 파탄 등에 의해서도 영향을 받는다.13)

결국 양적인 문제가 아니라 질적인 면에서의 높은 GNP 성장이 관심사이다. 그러므로 두 가지 목표가 있어야 하겠다. 첫째, 생활수준의 향상, 건강, 양질의 교육, 고용 기회의 확대 및 문화적·인도주의적 가치에 관한 더 큰 배려라는 개인적인 목표. 둘째, 사회 결속, 정의, 좋은 환경, 안전 및 평화와 같은 사회 전체의 목표.

건전한 정치과정

어느 국가의 국민이든 좋은 정부를 갖기를 원한다. 이것은 적어도 시민들이 정부 관행 및 운영에 영향을 끼칠 수 있어야 함을 의미한다. 시민들은 투표를 통해 국민을 권력의 위치에 오르게 하거나, 마찬가지로 물러나게 할 수도 있어야 한다. 민주주의란 좋은 정부에 대한 개념을 형성하는 강력한 요인이다.14)

2) 국가의 기능

스테펜 벨(Stephen Bell)교수와 존 워너(John Wanna)교수는(1992년) 국가의 기능을 다음과 같이 구분한다.

부의 창시자로서의 국가 이것은 기반시설의 제공, 민간 투자 증진을 위한 다양한 정책 수단 활용, 산업군의 구축을 위한 기반 창출, 합작 투자자의 역할 및 다른 형태의 공공-민간 혼합 개발을 통해 경제 개발을 촉진하는 국가적 활동과 관련된다.

보호자 및 옹호자로서의 국가 이것은 국방비 지출 및 민족 집단이나 사회적으로 불이익을 당하는 집단과 같은 다양한 이익 집단에 대한 국가의 지원을 수반한다. 이 기능은 또한 법적·제도적 체제의 유지도 포함한다.

조정자로서의 국가 이것은 광범위한 사회적·경제적 활동에 관한 기준과 규제를 확립하는 국가의 기능을 포함한다. 그 예로는 제품 기준, 경쟁적 행위, 오염 통제 및 산업과 노동 시장 규제에 관한 조치 등이 있다.

중재자 및 분배자로서의 국가 이것은 분쟁을 판결·해결하고, 소득을 보장하며, 노동자에게 최소 임금을 제공하도록 계획된 국가의 활동을 포함한다.

조직자로서의 국가 국가는 이익 단체들을 의도적으로 후원하거나, 일부 이익 단체는 인정하고 다른 단체는 인정하지 않음으로써 사회적으로 중요한 기구 및 단체에 영향을 줄 수 있다.

3) 국가경쟁력 : 요소 및 우위유형

가장 방대하고 복잡한 조직체인 국가를 경영대상으로 할 때 종래의 정치학 의미에서 논의해 온 소위 국가의 구성요소, 즉 국민, 영토, 정부 그리고 주권에서 탈피해야 할 필요가 있다. 이는 주권과 같은 법적 개념인 동시에 (국제)정치적 개념 뿐 아니라 국민과 영토라는 애매하고 관례적인 접근에서 벗어나 보다 구체적인 요소들로 재구성해야 할 필요성이 제기된다. 특히, 정부는 국가경영의 주체인 동시에 경영대상이 되기에 법적이거나 대내적인 개념에서 나아가 경영자 및 대외적 개념으로 전환해야 할 것이다. 그리고 이러한 대안은 소위 국가마케팅에서 흔히 운위되는 국부의 (평가)요소에서 찾아질 수 있을 것이다.

전통적인 국가 정책 입안자들은 자국의 상품 및 서비스 양을 확대시키고자 한다. 그러나 이런 식의 발상은 많은 정책 입안자들로 하여금 장기적 국가 경제의 건실한 발전에 필요한 중대한 요소들을 간과하게 할 수 있다.

국부를 평가하는 데에는 다음의 네 가지 요소가 포함되어야 한다.[15)]

① 천연자본-토지, 수자원, 광물, 목재, 그 밖의 천연자원의 가치

② 물적자본-기계류, 건물, 공공 시설물의 가치

③ 인적자본-국민의 생산적 가치

④ 사회자본-사회를 결속하는 가족, 공동체 및 다양한 조직의 가치

국가가 이들 가운데 어느 하나라도 소홀히 하거나 적절히 개선·투자하지 않는다면, 단기적 이익에 급급해 장기적인 국가 경제의 건실한 발전을 약화시킬 위험에 처하게 된다. 국부의 창출의 직접적인 요인은 국가경쟁력으로 나타난다.

국가경쟁력은 이제까지 국가경쟁력의 분석 범위와 분석 단위의 모호성, 국가경쟁력의 결정요인과 평가요인의 혼용, 국가경쟁력의 상대적이고 동태적인 성격의 간과 등으로 그 개념에 있어서 매우 모호하게 사용되어 왔다. 그리고 국가경쟁력에 관한 각 이론들을 살펴보면 국가, 산업, 기업의 차원에서 각각 국가경쟁력을 설명하고 있을 뿐, 이들 세 범주를 모두 포괄하며 범세계적 경쟁현상을 동태적으로 설명할 수 있는 통합적인 차원에서의 국가경쟁력을 설명하지는 못하고 있다.

국가경쟁력의 개념을 정의하기 위한 전제조건으로는 세분화된 산업을 분석단위로 한 국가범위와 기업범위를 통합한 분석범위를 가진 개념이어야 하며, 국가경쟁력의 결정요인과 평가요인을 모두 포괄할 수 있는 개념이어야 한다. 이에 국가경쟁력의 조건은 그 나라 안에 존재하는 산업이 국제경쟁력을 가져야 하며, 이러한 산업이 다수이어야 하고, 이들 산업에 공통적으로 작용하는 경쟁력의 원천이 그 나라 안에 있는 것을 말한다.[16)]

4) 국가경쟁력의 창출요인

마이클 포터교수(1990년)는 국가경쟁력을 결정짓는 요인으로는 요소조건, 기업의 전략, 조직 및 경쟁양상, 관련 및 지원산업, 수요조건 등의 근본요인과 간접적인 영향을 미치는 외생변수로 정부와 기회로 규정한다.[17)]

① 요소조건 - 해당산업에서 국제적으로 경쟁하는데 필요한 생산요소의 상대적인 양을 말하는 것으로 부존요소로 인적자원, 물리적 자원, 재무적 자원, 사회간접자원이 있고, 정부나 기업 혹은 정부-기업 간의 공동노력에 의해 투자를 통해서 창출되는 창출요소가 있다.

② 기업의 전략, 조직 및 경쟁양상 - 한 기업이 생성, 조직, 운영되는 과정과 그 기업이 속해 있는 산업의 특성에서 비롯되는 경쟁력의 원천으로 기업차원의 변수와 산업차원의 변수가 있다.

③ 관련 및 지원산업 - 중점산업의 잠재적, 직접적인 자원이 되는 수평적·수직적 연관

산업

④ 수요조건 - 양적요소로 시장의 규모와 질적요소로 수요의 질적요인(수요욕구)이 있다.

⑤ 정부 - 외생변수

⑥ 기회 - 성격상 단속적이며 예측이 불가능한 요인이다.

오늘날 세계경제에서 무엇이 국가의 국가경쟁력을 결정하는가? 포터교수는(1990년) 그 설명을 국가자체나 그 국가의 속성에서가 아니라 산업군, 산업 및 기업의 상황에서 찾아볼 수 있다고 주장한다.[18] 그러나 역사적으로 실증적으로 국가경쟁력은 각국의 경제적 요소 뿐 아니라 문화적 정치적 배경 등이 포괄된 요소들의 결합이며 각 나라에 맞는 독자적인 전략이 관건이 된다. 무엇보다 국가의 잠재적 기회를 전체적으로 파악하려면, 사회 · 문화 및 정치적 요소들을 모두 고려해야 한다. 전략적 개념에서 본다면 국가발전의 핵심을 조직과 개인이 외부자극에 어떻게 행동하고 반응하는가에 관한 확고한 이해를 바탕으로 국가의 비전과 거시정책을 수립하는 것이 요구된다.

3 국가마케팅

1) 국가 발전전략의 개념과 요소

국가발전의 의제에 있어 먼저 국가와 발전의 개념이 갖는 질적 · 초경제적 포괄성이다. 국가란 가장 방대한 조직으로서 다양한 요소들로 구성된 복합체이다. 발전은 질적 및 초경제적 개념으로 즉, 성장(growth)의 개념이 갖는 양적, 경제적 제한개념과 대비된다.[19] 정치경제학적 접근에 의하면 국가발전에 대체 되는 개념은 국부(national wealth)일 것이다. 왜냐하면 wealth란 정치, 경제 및 사회적 복합체인 것이다.[20] 그리고 국가변천의 설명개념으로서 타당성이다.

실제로 모든 국가는 서로 다른 발전단계에 처해 있고, 서로 다른 특징을 보인다. 이들 단계 및 특징은 많은 전문가들에 의해 제시되었다. 그 가운데 월트 로스토우(Walt Rostow)와 마이클 포터(Michael Porter, 1990)가 대표적이라 하겠다.

로스토우는 경제발전 단계를 유명한 전통사회, 과도기적 사회, 경제개발 도약단계, 기술발달, 대중소비라는 5단계를 제시하였다. 그에 따르면 경제성장은 한 단계에서 다음

단계로 넘어가는 원동력이며, 첫 3단계상에 있는 국가들은 저개발국가로 간주된다.[21)]

보다 최근의 예는 마이클 포터의 국가경쟁력 발전단계론이다. 포터는 경쟁우위의 이론을 이용하여 국가의 경제발전과 성장과 번영의 국가적 차이를 설명한다. 그는 4단계 경제 발전 과정을 제시하며 각 단계는 각각의 특징을 보인다.[22)]

포터의 관점에서 볼 때, 국가의 번영은 경쟁우위의 향상과 직접적으로 연결된다. 초기단계에서 국가는 발전을 위해 요소조건을 이용하려 한다. 다음 단계에서 국가는 해외기술 및 자본 설비 투자를 유치함과 동시에 저축을 권장한다. 노동 및 자원집약형 산업이 자본 및 기술집약형 산업으로 대체된다. 가장 우수한 기업들은 제품 및 서비스를 차별화하여 고부가가치를 생산할 수 있게 된다. 이들 기업은 해외에서 지식 활동에 집중한다. 그 다음 단계에서 국부 창출의 주 원동력으로 혁신을 꾀하게 된다. 만일 혁신이 성공한다면 국가는 기존의 부를 관리·보전하고자 하는 또 다른 단계로 이동한다. 국가의 경쟁우위가 쇠퇴하기 시작하면 투자 및 혁신 활동이 부진해 진다.

오늘날 세계경제에서 무엇이 국가의 국가경쟁력을 결정하는가? 포터교수는(1990년) 그 설명을 국가자체나 그 국가의 속성에서가 아니라 산업군, 산업 및 기업의 상황에서 찾아볼 수 있다고 주장한다.[23)] 그러나 역사적으로 실증적으로 국가경쟁력은 각국의 경제적 요소 뿐 아니라 문화적 정치적 배경 등이 포괄된 요소들의 결합이며 각 나라에 맞는 독자적인 전략이 관건이 된다. 무엇보다 국가의 잠재적 기회를 전체적으로 파악하려면, 사회·문화 및 정치적 요소들을 모두 고려해야 한다. '전략적 개념'[24)] 에서 본다면 국가발전의 핵심을 조직과 개인이 외부자극에 어떻게 행동하고 반응하는가에 관한 확고한 이해를 바탕으로 국가의 비전과 거시정책을 수립하는 것이 요구된다.

국가의 전략과 비전과 형성은 수많은 수요자와 공급자가 존재하는 세계시장에서의 경쟁적 위치, 각국의 고유한 자원, 경제정책 및 무역전략이 고찰되어야할 것이다. 때때로 이런 요소들 때문에 특수한 무역관계가 맺어지고 특정한 국가 전략을 취하게 된다. 일본, 미국, 유럽 등 선진 무역 국가 등이 그 예가 될 수 있다.

국가의 발전전략 논의는 전략과 비전의 형성 뿐 아니라 전략적 위상 개발과 기업의 성장과 번영의 지원체제 확립도 포괄해야 할 것이다. 전자의 영역에는 투자정책의 개발, 산업군 구축, 산업포트폴리오 개발, 무역정책 개발, 거시정책의 개발, 기반시설의 개발, 및 지방화 등 국가의 각종 제도적 장치의 개발이 포함될 것이다. 후자의 경우엔 기업과 국가간의 전략연결을 비롯하여 기업의 성장조성, (국내)기업과 산업 간의 전략적 제휴, 국제적 전략제휴 등이 포함될 것이다.[25)]

2) 세계경쟁구조와 국가전략그룹

현재 세계는 산업시대에서 정보 시대로 발전하고 있다. 산업시대 초기에는 농업에서 산업으로 중심이 이동했다. 이때는 이전에 우세하던 비숙련 노동집약적 산업보다 자본집약적 산업이 더 중요시된 전환기였다. 정보 시대에는 자본집약적 산업에서 지식집약적 산업으로 중심이 변했다. 제조업은 매우 대중화되어 있기는 하나(또는 자동차나 유류와 같이 특수한 품목도 있다), 그 범위는 훨씬 더 넓고 농업, 서비스, 금융 등을 포괄하고 있다. 이때에 경쟁의 핵심 분야는 고부가가치 상품과 고임금 직업을 창출하는 기술 개발이 될 것이다. 초소형 전자 기술, 생명공학, 고급 자재, 텔레커뮤니케이션, 민간항공, 로봇, 공구 및 컴퓨터 소프트웨어, 총 8개 산업 부문[26)]에서 치열한 경쟁이 전개되고 있다.

또한 개별국가는 오늘날 국제정치경제의 메가트렌드로 불리우는 전세계적 상호의존, 보호무역주의와 블록경제의 성장, 다국적 기업의 초국가화, 급속한 기술발달, 정치적 갈등과 부족중심주의, 환경에 대한 관심 증가 현상을 최종적으로 이해하여야 한다. 세계경쟁구조의 이해는 국가의 전략적 비전 형성의 기반이 되는 것이다.

국가의 전략적 비전 형성은 전략적 위상 개발과 직결된다. 모든 국가는 서로 다른 발전에 처해 있고 서로 다른 특징을 보인다. Philip Kotler교수는 국가를 두 가지 전략적 차원, 부의 지위와 산업화의 정도에 따라 8개의 전략그룹, 즉 산업대국, 신흥산업국, 산업특화국, 다인구국가, 구 사회주의국가, 석유부국, 빈곤국가, 남미국가로 분류한다.[27)]

국가발전전략은 먼저 자국의 전략적 위상을 파악해야할 것이다. 나아가 국제적 전략그룹상의 위치 및 세계경쟁구조의 특성을 이해해야 한다. 즉 산업화의 정도와 부의 지위향상을 위한 노력을 경주해야할 것이다. 이것은 국가전략그룹이 갖는 복합적 성격[28)]을 이해해야 할 것이다.

전략그룹은 세계경쟁구조 측면에서 또한 새로운 통찰을 제공할 수 있다. 즉 국가의 발전단계 및 경제적 성과에 의해 분류된 것과 같이 실재하는 그룹 간 격차의 상존성이다. 예컨대 강국그룹과 중진국그룹, 약국그룹 등으로 피라미드형(수직적) 구조를 갖는다는 점이다. 또 한편으로 전략그룹은 그룹 내 국가들 간의 관계모형은 원형(수평적) 구조를 갖는 점이다.

그러나 전략그룹이 갖는 보다 본질적인 의미는 그룹 간 격차의 상존성과 특히 선진산업국 진입을 둘러싼 각국의 역량문제이다. 실제에 있어 지난 20세기동안 선진국(산업대국과 산업특화국)으로 진입한 예는 일본이 거의 유일한 경우이며 21세기에도 싱가포르를 제외한 나라들의 선진국 진입은 힘들다고 평가된다. 종전직후 국부구축에 성공했던 아르헨티나의 혁신실패와 90년대 후반 아시아를 강타한 유동성위기도 이러한 측면에서 의미심장하다. 국부와 산업(기술)화의 진전은 점차 높아 갈수록 어려움이 가중될 것이며, 특히 인구(규모)의 크기가 클수록 일관화된 산업구축이 요구될 것이다. 선진국 진입에의 어려움은 국부의 구축전략에서 부흥전략으로의 전략 전환[29], 자주 활용하는 따라잡기(catch-up) 전략에서 돌파(breakthrough) 및 추월(overtake)전략으로의 혁신[30] 그리고 비교(거시)우위에서 경쟁(미시)우위와 전략우위로의 우위패턴 이전[31], 국부의 구성상 일반요소에서 고급 및 전문요소로의 이동을 전제하기 때문일 것이다.

4 도시마케팅

1) 도시마케팅의 의의

도시마케팅은 표적집단의 욕구에 따라 도시의 경제적, 사회적 기능과 조건을 구성해 도시에 대한 이들의 수요와 이용을 극대화하려는 행위이다.[32] 도시마케팅은 도시정부가 하는 마케팅 활동으로, 도시정부가 다른 도시와 경쟁하는 가운데 도시의 발전을 목적으로 다른 도시들과의 비교를 통해 자신의 상대적 장점과 단점에 대한 분석을 하고, 고객의 필요와 욕구(needs and wants)를 확인한 다음, 이에 근거한 가장 적합한 상품을 개발, 구성하고, 광고 등을 통해 고객의 선택을 받기 위해 노력을 전개하는 활동이다. 마케팅은 과거 상품의 광고, 홍보에 따른 판매량 증대, 공급(product delivery)을 뜻하는 것으로 받아 들려졌으나 오늘날 이 개념은 그 범위를 크게 확대해 고객과의 관계의 발전을 위한 조직의 자원과 기능, 활동의 통합과 조정을 포함하는 것으로 이해되고 있다.[33] 도시마케팅은 이러한 점에서 단순한 이용 촉진의 광고나 홍보가 아닌, 도시정부와 이용자간의 관계 구축과 정의, 교환조건의 구성과 거래로 이해되어야 할 것이다.

도시마케팅은 도시경영의 하나의 원칙(managerial principle)이자 도구로[34] 철학적, 기능적 두 가지 측면을 갖는다. 철학적 측면에서 볼 때 도시마케팅은 고객지향적 가치를 지향한다. 도시마케팅은 도시가 갖는 고객 가치(customer value)의 개발과 공급(value delivery)에 관한 것으로, 도시주민의 욕구와 필요에 근거한 편익의 제공을 추구한다. 여기서 고객가치는 고객이 중요하다고 생각하는 것들이다. 조직의 구성과 기능의 개발도 이것을 중심 가치로 해서 이루어진다. 고객중심적 사고는 이러한 의미에서 도시마케팅의 기본 정신을 구성한다. 도시마케팅의 기능적 측면은 마케팅의 각 단계인 시장조사, 상품구성, 세일즈에 관한 것이다. 마케팅은 이런 각각의 활동의 구성을 통해 나타난다.

도시마케팅은 공간마케팅(place marketing)의 일부이다.[35] 도시마케팅은 공간 이용의 촉진 행위이다. 공간 단위는 국가, 도시, 농촌, 특정 지역 등 다양한데, 도시마케팅은 도시를 대상으로 한 것이다. 도시는 경제적, 사회적, 문화적 활동의 집중이 일어나는 공간으로 문화, 역사적 특성을 갖고 기능 한다. 도시마케팅은 이러한 도시공간의 교환과 판매(selling)에 관한 것이다.[36] 도시마케팅 전략은 전통적 재산중심적 성장이 아닌 자본, 방문객 유치 등을 위한 공간환경 및 가치 구성을 통해 고객의 소비를 촉진하는 방법을 중심으로 한다. 도시마케팅은 기업의 상업적 마케팅의 이윤 대신 도시의 발전과 성장을 추구한다. 방법은 기업가적 접근 (an entrepreneurial approach)이다. 기업가의 특징은 고객을 기다리지 않고, 그들 고객의 눈(eyes of the customer)을 통해 사업기회를 찾고 상품을 만든다는 점이다. 도시마케팅은 이러한 기업가적 접근에 의해 도시 발전을 추구한다.

도시마케팅 개념은 그것이 도시발전을 촉진하는 전략적 수단의 하나라는 인식에 의한다. 도시는 성장과 쇠퇴를 순환적으로 반복한다.[37] 도시형성과 성장의 힘은 기후, 고용기회, 삶의 질 등 여러 가지로부터 나오는데, 이러한 성장은 기존 인프라의 노후화를 촉진하고 부동산, 주택가격을 상승시키며, 사회복지서비스 지출 증대를 낳게 되어 도시의 그러한 힘을 오히려 소진시킨다. 도시정부가 이러한 변화에 적절히 대응하지 못할 때 비교우위를 상실하고, 성장의 힘도 잃는다. 결과는 도시범죄의 증가, 부동산 가격의 하락, 기업 파산, 실업자 증가 등으로 이것은 도시 이미지를 악화시켜 기업, 주민의 도시 이탈을 자극하게 된다. 도시마케팅은 도시정부가 이러한 도시발전과 쇠퇴의 순환적 메커니즘에 간섭해 도시의 지속적 발전을 추구하려는 행위이다.

도시마케팅을 이러한 도시발전과 관리의 도구로 보는 관심과 실험은 70년대 이후 미국도시들의 도심재개발 노력에서 처음 나타난다.[38] 당시 도시들은 다양한 이유로 성장과 쇠퇴를 맞는다. 특히 공업도시를 중심으로 급격한 도심지 슬럼화 현상과 그로 인한 비즈니스와 주민들의 불만족, 이탈은 도시를 경제적 위기로 몰아넣었다. 도시정부들은 이러한 상황을 맞아 도시경제를 복원하려는 다양한 노력을 시도하게 되고 정책담당자들은 대안을 도시마케팅 전략에서 찾는다.[39] 도시정부는 마케팅적 시각에 기초한 도심재개발(city regeneration)을 통해 도시투자, 주거환경과 이미지의 개선 등을 이끌어 내고자 했다.[40]

유럽의 경험은 이 보다 늦은 1980년대부터이다.[41] 유럽통합 과정에서 각국 도시들은 통합 이후 기업과 주민들이 이동성 제한을 받지 않고 자유로운 선택기회를 갖게 될 경우, 도시의 성장과 발전에 대한 이들의 영향을 우려하는 가운데 각국 도시들은 경쟁적으로 도시의 매력을 높이는 일에 관심을 보인다. 도시마케팅 전략은 이러한 도시 간 경쟁 가운데 그 수단의 하나로 등장한다.[42] 도시마케팅에 대한 관심 증대의 또 다른 한 이유는 각국 도시들의 역할 증대에서 찾을 수 있다. 각국 도시들은 다국적 기업, 국제적 이벤트, 회의, 다른 나라 정부기관, 금융기관 등의 유치 위한 경쟁에 직면한다. 국제시장에서 각국 도시들의 생산과 소비활동 공간으로서의 가치가 높아지면서 도시들간의 비즈니스, 주거공간 등으로서의 질적 수준에 대한 비교평가 자료들이 쏟아져 나온다. 각국의 도시들은 이러한 상황에서 경쟁방법으로 마케팅 전략에 대한 관심이 높아진다.[43] 도시마케팅의 목적과 관심의 변화든 경쟁의 성격과 관심의 차원으로 나누어 다음 〈표 1-2〉와 같이 설명해 볼 수 있다.

[표 1-2] 도시마케팅 목적과 관심의 변화

70-80년대 미국	90년대 이후, 유럽
국내, 도시간 경쟁 정치적 차원 불만, 이탈 문제의 극복	국제적 도시간 경쟁 경제적차원 도시공간과 서비스 이용의 촉진

도시마케팅 전략의 목표와 관심의 변화는 먼저 경쟁공간의 변화에서 발견된다. 도시마케팅 초기의 경쟁은 국내 도시간에 관한 것이었다. 90년대 이후에 들어와 국제 도시간 경쟁이 강조되고 있다. 다른 하나의 변화는 관심의 변화이다. 각국 도시의 마케팅에 대한 전략적 관심은 초기에는 정치적 차원의 납세자들의 불만, 이탈에 관한 것으로부터 시작되었다. 미국의 1970년대 도시마케팅은 시민지향서비스 구성을 지향했지만 그것은 내부의 시민 불만족 해결을 목적으로 한 소극적인 것이었고, 국민주권과 정치적 참여 패러다임의 형태에 근거한 것이었다.[44] 그러나 현재 다른 나라 기업의 자국내 유치나 방문객의 발굴과 유치는 해외 시장개척과 같은 공격적인 것으로 도시정부의 기업가적 노력에 따라 많은 고객을 끌어들일 수 있는 적극적인 것이다. 또 경영, 경제적 관점에 바탕을 둔 접근으로 도시민들의 불만 해소보다는 도시성장과 같은 형태로 도시마케팅이 나타나고 있다.

2) 도시마케팅 구성요소의 이해

도시마케팅은 경쟁시장, 고객과 상품에 관한 것이다. 도시마케팅 개념 적용에 대한 비판과 도전은 먼저 마케팅의 이러한 경쟁과 고객(the customer) 개념으로부터 시작된다. 경쟁 시장은 마케팅의 출발점이다. 도시정부간 경쟁과 시장을 어떻게 이해 또는 해석해야 할 것인가? 시장(market)은 단순한 지리적 장소가 아닌 가치 있는 것의 교환을 위해 공급자와 수요자들이 만나는 공간이다.[45] 각기 다양한 필요와 욕구를 가진 공급자와 소비자들은 이러한 시장에서 교환을 통해 각자의 욕구 충족을 시도한다. 경쟁시장은 공급과 수요가 지배한다. 마케팅은 이러한 시장의 조건에 의존한다. 다음 〈표 1-3〉이 그것을 보여준다.

[표 1-3] 경쟁시장의 조건

경쟁시장의 조건	전 략
구매자 지배 (경쟁 +)	적극적 마케팅, 고객만족, 시장개척의 추구
판매자 지배 (경쟁 -)	소극적, 공급에 전념
낮은 활동	자원 보전

자료 : Ashworth & Voogd (1995: 35)의 재구성

도시정부가 경쟁시장을 고객들의 선택이 지배하는 이러한 구매자 지배적 경쟁 공간으로 인식할 경우 고객만족의 극대화를 위한 적극적 마케팅 (positive marketing) 전략의 채택이 필요하다. 반대로 판매자가 지배하는 경우도 있다. 도시 정부가 독점적 공급자의 지위로 판매자 지배를 보이는 경우 마케팅 활동은 그다지 필요하지 않고, 또 소극적 마케팅(negative marketing)으로 충분하다. 마지막으로 제품거래 자체가 없는 경우로 시장이 형성되지 않는다. 구매자 지배는 다수의 공급자를 전제한다. 많은 도시정부들이 공급자로서 제한된 수의 고객을 놓고 경쟁을 벌이는 공간이 있어야 한다. 정부는 전통적으로 권력적 강제력을 가진 독점적 정치적 서비스 단위였고, 주민들은 정부선택의 자유가 거의 없었다. 불만족 한다고 할지라도 다른 나라 도시정부를 임의적으로 선택할 수 없었다. 따라서 도시마케팅에 비판적 시각을 가진 연구자들은 도시정부들 간의 경쟁이 벌어지는 이러한 구매자 지배의 경쟁시장이 있는가? 경쟁시장이 있다고 할지라도 구매자 지배의 수준에 문제가 있다는 등의 마케팅 개념의 적용을 위해 경쟁시장이 갖추어야 하는 개념적 한계를 먼저 지적한다.[46)]

정부부문에도 이러한 경쟁시장이 있는가? 만일 특정 정부가 독점적으로 서비스를 공급하는 판매자 지배의 시장이라면 마케팅은 거의 필요 없거나 최소한의 것만으로 충분하다. 그러나 오늘날 기업들은 국적의 제약 없는 자유로운 이동의 허용으로 구매자 우위가 강화되고 있다. 각국 도시들은 자국 도시 내 투자기업을 유치하기 위해 노력하는 가운데 경쟁시장의 존재가 확인되고 있다. 방문객 시장도 마찬가지이다. 각국 도시들은 도시가 갖는 문화적, 역사적 다양한 특성과 체험을 내세우며 관광객들을 유치하기 위해 노력한다. 도시정부들간의 경쟁시장은 지속적으로 늘어나고 있다는 의미이다.

마케팅의 의미는 경쟁시장을 전제한다. 도시정부는 시장이 경쟁적일 때 기존 고객의 방어와 유지, 새로운 시장의 개척과 고객의 확장 두 가지 선택을 갖는다. 도시정부는 도시라는 상품의 질을 그대로 둔 채 시장의 방어를 생각해 볼 수도 있고, 질의 개선을 통해 적극적인 새로운 시장의 개척을 고려해 볼 수도 있다. 전자는 경쟁시장에서 시장의 방어에 관한 것이고 후자는 공격적 개척이다. 마케팅 개념은 후자의 상품 질의 개선 또는 집중적 광고 등의 방법에 의한 고객과 시장의 쟁탈과 개척에서 잘 드러난다.

경쟁시장의 또 다른 한편을 구성하는 것은 고객이다. 고객의 자유로운 선택의 보장은 마케팅 개념의 핵심이다 도시마케팅에서 고객의 의미는 상품의 자유로운 선택에서 드러난다. 고객은 제품선택의 기회를 갖는 능동적 단위로, 도시정부는 이러한 고객의 욕구를 충족시키기 위해 고객이 원할 것으로 기대되는 상품을 경쟁적으로 만들고 이들의 선택을 받기 위해 생존경쟁의 노력을 벌인다. 도시마케팅의 개념은 이러한 고객 없이는 가능하지 않다. 그런데, 도시정부에 이러한 의미의 고객이 있는가? 도시주민들이 고객으로서의 그러한 선택권을 갖고 있는가? 자신이 원한다고 다른 나라 도시를 선택할 수 있는가? 마케팅 개념의 적실성 시비는 이러한 측면에서 걸린다. 도시정부는 전통적으로 독점적 공공서비스 공급자로서 이들의 고객은 수동적 위치에 있었다. 시민들은 정치적 단위로 자신들이 싫어한다고 다른 도시정부를 선택할 수 없거나 그럴 가능성이 없었다. 도시 주민들의 거주지로서의 자유는 여전히 제한받고 있지만, 투자기업, 방문객 등의 경우는 분명 이러한 고객 개념의 형성을 보고 있다. 무엇보다도 중요한 것은 글로벌 경쟁 환경에서 도시발전에 이러한 고객들의 가치와 의미는 더 커지고 있다는 점이다.

도시마케팅 개념에 또 한 가지 중요한 요소는 상품(product)이다. 경쟁 시장은 판매자와 소비자, 그리고 이러한 상품을 통해 온전히 구성된다. 도시마케팅에서 그러한 상품은 무엇인가? 도시마케팅의 상품은 도시전체인가? 그럴 경우 그것은 배타적 소비를 인정되지 않는다. 도시마케팅에서 상품은 개념 구성과 확인이 어렵고 이것은 구매와 서비스의 방법도 기업의 상업적 마케팅과 다른 것으로 만든다. 도시마케팅 상품의 경우 기업의 상업적 마케팅의 경우와 같이 확인할 수 있는 실체가 없다. 이 점도 마케팅 개념의 적용에 대한 도전이다. 많은 연구자들은 실제 전통적 마케팅 개념의 도시정부에 대한 적용의 한계를 이러한 상품적 특성에서 찾는다.[47] 그러나 도시마케팅 연구자들은 상품 개념에 대한 다양한 해석을 통해 이 문제를 해결하고 있다. 무엇보다도 도시마케팅 개념에 대한 이러한 도전은 도시간 경쟁에서 이것이 갖는 전략적 수단으로서의 수요와 가치에 비하면 크게 중요하지 않은 것이다.

행정학에서의 마케팅 개념의 적용은 경쟁과 고객 가치의 수용이고, 정부를 정치적 주권자 단위뿐만 아니라 시장에서 경쟁하는 기업가적 단위로서의 역할도 의미한다. 글로벌 경쟁은 도시정부에게 이러한 역할과 책임을 묻는 식으로 도시마케팅 개념의 적용 영역을 계속 확대해 가고 있는 것만은 분명하다.

3) 도시경쟁력과 SWOT 분석

도시마케팅의 구성요소를 오늘날 복합적인 성격의 부(wealth)의 개념[48]에서 기초한 도시경쟁력으로 재구성하면 (지방)정부의 권위, 경제(산업)적 경쟁력, 사회적 응집성, 문화적 다양성으로 압축시킬 수 있을 것이다. 도시경쟁력은 하위유형의 단순한 합이 아니라 상호의존적인 하위요소간의 동적인 결합인 것이다.

① 지방정부의 권위

어느 도시의 시민이든 좋은 (도시)정부를 갖기를 원한다. 이것은 적어도 시민들이 정부 관행 및 운영에 영향을 끼칠 수 있어야 함을 의미한다. 시민들이 투표를 통해 정부를 권력의 위치에 오르게 하거나, 마찬가지로 물러나게 할 수도 있어야 한다는 민주주의 원칙은 주요한 요인임과 동시에 충분조건은 아니다. 왜냐하면 선거는 지속적인 활동이 아니며 지리적 측면에서의 분권(지역자율성)이 전제되지 않는 민주주의는 제한적이기 때문이다.[49]

정치적 권위를 평가하는 요소로서 정부지도력, 지역특성화, 권력배분과 지역적 균형성을 들 수 있다. 또한 긍정적 (평가)요인으로는 미래제시적 지도력, 정부의 전략지원, 행정효율성, 정책의 지속성과 지역적 안정성이 포함되며, 반대로 부정적 요인으로는 부정부패, 정책혼선, 잘못된 자원배분, 사회불안이 포함된다.[50]

② 지역경제의 경쟁력

지역경제의 주목표는 국가경제와 같이 경제성장을 촉진시켜 빈곤을 감소시키고, 물질적 생활수준을 높여 1인당 GNP 수준을 향상시키는 것이다. 광범위한 경제성장 패턴은 시민의 다수를 차지하고 있는 '목표' 빈곤층의 소득 수준을 향상시키는데 초점을 맞추어야 한다. 경제 성장 추구와 함께, 정부는 도시경쟁력 향상에 힘써야 한다. 내부적으로 높은 고용 수준과 물가 안정을 바란다. 또한 시민의 전 계층이 질 좋은 서비스를 이용·분배할 수 있기를 원한다. 개인적·사회적 차원에서 지속적이고 꾸준한 경제 발전이 없다면 인적 잠재력은 현실화 될 수 없다.

경제적 경쟁력을 평가하는 요소로서 기술수준, 천연자원, 인적자원, 산업조직을 들 수 있다. 긍정적 평가요인으로는 경쟁강도, 행동규범, 산업다각화 및 산업전문화가 포함되

며, 부정적 요인으로는 혁신실패, 독과점적 경쟁구조, 산업연관성 결여, 낙후된 R&D 등이다.[51)]

③ 사회적 응집성

사람의 생활은 자신의 소득뿐만 아니라 장수, 안전, 환경, 건강 그리고 범죄로 부터의 해방, 약물 및 가정파탄 등에 의해서도 영향을 받는다. 결국 양적인 문제가 아니라 질적인 면에서의 높은 GNP 성장이 관심사이다. 그러므로 두 가지 평가가 전제되어야 한다. 첫째, 생활수준의 향상, 건강, 양질의 교육, 고용기회의 확대와 같은 개인적·직접적 평가이다. 둘째, 사회결속, 정의, 좋은 환경, 안전 및 평화와 같은 사회전체의 평가이다.

사회적 응집력을 평가하는 요소로서 지역적 동질성, 사회정의, 부의 분배, 그리고 가족 및 사회의 가치를 들 수 있다. 긍정적 요인으로는 공동체적 전통, 지역적 유대, 성공적 역할모델, 생산성의 문화가 포함되며, 부정적 요인으로는 탈지역적 정서, 높은 범죄 빈도, 높은 이혼율(가족해체), 약물남용 등이 포함된다.[52)]

④ 문화적 다양성

국가회계에서 문화적 자산은 경제성에 기반 한 예술 및 문화재이나 이것은 매우 편협한 것이다. 도시정부는 도시공간을 시민과 방문객이 원하는 문화, 교육, 즐거움, 여가 등의 독특한 가치와 경험을 제공하는 기능의 중요성이 보다 증대되고 있다. 특히, 교육은 미래의 인적자원을 직접적으로 개발하며 잠재적 네트워크의 관건이 된다.

문화적 다양성(풍부함)을 평가하는 요소로서 문화 역사적 유물, 도서관·음악당·박물관 등의 문화공간, 국제 및 국내 문화행사의 접근성, 그리고 교육 수준이다. 긍정적 요인으로는 문화적 가치에 대한 배려, 지역문화의 독창성, 높은 국제문화이해도, 양질의 교육수준이 포함되며, 부정적 요인으로는 사치 및 향락풍조, 반문화적 편협성, 타문화에 대한 적대감, 교육기반의 낙후성이 포함된다. [53)]

현대(미래)마케팅의 관건은 마케팅주체의 발전상 고려되어야할 여러 가지 환경상의 문제점과 기본적인 사항을 설명하고 나서, 전략적 비전 설정을 위한 SWOT(strengths: 강점, weaknesses: 약점, opportunities: 기회, threats: 위협) 분석방법을 설명한다. 기업이 시장을 분석하는 것처럼 전세계인 관점에서 경쟁단위별로 SWOT 분석을 실시할 것을 제안하고 있다. SWOT 분석은 자원의 효율적인 배분을 위해 매우 중요한 방법이다. 무엇보다 전략적 지위의 인식과 이를 통한 현황(문제)파악과 발전을 위한 대안마련의 관건이기 때문이다. 그러나 도시마케팅의 경우, 국가마케팅과 달리, 국내적 분석과 국제적 분석의 병행과 국제적 분석대상의 다양성으로 보다 많은 표적 대상이 존재하지만 경쟁력의 구성요소는 국가경쟁력과 일맥상통할 것이다.

5장 / 개혁(혁신)과 분권 : 시대정신이 되다.

1 서론

21세기 세계화시대의 특징으로 과부유(over-affluence), 메가경쟁(mega-competition), 위험사회(risk society), 생태위기(ecological crisis), 그리고 새로운 통치구조(new governance)의 시대를 일컫는다.

특히 새로운 통치구조의 요구는 세계적 수준에서도, 개별국가의 수준에서도 공통적이다. 세계경제는 빠른 속도로 단일시장 '단일구조'로 편입되어가고 있다. 즉 세계화에 수반되는 금융위기, 안보위기, 환경위기 등의 문제를 범세계적 관점에서 효과적으로 다룰 정치구조, 즉 효과적 세계통치구조가 아직 없다는 의미이다. 세계정치는 아직도 개별국가, 즉 국민국가 단위의 국가이익이 현실적으로 주도하고 있기 때문이다.

개별국가 차원에서도 통치구조(state governance)는 새로운 도전을 맞고 있다. 즉 한편으로는 세계화의 흐름을 적극 활용하여 자국의 발전과 도약을 극대화하기 위해 개혁과 개발을 보다 적극적으로 추진하여야 한다. 또 이에 다른 한편으로는 개혁과 개방이 가져온 고용불안과 분배 악화, 사회갈등의 격화 등의 가능성은 줄여나가야 한다. 이러한 과제들은 효과적으로 풀어나갈 통치구조의 개혁이 필요한 것이다.

"정치의 종말(Karl Boggs)", "국가의 퇴각(수잔 스트레인지)", "국민은 왜 정부를 믿지 않는가(조셉 S. 나이)" 등 최근에 출간된 이러한 책들은 새로운 통치구조와 관련하여 나온 것들이라 하겠다. 특히, 세계화의 복합적 문제들과 이들이 갖는 새로운 해결방식을 본질적으로 찾기 위하여는 산업시대 및 냉전체제의 방식에서 탈피하여 새로운 접근과 방안 모색이라는 혁신의 구조를 제기하는 것이다. 그리고 이러한 혁신의 대안으로 도시 및 지역의 새로운 통치구조를 제기하는 것이다.

신경제와 도시화의 시대에서 경제단위는 국가가 아니라 도시권역이다. 경쟁력과 삶의 질 등 중요한 도시지표는 국가나 지방이 아닌 도시 권역 단위로 나타나고 있다. 이제 도시는 초거대 기업인 것이다. 농경사회와 산업사회에서는 농촌과 공단이 생산기지이고 도시가 소비기지였으나, 지식정보화사회에서는 도시가 바로 생산기지이다. 이제는 도시 경쟁력이 산업경쟁력이고 국가경쟁력인 시대인 것이다.

2 혁신의 도전 : 왜 도시인가

도시브랜딩도 국가브랜딩과 마찬가지로 도시의 이미지와 인지도, 유·무형의 가치를 높이는 것이다. 최근 논의되고 있는 플레이스 브랜딩 개념 안에서 가장 중요하게 거론되고 있는 것이 바로 '도시'다. 도시경쟁력이 국가경쟁력으로 인식될 정도로 '도시'는 국가경쟁력 제고를 위한 핵심 요인이다.

그렇다면 왜 도시가 강조되고 있는 것일까, 사실 하루가 다르게 급변하는 상황 속에서 국가 전체의 경쟁력을 끌어올리는 것보다 개별도시 경쟁력을 확보하는 것이 더 쉬울 수 있다. 경쟁력이 높아진 개별도시는 자연스럽게 국가경쟁력 확보와 연결된다. 치열한 경쟁 환경에서 빠르고 유연하게 대처하기 위해서는 소규모의 도시 차원에서 발빠른 대응이 더욱 효과적이다. 싱가포르, 아랍에미리트, 카타르 등 급속도로 단시간에 성장한 국가들은 대부분 도시 중심의 성장을 한 곳들이다.

정보화 사회로 진입하면서 이제 물리적인 국경의 의미가 점점 희미해지고 있다. 자본과 상품, 정보, 노동, 서비스의 흐름이 국경을 넘어 자유롭게 전 세계를 무대로 움직이고 있다. 이에 따라 사람들의 가치 체계와 행동 양식도 '지구촌'에서 살아가기에 적합한 형태로 보편화되고 있다. 우리는 이러한 흐름을 세계화라고 한다. 세계화로 인해 이미 국가 사이의 경제적 장벽이 거의 무너지고 있다. 전 세계의 국가들은 너도 나도 외국 자본을 유치하기 위해 각종 규제를 완화하고 보호 장벽을 허물고 있다. 세계화가 진행되면서 국가 대 국가가 아닌, 국가, 도시, 지역, 기업, NGO 등이 각자의 이해관계에 따라 다층적이고 다원적인 교류가 증가하고 있다. 특정 도시가 다국적 기업을 상대로 투자 유치를 위해 노력한다거나 지방 소도시가 다른 나라의 지방 소도시와 손을 잡고 특정 프로젝트를 수행하기도 한다. 모든 국가들의 지방자치단체들이 수행하는 역할과 활동이 중요해진 시대가 온 것이다.

세계화, 국제화, 정보화, 다원화가 진행되면서 경쟁의 단위가 국가에서 대도시로 이동하고 있다. 동북아 물류 허브의 자리를 놓고 인천이 싱가포르나 홍콩, 두바이 등과 경쟁하는 식이다. 아이러니하게도 글로벌화가 진행될수록, 그리고 물리적인 국경의 의미가 점점 희미해질수록, '로컬'의 중요성이 강조되고 있다. "세계적으로 생각하고, 국내에 맞게 행동하라(Think globally, Act locally)." 2000년대 초반부터 등장하기 시작한 이런 경향을 '글로컬리즘(Glocalism)', '세방화(世方化)' 등으로 표현하기도 한다. 세계로 향해 나아가되, 지역적 고유 특성을 무기로 하라는 뜻이 담겨 있는 말이다. 결국 어디에도 없는 특별한 아이덴티티가 플레이스의 경쟁력을 높이는 데 중요해졌다는 뜻이기도 하다. 이제 어디에서나 볼 수 있는 비슷비슷한 도시는 경쟁력이 없다. 도시와 지역이 세계적인 경쟁력을 확보하기 위해서는 그 플레이스만이 가지고 있는 잠재력과 특성을 극대화해야 하며, 이를 바탕으로 세계화를 추진해야 한다. 또한 유연성과 개방성, 전문성을 갖추고 글로벌 환경에서 경쟁 우위를 점해야 한다.[54)]

3 시대정신을 사로잡다

어느 시대에나 시대정신을 사로잡으려는 전쟁이 한바탕 벌어진다. 왜냐하면 자기편으로 만들면 강력한 아군이 생기기 때문이다. 그리고 적을 역사의 반역자로 몰아세울 수 있다. 따라서 강경한 보수주의자는 새로 떠오르는 정신의 날개를 꺾기 위해 그것이 불분명하고 비현실적인 생각이라며 비난한다. 오늘날에는 사회 균열에 대한 당신의 관점을 두고 치열한 전쟁과 대치 상황이 벌어진다. 당신의 '아군'인지 '적군'인지를 판가름하기 때문이다.

새로 부상하는 정신은 하나의 윤리적인 혼합물인데, 다음과 같은 것들을 중요시한다.

- 고유성 : 각 지역이 가진 정체성, 궁극적으로는 지역이 가진 경쟁력을 강화하기 위해 그 지역이 갖고 있는 참된 모습을 키운다.
- 공동체의 학습 : 참여하고 경청하도록 장려한다. 덕분에 도시에 배우고 이끄는 사람이 많아진다.
- 폭넓은 계산법 : 경제적인 목표가 삶의 보람이나 삶의 질 같은 다른 목표와 균형을 이루게 된다.

- 이상주의 : 도시를 운영하는 데 있어 가치 중심의 접근법과 능동주의를 장려한다. 이타주의를 두려워하지 않는다.
- 전체론Holism : 사회 체제 전체를 바라보는 관점을 갖고, 환경과 문화를 함께 고민한다.
- 다양성 : 문화적 차이와 범문화적 통합에 관심을 갖고, 편협한 사고를 거부한다.
- 양성적兩性的 접근 방식 : 도시 운영에 대한 다른 성性의 전망에 관심을 갖는다.
- 과학 기술의 한계 인식 : 과학 기술은 만능열쇠가 아니다. 그것이 인종차별에서 갱 문화에 이르기까지 모든 도시 문제를 해결해 주는 백마 탄 기사라고 생각하면 곤란하다. 이제 공학 협회는 그만 만들고 행동을 바꿀 것을 촉구하자.[55)]

4 국부론에서 향부론으로

지방에 공업단지를 만들고 테크노폴리스 단지를 만들어도 생각만큼 지역의 인구는 증가하지 않는다. 반면, 도청 소재 도시는 예외 없이 인구가 늘고 있다. 그런데 이러한 도청 소재지가 공업에 의한 발전하고 있는 것이 아니라는 점은 그 산업구조와 직업구조를 보더라도 쉽게 알 수 있다. 도청 소재지는 서비스업, 소매업, 등의 제3차 산업과 관리직업 및 사무직의 비율이 높다. 이러한 산업과 직업은 우리나라 전체로 볼 때에도 증가경향이 있지만, 그것은 또한 도청 소재지 인구증가의 기본요인이 되기도 한다. 그런데 다른 한편에서 볼 때, 도청소재지에는 그 도를 대표하는 문화가 있다. 도청 소재지의 대부분은 오랜 옛날부터 전래되어 오는 성이나 전통이 축적되어 있다. 문화회관, 미술관, 대학교, 신문사, 방송국 등 도내의 주요 문화시설과 문화 활동도 그곳에 집중되어 있다. 도청 소재지는 이러한 문화도시로서의 환경이 도시의 매력이 되고, 그것이 사람을 끌어들이고 있으며 도·소매업과 서비스업의 입지를 촉진하고 있는 것이다. 이렇게 볼 때 문화와 경제는 별개의 것으로 생각할 수가 없다.

지금까지 우리 사회에서는 문화와 경제의 문제를 별개의 것으로 취급하려는 경향이 있었다. 심지어 문화는 경제와 대립하는 것, 특히 효율을 저해하는 것으로 인식하는 경우도 있었다. 그리하여 지역개발에 있어서 문화가 설 자리는 그만큼 좁았고, 따라서 지역개발이란 곧 공단개발이나 공장유치와 동의어처럼 인식되어 온 경우도 있었다. 그러나 문화와 경제의 밀착된 관계는 우리의 구매행위를 보아도 분명해진다. 오늘날 많은 사람들은 물건을 살 때 상표를 통하여 그 품질을 확인한다. 상품을 사고파는 행위의 많은 부분은 실로 상표의 이미지를 사고파는 것이기도 하다. 예컨대, 상표에 '프랑스' 또는 '파리'라는 생산지의 지명이 붙어 있으면 부지불식간에 '아! 고급품'하고 판단하는 경우가 많다. 소비자들은 자신도 모르는 사이에 자신이 동경해왔던 파리의 문화를 파리에서 생산한 상품에 대입하는 것이다. 따라서 소비자의 선택은 상품 그 자체이기보다는 자신이 동경하고 존경해온 파리의 이미지를 선택한 것이며 파리의 문화를 선택한 것이다. 그런데 더욱 중요한 것은 이러한 방식으로 상품을 선택하는 구매행위의 대부분이 소비자에게 실망감을 주지 않는다는 점이다. 당연한 사실로서, 훌륭한 문화상품은 질 높은 문화 속에서 나오는 것이다. 결과는 원인이 본질을 초월하지 못하기 때문이다.

이렇게 볼 때, '지역의 이미지도 하나의 상품'이며, 이미지란 지역의 문화에서 나오는 것이다. 그리고 지역의 문화란 지역에서 생산하는 상품의 질 그 자체이기도 하다. 그러나 지금까지 지역에 있어서 문화의 문제는 지역의 매력을 형성한다는 관점에서만 논의되어 왔다. 말하자면, 지역의 활성화를 논의할 때 문화란 그저 부차적인 수단의 하나로서 다루어져 왔던 것이다. 그러나 문화는 경제 그 자체이기도 하다. 오늘날 공산품의 수출도 단순히 기능적인 물건을 내다파는 것이 아니라 점점 생활양식의 수출도 되고 있다. 사실 한 나라가 그 국가의 문화적 이미지의 고양 없이는 세계무대에 나설 수 없듯이, 기업도 이러한 국가적 이미지와 배경으로부터 벗어나기 힘들다. 마찬가지로, 지역에 문화의 진흥 없이는 문화산업의 육성도, 산업의 문화화도 불가능하게 된다. 오늘날 한 도시의 성장에 절대적인 영향을 미치는 것은 그 도시와 교류하는 교류인구의 수이며, 이러한 교류인구를 결정하는 기본 변수는 개성 있는 문화이다. 따라서 문화진흥 없이는 도시에 인구의 유입과 정착이 불가능하며, 당연히 지속가능한 도시의 개발도 불가능해진다. 기업이 문화에 대한 지원을 '사회 공헌'으로서가 아니라 '미래를 위한 투자'라고 생각해야 하는 이유, 그리고 지방이 지역의 이미지와 문화 창달을 위해 노력해야 하는 이유는 여기에도 있다.

한편, 오늘날의 우리는 국제화라는 말을 빈번히 사용하고 있다. 국제화 시대란, 나라와 나라 사이에 물자, 화폐, 정보, 인재의 교류가 빈번해짐으로써, 나라와 나라 사이의 국경이라는 '커튼'이 없어지는 시대를 말한다. 그러나 국경이 없어져도 남는 것은 지방이요 도시들이다. 국제화 시대에는 지방과 도시들이 스스로의 얼굴과 이름으로 국제무대에 나서야 한다. 그러므로 국부론의 시대는 지났다. 이제부터는 향부론의 시대이다. 그런데 여기에서 중요한 점은 국제무대에서 도시들의 얼굴과 이름은 다름 아닌 그들이 가지고 있는 고유한 문화인 것이다. 지방에 고유하고 개성이 있는 문화가 없다면 이는 마치 이름이 없어서 명찰을 못 새기는 학생과도 같고, 얼굴이 없어서 화장을 할 수 없는 여인과도 같다.

특히 전 세계가 단일시장으로 통합되어 가는 무한경쟁의 21세기에 있어서 문화는 경제의 국제경쟁력을 제고하는 데 필수요건이 되고 있다. 국제화의 가장 큰 걸림돌은 경제문화가 아니라 독창적인 자국 문화가 세계 속에서 어떻게 조화를 이루는가의 문제에 달려 있기 때문이다. 권역내 각국 간의 임금격차·기술격차가 갈수록 빠르게 좁혀져 가는 전 지구적 정보화의 세기에 있어서는 문화야 말로 한 나라, 한 지역의 생산품과 서비스에 높은 부가가치를 창출해 주는 원천이 된다. 그런데 이렇게 되면 경제나 사회가 문화예술을 지원하는 것이 아니라 오히려 문화가 사회와 지역을 지원한다는, 즉 '문화에 대한 지원'에서 '문화에 의한 지역지원'이 메커니즘이 성립하는 것이다.

문화의 향기가 넘실거리지 않는 곳에 국제라는 말은 통하지 않는다. 국제수준의 문화, 국제수준의 도시에는 개성이 있는 품격이 있다. 아름다움이 숨겨져 있으며, 후세의 문화유산으로서 모두가 공유하고 싶은 가치가 내재되어 있다. 따라서 '문화의 길'은 '국부의 길'이며, 21세기에 있어서 진정한 국부는 향부에 있다. 이제 진정한 국부는 향부에서 찾고 길러가야 하는 새로운 시대에 우리가 살고 있다는 것을 깨달아야 한다.

특히 한 지역 또는 한 나라가 외부를 향해서 더 이상 발전하지 못하고 정체되어 있을수록 우리는 문화에 관심을 기울어야 한다. 그리고 고난의 시대를 살아가는 세대일수록 살아 있다는 기쁨과 내일에의 희망을 위해서 예술의 감동이 필요하다. 고유한 문화 존중의 자존심이야말로 어려움에 처한 나라에 활로를 트는 기본 토양이 되며, 경제적 열등성에서 나오는 위축감을 해소해 주는 자존의 구심력으로도 기능한다. 사실 우리가 과거에 거대한 중국의 세력 앞에서 중국화가 되지 않고 살아남을 수 있었던 것도 우리 선조들이 문화민족으로서의 자존심을 세우고 우리의 정체성을 확립해 나왔기 때문이다. 이렇게 볼 때, 문화는 정치적 필요에 따라서 좌우도리 장식물이 아니다. 한 민족과 한

지역을 그곳에 존재하게 하는 본질인 것이다.

21세기는 문화의 시대다. 한 나라의 힘을 뒷받침하는 핵심 요소는 그 나라가 지닌 총체적인 지식의 정도와 문화의 힘이다. 문화는 그 자체가 정신생활의 본질이고, 도덕의 준거이며, 사회의 내면이기 때문이다. 그리고 이러한 문화는 곧 향부의 핵심이며, 향부는 곧 국부 그 자체이기도 하다.[56)]

5 미테랑(전 프랑스대통령)의 향토사랑

그는 프랑스 국민보다 프랑스에 관한 이야기를 많이 했다.(중략)

그는 프랑스의 언어 · 문학 · 풍경, 그리고 역사를 무한히 사랑했다. 역사에서 가장 사소한 이야기도 알고 있었다. 그는 자신의 조국이 아무도 넘볼 수 없는 아주 힘센 강대국이지만 종종 길을 잃고 분열되었다고 생각했다. 두 차례의 전쟁과 1940년의 패배에 깊은 인상을 받은 그는 이런 몰락은 집단의 도덕적 가치의 파괴와 정신의 마모에서 비롯된 것이라고 생각했다. 그런 상태에서 각자는 의식불명 상태에서 생활한다. 그가 사랑하는 프랑스는 무엇보다 여러 지방이 모여 구성된 나라다. 그는 그 지방들의 풍경 · 숲 · 교회 · 공동묘지 · 마을, 옛날이야기를 들으며 지낸 밤, 저녁식사로 먹던 죽, 전통의 힘, 세대들의 오랜 발자취, 변함없는 우정, 물려받은 돈을 사랑했다. 그의 친구들은 뿌리와 영토를 갖고 있었다. 그가 프랑스에 대해 가진 관계는 오히려 방랑자와 같은 것이었다. 그가 정복하기를 꿈꾸었던 파리에서 피상적인 인간관계, 혈안이 된 돈벌이, 관료들의 권력, 너무 안락한 직업생활, 너무 공개적인 생활을 싫어했다. 그는 거대한 도시가 들고일어나는 것을 두려워하며 도시의 분위기를 살폈다. 그 가운데로 성큼 걸어가 거리를 돌아보고, 코미디언들과 저녁을 먹고, 책방 주인과 수다 떨고, 먼 곳으로 가기 위해 공항으로 가는 등 흔히 시골 유지가 좋아하는 것밖에 기억하지 못했다.

그는 세련된 파리지앵의 생각보다 촌스러운 생각을 더 좋아했다. 그가 보기에 촌스러운 생각이 더 안전하고, 더 확고하고, 더 구체적이었다. 그가 좋아하는 문인들 역시 촌사람들이다. (중략) 그는 〈아비뇽의 처녀들(피카소 작품. 입체파 미술의 시작으로 알려짐)〉 이전 그림에 발길을 멈추었다. 그는 파리가 '오지(奧地)의 프랑스'에 영향을 미친다고 생각하지 않았다. 파리에서 발행되는 신문들의 칼럼보다 지방신문을 더 많이 읽었다. 파리 출신의 선량이 그의 관심을 끄는 경우는 드물었다. 관심을 끄는 것은 언제나 시골 출신 선량이었다.

그는 피렌체 · 베네치아 · 세비야 · 브뤼헤 등 그에게 프랑스의 시골을 생각나게 하는 도시들만 좋아했다. 바다를 건너가야 하는 나라보다 육로로 갈 수 있는 나라를 좋아했다. 그는 또한 유럽인이었다. 이집트와 그리스도교의 성지는 그가 즐겨 찾는 여행지였다. 아메리카는 언어 · 음악 · 건축 등 그 어느 것도 그에게 호감을 주는 것이 없었다. 스타인벡, 도스파소스, 스타이런 등 아메리카의 시골과 연관된 문학만이 그의 관심을 끌었다.[57]

註

1) Baruch Lev, *Intangibles*(Washington, DC: Brookings Institution Press, 2001), p. 9.
2) 2000년 9월 기준 미국의 최대 기업인 동시에 세계최대 기업인 마이크로소프트사의 장비를 포함한 순자산은 19억$에 불과하지만 시장가치는 3280억$에 이른다. Margaret M. Blair and Steven M. H. Wallman, *Unseen Wealth* (Washington, DC: Brookings Institution Press, 2001). p. 1. 에서 재인용.
3) 전문적 창조적 노동자(pofessional creative workers)는 건축가, 엔지니어, 수학자, 컴퓨터과학자, 도시계획가, 저술가, 예술인, 연예인, 운동선수가 포함되며 이들의 수는 미국의 경우 1900년기준 20만명에서 1999년에는 760만명에 이르렀으며, 고용비율로는 0.7%(1900년)에서 5.7%(1999년)로 상승했다. Baruch Lev, 앞의 책, pp. 14-15.에서 재인용.
4) 앞의 책, pp. 9-12.
5) 찰스랜드리, 「크리에이티브 시티메이킹」, 메타기획컨설팅 한국어판 기획, (역사넷, 2009), pp.49-53.
6) [표 1-4] 대륙별 세력권의 비교표

	아시아 농경국가	유라시아 유목국가	유럽 해양국가
인문지리적 특성	황토지대, 오아시스 (아열대성기후)	초원지대, 산악지형 (대륙성기후)	해안(연안)지대 (지중해성 기후)
주요국가(인종)	중국, 인도, 이란	투르크, 몽골, 퉁구스	그리스, 로마, 베네치아, 스페인 …
정치체제(이념)	전제정, 관료국가 (전통적 지배)	부족연합, 군사국가 (카리스마적 지배)	법치주의, 혼합정 (합법적 지배)
주요 산업	농업(미작) - 경장보병	유목(목축) - 기마궁수	상업과 공업 - 중장보병, 해군
전략적 합리성	생산 - 자조	약탈 - 정복	교역(생산 및 약탈)

cf.)

시오노 나나미, 『로마인이야기 Ⅰ』(한길사, 1995); 미야자키 마사키츠, 『하룻밤에 읽는 중국사』(중앙 M&B, 2001);르네 그루쎄, 『유라시아 유목제국사』(사계절, 1998); 폴 케네디, 『강대국의 흥망』(한국경제신문사, 2000); 사무엘 헌팅턴, 『문명의 충돌』(김영사, 2000); 미야자키 마사키츠, 『하룻밤에 읽는 세계사』(랜덤하우스중앙, 2004); 윌리엄 위어, 『세상을 바꾼 전쟁』(시아출판사, 2005); A. C. Janos, 『비교정치와 사회이론』(서강대출판부, 1987); 윤승준, 『하룻밤에 읽는 유럽사』(랜덤하우스중앙, 2004); 아놀드 토인비, 『역사의 연구 I, II』(홍신문화사, 1992); David M. Potter, *People of Plenty*(Chicago: The University of Chicago Press, 1954); Franz Schurman, *The Logic of World Power*(New York: Pantheon Books, 1974); Adam Przeworski and H. Teune, *The Logic of Comparative Social Inquiry*(New York: Wiley, 1970). ; Reinhard Bendix, *Kings or People*(Berkeley: Univ. of California Press, 1978); Theda Skocpol and Margaret Somers, "The Uses of Comparative History in Macrosocial Inquiry," *Comparative Studies in History and Society 22*(1980), pp. 174-197; Paul Krugman, *Geography and Trade*(Cambridge: MIT Press, 1993); Terry Boswell and Mike Sweat, "Hegemony, Long Waves, and Major Wars: A Time Series Analysis of System Dynamics, 1496-1967" *International Studies Quartly*(1991)35, 123-149; J. Lang, *Conquest and Commerce: Spain and England in the America*(New York: Academic Press, 1975).

7) 박상훈 · 장동련, 「홍대앞에서 런던까지 장소의 재탄생」(디자인하우스, 2009), pp.296-300.
8) 발전과 성장 개념에 대한 구분은 경제학자 Karl de Schweinitz의 흥미로운 글에서 찾아진다. "(Economic) growth may be defined as increasing output(GNP) per capita. (Economic) development has broader reference to the building of institutions, new lines of production, and the dissemination of attitudes essential for self-sustaining growth." Karl de Schweinitz, Jr., "Economics and the Underdeveloped Economics," American Behavioral Scientist, IX I (Sept., 1965), pp. 3 and 5.
9) Kotler교수의 국부개념이 내포하는 복합성은 정치경제학에서 흔히 정치와 경제의 비교개념인 길핀(Robert Gilpin)의 wealth와 power등을 포괄하는 것이다. Robert Gilpin, U.S. Power and the Multinational

Corporation(N.Y.: Basic Books, 1975). 참조.

10) Walt Whitman Rostow, The Stages of Economic Growth: a Non-Communist Manifesto (Cambridge, UK: The University Press, 1964). 참조.

11) Robert M. Grant, "Porter's 'Competitive Advantage of Nations': An Assessment," Strategic Management Journal,12(1991), p. 539.

[표 1-5] 국가 경쟁력의 발전단계

발전의 원동력	경쟁 우위의 원천	예
요소 조건	생산의 기본 요소(예 : 천연자원, 지리적 입지, 비숙련 노동자)	1980년 이전의 한국, 캐나다, 호주, 싱가포르
투자	자본 설비 투자, 해외로부터 기술 이전, 소비보다 투자를 선호하는 국민적 합의 역시 필요하다.	1960년대의 일본 1980년대의 한국
혁신	국가 우위의 네 가지 결정 요소가 모두 신기술 창조에 상호 작용을 한다.	1970년대 후기 이후의 일본, 1970년대 초기 이후의 이탈리아, 전후 대부분 기간중의 스웨덴과 독일
부	기존의 국부를 관리하는데 치중하는 것은 다이아몬드(Diamond)형태의 역동성을 무력화시킨다. 혁신이 정체됨에 따라 경쟁 우위는 잠식되며, 고급요소에 대한 투자가 줄어들며, 경쟁관계가 쇠퇴하고, 개인적인 동기 부여가 사그라든다.	전후의 영국,1980년 이후의 독일, 미국, 스위스, 스웨덴

12) 경제성장과 경제안정을 (국가)경제의 목표로 보던 일반경제학에서 신정치경제학은 국부의 직접적 창출조건인 국가경쟁력의 제고를 국가경제의 목표로 적시한다. 이것은 또한 국가경쟁력이 경제성장과 달리 '보이지 않는(invisible)' 경쟁(경제)요소인 문화, 사고방식, 가치관 및 의생변수를 포괄하는 복합적인 기준임을 의미한다.

13) Kotler교수의 국부개념이 내포하는 복합성은 정치경제학에서 흔히 정치와 경제의 비교개념인 길핀(Robert Gilpin)의 wealth와 power등을 포괄하는 것이다. Robert Gilpin, U.S. Power and the Multinational Corporation (N.Y.: Basic Books, 1975). 참조.

14) 이것은 민주주의와 경제발전이 때때로 '상충관계(trade-offs)' 에 있음을 看過하진 않는다. 즉, 1980년대 브라질 민주화과정에서의 외환위기 대처의 미흡함과 당시 군부독재 상황에서의 효율적인 한국정부의 조치 및 1980년대 후반의 한국민주화의 과정에서 급격한 국가경쟁력 상실은 좋은 예일 것이다. 여기서 민주주의란 Karl Polanyi의 지적처럼 정치과정이 사회에 투명되게 조정되는 한편으로 국가사회적 필요(needs)를 충족시킬 국가권력의 강화를 의미한다. Philip Kotler 외, 앞의 책, p. 159; Karl Polanyi, The Great Transformation (Boston: Beacon Press, 1964), 서문 참조.

15) 국제정치학에서 논의되는 Power Index(국력색인) 참조.

16) 조동성, 『국가경쟁력』(서울: 매일경제신문사, 1992), pp. 29-30.

17) 조동성, 『국가경쟁력』(서울: 매일경제신문사, 1992), pp. 30-35.

18) Philip Kotler, 앞의 책, p. 141에서 재인용.

19) 발전과 성장 개념에 대한 구분은 경제학자 Karl de Schweinitz의 흥미로운 글에서 찾아진다. "(Economic) growth may be defined as increasing output(GNP) per capita. (Economic) development has broader reference to the building of institutions, new lines of production, and the dissemination of attitudes essential for self-sustaining growth." Karl de Schweinitz, Jr., "Economics and the Underdeveloped Economics," American Behavioral Scientist, IX I (Sept., 1965), pp. 3 and 5.

20) Kotler교수의 국부개념이 내포하는 복합성은 정치경제학에서 흔히 정치와 경제의 비교개념인 길핀(Robert Gilpin)의 wealth와 power 등을 포괄하는 것이다. Robert Gilpin, U.S. Power and the Multinational Corporation(N.Y.: Basic Books, 1975). 참조.

21) Walt Whitman Rostow, The Stages of Economic Growth: a Non-Communist Manifesto (Cambridge, UK: The University Press, 1964). 참조.
22) 주 11) 참조.
23) Philip Kotler, 앞의 책, p. 141에서 재인용.
24) 전략이란 조직의 주요 목적, 정책, 활동 등을 결합시킨 패턴 또는 계획이다. 또한 전략은 (조직의)목표와 그 목표를 달성하기 위한 여러 가지 계획이나 정책을 지칭한다. J.B. Quinn, The Strategy Process, 3rd ed.(Prentice-Hall, 1996); Kenneth Andrews, The Concept of Strategy. 이학종, 『전략경영』(박영사, 1997); 장세진, 『글로벌 경쟁시대의 경영전략』(박영사, 1996)에서 재인용. 전략요소는 전략지도(SM) 참조.

[표 1-6] 戰略地圖(SM) : K-factor의 複合構造 by Dr. Bong-Gyu Ha

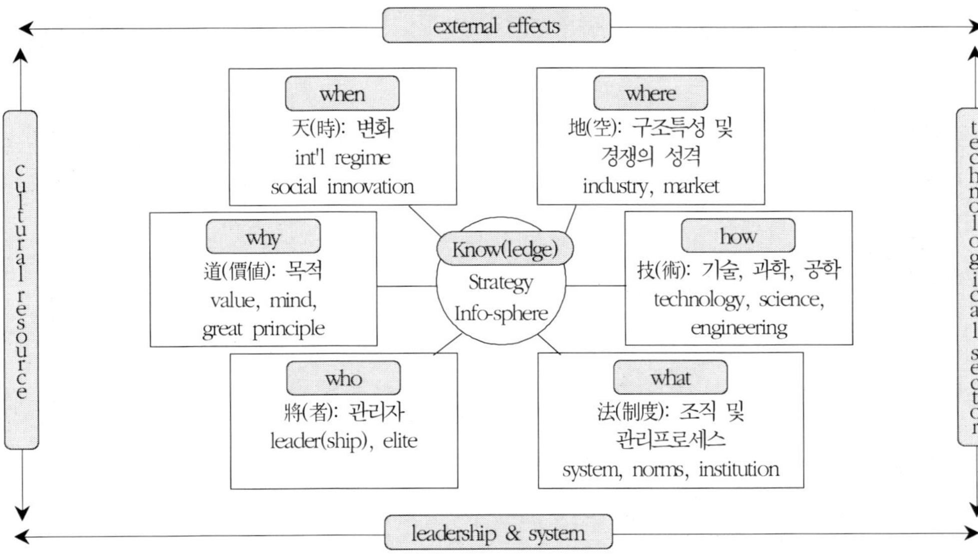

25) Philip Kotler, 앞의 책, pp. 219-460.
26) 앞의 책, pp. 37-38.
27) 전략그룹은 세계경쟁구조 측면에서 또한 새로운 통찰을 제공할 수 있다. 즉 국가의 발전단계 및 경제적 성과에 의해 분류된 것과 같이 실재하는 그룹간 격차의 상존성이다. 예컨대 〔그림 1-3〕 에서와 같이 강국그룹과 중진국그룹, 약국그룹 등으로 피라미드형(수직적) 구조를 갖는다는 점이다.

[그림 1-3] 국가 전략그룹

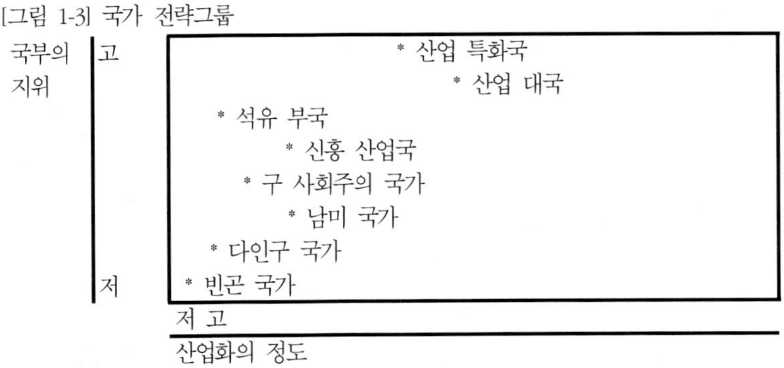

위의 책, pp.111-138.

28) 국가전략그룹은 다음의 4가지 성격을 갖는다. 첫째, 국가전략그룹이 갖는 객관적이고 일반적인 성격에도 불구하고 각국의 고유한 전략적 위상이 존재한다는 사실이다. 예컨대 산업대국내에서도 미국과 일본은 첨단기술제품이 수출의 3분의 1이상을 차지하고 있으나 영국은 31%, 프랑스와 독일은 약20%, 이탈리아는 15%만을 차지한다. 둘째, 국가전략그룹은 장기적이고 광역적인 그룹이지만 결코 불변적인 카테고리가 아니라 변화한다는 것이다. 예컨대 싱가폴의 경우 신흥산업국의 일원으로 분류되지만 보다 최근의 분석은 기술혁신 및 국부구축의 성공으로 산업특화국의 위치에 가깝다는 것이다. 셋째, 국가전략그룹은 세계경쟁구조에서 전략그룹간의 경쟁과 협력관계에 위치한다는 것이다. 예컨대 WTO체제 이후 다인구국가 및 남미국가들의 국가전략 수정으로 인하여 신흥산업국들이 틈새경쟁의 상대적 강점으로 오랫동안 누려온 노동집약산업의 급격한 쇠퇴를 가져온 것 등이 좋은 예이다. 넷째, 국가전략 그룹은 또한 그룹내의 국가들간의 관계도 경쟁과 협력관계에 위치한다는 점이다. 예컨대 그룹내의 높은 무역적 의존도에도 불구하고 특정 '창조적 파괴(creative destruction)'로 지칭되는 Schumpeter의 혁신개념은 Bert F. Hoselitz, "Main Concepts in the Analysis of the Social Implications of Technological Change" 참조.

29) Robert M. Grant, 앞의 글, 참조.

30) '창조적 파괴(creative destruction)'로 지칭되는 Schumpeter의 혁신개념은 Bert F. Hoselitz, "Main Concepts in the Analysis of the Social Implications of Technological Change" 참조.

31) footnote 12 우위유형비교표 참조.

32) Ashworth, G.j., & Voogd, H. (1995). *Selling the city: Marketing approaches in public sector urban planning*. London, UK: Belhaven Press. p.13; Berg, L. Van den, Klassen, L.H., & Meer, J. Van der (1990). *Marketing metropolitan regions*. Rotterdam: EURICUR. p. 993.

33) Houston, F.S. (1986). The marketing concept: What it is and what it is not. *Journal of Marketing*, 50: p.85.

34) Berg, L. Van den, & Braun, E. (1999). Urban competitiveness, marketing and the need for organizing capacity. *Urban Studies,* 36(5-6): p. 993.; Corsico, F. (1994). Urban marketing, a tool for cities and for business enterprises, a condition for property development, a challenge for urban planning. In G. Ave & F. Corsico (Eds.), *Urban marketing in Europe* (pp.75-88). Turin: Torino Incontra.; Page, S.J., & Hardyman, R. (1996). Place marketing and town centre management: A new tool for urban revitalization. *Cities*, 13(3) 등 참조.

35) Berg, L. Van den, & Braun, E. (1999). Urban competitiveness, marketing and the need for organizing capacity. *Urban Studies,* 36(5-6): p. 997.

36) Ashworth, G.j., & Voogd, H. (1995). *Selling the city: Marketing approaches in public sector urban planning*. London, UK: Belhaven Press.; Gold, J.R., & Ward, S.V. (Eds.). (1994). *Place promotion: The use of publicity and marketing to sell towns and regions*. Chichester: John Wiley & Sons.; Kearns, G., & Philo, C. (Eds.). (1993). *Selling Places: The city as cultural capital post and present*. Oxford: Pergamon Press.

37) Kotler, P., Haider, D., & Rein, I. (1993). *Marketing places: Attracting investment, industry, and tourism to cities, states, and nations*. New York, NY: The Free Press. p. 4-7.

38) Ashworth, G.j., & Voogd, H. (1995). *Selling the city: Marketing approaches in public sector urban planning*. London, UK: Belhaven Press. p. x; Berg, L. Van den, & Braun, E. (1999). Urban competitiveness, marketing and the need for organizing capacity. *Urban Studies,* 36(5-6): p. 992.

39) Blakely, E.j., Schutz, H., & Harvey, P. (1997, May). Public marketing: A suggested policy planning paradigm for community development in the city. *Social Indicators Research*, 4, 163-184.

40) Divita, S., & Dyer, R.F. (1979, April). *Pubilc sector marketing: A proactive response to citizen dissatisfaction*. Paper presented to the American Society for Public Administration National Convention, Baltimore.; Enis, B.M. (1981). Government as marketers: Issues of management and public policy. In

M.P. Mokwa & S.E. Permut (Eds.), *Government marketing - Theory and practice,* (pp.343-355). New York, NY: Praeger Publishers.; Rosener, J.B. (1977). Improving productivity in the public sector: An analysis of two tools - Marketing and citizen involvement. *Public Productivity Review,* 2(3).

41) Ashworth, G.j., & Voogd, H. (1995). *Selling the city: Marketing approaches in public sector urban planning.* London, UK: Belhaven Press. p. x.

42) Cheshire, P.C., Carbonaro, G., & Hay, D.G. (1986). Problems of urban decline and growth in ECC countries. *Urban Studies,* 23, pp. 131-149.; Lever, W.F. (1999). Competitive cities in Europe. *Urban Studies,* 36(5-6): pp. 1029-1044

43) Ashworth, G.j., & Voogd, H. (1995). *Selling the city: Marketing approaches in public sector urban planning.* London, UK: Belhaven Press. pp. 4-6.

44) Divita, S., & Dyer, R.F. (1979, April). *Pubilc sector marketing: A proactive response to citizen dissatisfaction.* Paper presented to the American Society for Public Administration National Convention, Baltimore.; Kerr, J.R., & Stearns, J.M. (1981). Program Planning and evaluation:A citizens -oriented approach. In M.P. Mokwa & S.E. Permut (Eds.), *Government marketing - Theory and practice,* (pp.205-217). New York, NY: Praeger Publishers.

45) Chapman, D., & Cowdell, T. (1998). *New public sector marketing.* London, UK: Financial Times Management. p. 31.

46) Sadler, D. (1993). Place marketing, competitive places and the construction of hegemony in Britain in the 1980s. In G. Kearns & C. Philo (Eds.), *Selling places: The city as cultural capital post and present* (pp.175-192). Oxford: Pergamon Press.; Smyth, H. (1994). Marketing the city : *The role of flagship development in urban regeneration.* London, UK: E & FN Spon. 참조.

47) Berg, L. Van den, & Braun, E. (1999). Urban competitiveness, marketing and the need for organizing capacity. *Urban Studies,* 36(5-6): 987-999.

48) 부(wealth)란 경제학적 기본개념으로 정치학적 기본개념인 권력(power)와 대칭되는 개념이나 Paul Samuelson 이 그의 영향력있는 주저에서 정의조차 시도하지 않은 개념이다. (현대 정치경제학의) 여러 주도적 지도에 따르면 미래소득(future income)을 창출할 수 있는 것(자본, 토지, 혹은 노동)으로 물리적 자산과 지식을 포함한 인적자본으로 구성된다. 하봉규, 「국가경영」(세종, 2002), pp. 47-48.

49) B.C. Smith, Decentralization: The Territorial Dmension of the State(London: Georg Allen $ Unwin, 1985). 참조.

50) Philip Kotler에 따르면 일반적으로 정부가 초래하는 네가지 문제점으로 부정부패, 외교비 과다지출, 잘못된 자원배분, 정국불안이 있으며 앞의 세가지 문제점이 자원배분의 효율성이나 비생산적 부를 집중시키는데 비하여 정국불안은 지역내의 문제이나 이러한 원이도 미국의 경우엔 무관심이, 일본의 경우 부정부패가, 러시아의 경우 독재적 전통이 주된 원인으로 나타난다고 설명한다. Philip Kotler, 앞의 책, pp. 160-163.

51) 위의 책, pp. 166-170.

52) 위의 책, pp. 44, 147-148.

53) 문화라는 용어는 학문별, 문맥별로 다양한 의미를 갖는다. 문화는 때때로 사회의 지적, 음악적, 예술, 문화적 결과물, 즉 '고등문화'를 가리키기도 한다. 일부 인류학자들은(Clifford Geertz 등)은 '두터운 기술(thick description)'으로서의 문화를 강조하여, 문화란 사회전체적인 생활방식이라고 풀이한다. 즉, 한 사회의 가치, 실천, 상징, 제도, 인간관계 등이 모두 문화에 포섭된다는 것이다. Samuel P. Huntington & Lawrence E. Harrison(ed.), 「문화가 중요하다」(김영사, 2001), p. 11에서 재인용.

54) 박상훈 · 장동련, 앞의 책, pp.318-320.

55) 찰스 랜드리, 앞의 책, pp.48-49.

56) 강형기, 「향부론-문화로 일구는 지방경영」(비봉출판사, 2001), pp.30-34.

57) 자크 아탈리, 「자크아탈리의 미테랑평전」(뷰스, 2006), pp.127-129.

2부

한국의 발전과 부산의 위상

- 한국의 최근 반세기는 근대화와 민주화, 성장과 침체의 양극단을 보여준다 - A. H. 암스덴
- '한반도 하드웨어'가 한계에 이르러 전면적 개혁없이는 경제나 사회에 희망이 없다 - 김석철
- 부산의 위기는 부산을 넘어 한국의 위기로 연결되고 있다 - 지만원

1장 / 한국사회 발전의 발자취

1 서론

2008년은 건국 60주년이었다.

지난 60년의 대한민국 역사는 여러 좌절과 어려움도 있었지만 크게 보아 발전과 성공의 역사였다. 지난 60년간 우리 대한민국은 건국과 근대화혁명(산업화와 민주화)을 성공적으로 이룩하고 제2차 세계대전 후 세계최빈국의 하나였던 후진국에서 중진국의 선두주자로 성큼 뛰어오르면서 21세기에 진입하였다. 그 과정을 간단히 살펴보자.

우리는 1945년 해방된 이후 온갖 어려움 속에서도 1948년 건국을 이루어냈다. 36년간의 외국 지배 후에 독립된 국민국가(nation state)를 세운다는 것은 결코 쉬운 일이 아니었다. 그러나 우리는 민주주의와 시장경제를 기본이념으로 하는 자유대한민국을 세우는 일에 성공하였다.

그리고 다음에는 6 · 25의 비극과 도전을 극복하면서 자유대한민국을 지키는 호국(護國)에도 성공하였다.

그 후 1960년 초부터 정부와 국민이 하나가 되어 산업화의 길로 일로매진하였다. 그 결과로 압축고도성장에 성공하였다. 1960년대 초 일인당 GNP 80불의 최빈국에서 1995년에 1만 불 수준의 중진국으로 성큼 뛰어올랐다. 당시까지만 하여도 이 지구상에 이렇게 짧은 기간에, 이렇게 압축적 고도경제성장에 성공한 나라가 없었다. 한마디로 '한강의 기적'이었다.

1960년대 초 우리나라는 국가예산의 40% 그리고 국방비의 75%를 미국 원조에 의존하고 있었고 당시의 평균실업률은 35% 정도였다. 요약하면 1960년대 초 우리나라 경제는 당시 아시아의 스리랑카나 아프리카의 가나 수준과 비슷한 세계최빈국의 하나였다. 그러던 나라가 2006년 말 1인당 국민소득 1만 8,000불, GDP 8,800억 불, 무역액 6,300억 불로 경제규모 세계 12위, 무역규모 세계 11위를 달성하는 나라로 발전하였다.

또한 우리는 1980년대와 90년대 민주화에도 성공하였다. 1950년대와 60년대 대한민국을 본 외국인들은 대한민국에서 민주주의가 성공하는 것은 거의 불가능하다고 보았다. 물론 지난 기간 민주주의의 후퇴와 파행도 있었고 여러 우여곡절도 있었으나, 결국 우리는 1987년을 전기로 하여 민주화(절차적 민주주의)에도 성공하였다. 그리하여 지난 60년간을 크게 보면 우리 대한민국은 '건국과 호국' 그리고 '산업화와 민주화'라는 '근대화혁명'에 성공한 나라가 되었다.[1)]

2 정치적 민주화

우리나라의 정치발전의 이념으로서 자유민주주의가 제헌의회에서 명확히 규정되었지만, 과거 반세기간의 정치전개 및 변동과정 속에서 자유민주주의가 정착되었다기 보다는 오히려 위기에 직면했고, 때로는 정치현실 속에서 왜곡 내지 변질된 시기가 많았다고 볼 수 있다.

우선 헌법의 개정과정을 볼 때, 건국(1948년) 이후 9번에 걸친 개헌이 단행되었다. 즉, 이승만의 장기집권을 위한 제1차 개헌인 '발췌개헌'(1952년 7월 7일)과 제2차 개헌인 '사사오입개헌'(1954년 11월 29일), 박정희의 장기집권을 위한 제3·4공화국의 6차 개헌인 '삼선개헌'(1969년 10월 21일), '유신헌법'(1972년 12월 27일) 등 4차례의 개헌은 집권자들의 장기집권을 위한 개헌이었다. 또한 1960년 4.19 학생혁명으로 인한 제3차 개헌인 의원내각제(1960년 6월 15일)의 제2공화국 헌법과 제4차 개헌인 '1960년 3.15 부정선거 관련자 처벌 등을 위한 소급특별법'(1960년 11월 28일)이 있었다. 그리고 제5차 개헌인 1961년 5.16 군사쿠데타에 의해 마련된 제3공화국 헌법(1962년 12월 26일)과 제8차 개헌인 1980년 5.17 조치 후 마련된 제5공화국 헌법(1980년 10월 22일)과 제6공화국 헌법 등이 있다.

특히 집권자의 장기집권을 위한 네 차례에 헌법개정에는 비상사태를 통하여 공포분위기를 조성·이용하였거나, 원내개헌선인 3분의 2의 의석 확보를 위해 부정선거를 자행하였으며, 이를 위해 온갖 부정한 방법으로 폭력·회유를 자행하였고 정치자금이 동원되었던 것이다.

이와 같이 우리는 헌정 수립 후 오늘날에 이르기까지 헌정의 숱한 우여곡절 속에서

9차례에 걸친 개헌과 17차례의 대통령선거(대선)와 국회의원선거(총선)를 치루었다. 그러나 그동안 정당정치는 제도화되지 못하여 그 기능과 역할을 다하지 못하는 가운데 관료제만 극대화되었던 것이다. 특히, 정당정치의 제도화는 대중과 정권담당자간의 갭을 연결할 수 있는 현실정치의 최적·최대의 가능성이라 볼 수 있으며, 평화적인 정권교체의 기회를 제도적으로 보장하는 것이다. 그러나 그간 우리나라의 정치과정[2)]은 ①새로운 집권세력이 입헌주의를 주창하며 새로운 정권수립, ②이후 점차 대통령을 위요한 권위주의화 경향 가세, ③정권내 권위주의화와 통치엘리트의 내부분열, ④새로운 집권세력의 등장과 개헌이라는 악순환적 발전패턴 속에서 파행을 거듭해오고 있었던 것이다.

결과적으로 여·야 정당관계는 여·야간의 경쟁과 협조가 아닌 투쟁과 반목으로 점철되었으며 이러한 부산물로 비밀주의, 보스정치, 파벌주의 등의 부정적 관행을 낳게 되었다. 정당정치의 저발전(underdevelopment)은 상대적으로 정부기능의 강화에 따른 관료집단의 강화현상을 초래하였으며 관료는 일부 군부 및 재벌과 함께 부패하고 타락한 집단이 되어 갔다.

1987년 6월의 민주화 투쟁은 우리나라 정치에 있어서 중요한 계기가 되었다. 헌정사상 최초로 국민들의 강도 높은 여론에 의해 개헌이 되었으며 '6공화국 출범' 이후 지난 노태우 정권기간 동안 적어도 제도적·법률적 측면에서는 상당한 수준의 민주화가 추진되어 온 것이 사실이다.

행정부의 수반과 국회위원을 자유경선을 통해 선출했다는 것과 국정감사제를 부활시켜 만족스럽지는 못하나 제도상으로는 의회의 행정부에 대한 감시와 견제기능이 어느 정도 독립적이 되었으며, 헌법재판소가 설립되어 국회가 제정한 법률의 위헌여부를 가려내어 위헌인 경우 무효선언을 할 수 있게 된 것도 제도적 민주화의 일부분이다. 특히 지방자치제 시행의 1단계인 광역의회(특별시, 광역시 등)와 기초의회(시, 군, 구)가 1991년 30여년 만에 선거를 통하여 새롭게 구성된 것도, 2단계인 1995년 선거에서는 지방자치단체장의 선거도 시행되어 지방자치는 30년 만에 부활하게되어 민주화의 제도적 발전이라 볼 수 있다.

아직 많은 지방자치단체 등이 재정자립도가 낮으며 재정자립도에 있어서 자치단체간의 격차가 현실적으로 심대하다는 것, 뿐만 아니라 의원들의 자질문제에 이르기까지 지방자치제가 정착되기까지는 상당한 시간이 걸릴 것으로 보이지만 일단 민주화의 제도적 기반을 마련했다고 볼 수 있다.

언론의 자유면에서 제도적 민주화는 어느 정도 진전되었다. 그리고 사상관계의 일부가 아직 제약되어 있기는 하지만 출판물에 대해서는 상당히 제도적 자유의 폭이 넓어졌으며, 학문의 자유나 표현의 자유면에서도 상당한 진전이 이루어졌으므로 법적으로 민주화가 진전된 것도 사실이다.

반면 민주화의 진전과정에 가로 놓인 사회적·정치적 문제 역시도 적지 않다. 비록 1987년 6.29선언 이래 기존의 군사정부가 민주화를 위한 계기를 마련하였으나 민주적 정치질서 아래서 요구되는 정치적 책임을 회피하여 정국의 불안정을 지속적으로 초래하였었다. 그리고 1988년부터 1990년까지 계속된 노사분규의 양상에서 볼 수 있었듯이 억눌렸던 욕구가 분출하면서 경쟁적으로 기대의 향상이 폭발하면서 3년의 기간 동안 노동임금이 배 이상으로 상승하고 과도한 요구가 노정되었고,[3)] 이러한 요구를 수용할 준비를 채 갖추지 못한 사회·정치적 상황 속에서 새로운 민주화, 자유화의 부분으로서의 노동3권의 보장은 유보되기도 하였던 것이다. 이런 점에서 6공 헌법 하에서 탄생한 소위 '문민정부'의 기대와 좌절이 관심을 끈다.

일련의 개혁구상을 표방한 문민정부는 민주정치 시대에 적합한 국정지표를 부각시키고 과거 장기집권, 권력남용, 독재음모정치, 부정부패의 상징으로서 기존 정치권의 관행을 거부하고 전면적 개혁실천을 내외에 천명하였었다. 그러나 새로운 문민정부의 수립을 통하여 기존 여야관계에서 나타나는 불일치는 정열의 문제가 아니라 이해력의 부족여부로 나타났다.

즉 개혁 등에 따르는 특정한 결과를 낳게 하는 모든 변수들을 평가할 수 있는 능력의 문제이다. 왜냐하면 상당한 국민적 동의에 기반 한 문민정부가 들어선 이후 이제 여야관계는 상호 적대적인 대치관계가 아니라 상대방의 존재를 인정한 가운데에 보다 합리적인 대안을 가지고 상대방과 경쟁하는 관계가 된 것이다. 실질적인 민주화에서 보여지는 주요한 본질은 여야관계가 자유로운 경쟁과 협상의 과정이라는 것이다. 정당간의 경쟁(특히 정책이나 인물)을 통한 충원제도와 입법과정에의 타협과 협상이라는 과정의 등장, 자유로운 정당활동이 가능해지고 정치적 경쟁을 통한 선거가 실시되었다는 것은 상당한 민주제도의 정착이라고 하겠다.

그러나 국민에게 정부선택의 기회를 주었다는 점과 민주세력에 의한 정권수립은 상당한 민주화의 진전으로 평가되나, 아직까지는 비민주적 요인들이 제도적 · 관례적으로 많이 잔존해 있음을 목격한다. 무엇보다 전체적인 정치분위기가 민주적이며 국가기구를 운영하는 사람들이 민주화의 강한 의지를 보여주지만 그 운영을 보다 민주적으로 해야 하며 최종적으로는 제도적 민주화가 확립되도록 해야 할 것이다.

3 경제적 발전

우리나라 경제는 지난 40여 년간 계속적인 성장을 거듭하여 이제는 개발도상국을 벗어나 중진국의 대열에 서서 선진국으로서의 진입을 꿈꾸고 있다. 1961년 1인당 국민총생산(GNP)이 82달러에 불과하던 것이 1972년에는 319달러, 1990년에는 5,569달러에 달해 30년 사이에 무려 70배 가까운 성장을 이룩하였다. 또한 교역량(수출입 합계)은 1961년에는 3억6천만 달러이었던 것이 1972년에는 약 42억 달러였고, 2006년에는 약 6,348억 달러로 30년 사이에 무려 375배로 증가하였다.

그러나 이 같은 통계수치상의 높은 증가율이 바로 우리나라 경제나 산업의 발전이 그만큼 성공적이었음을 의미하지는 않는다. 증가율이 높은 것은 그만큼 '초기 조건'이 거의 제로상태였다는 반증으로서 우리의 산업은 이제 막 성공의 기초를 닦아 놓았다고 보는 것이 더 정확한 평가일 것이다. 어쨌든 외국의 도로를 달리고 있는 '메이드 인 코리아' 자동차나 외국의 공항이나 거리에서 어렵지 않게 발견할 수 있는 한국상품들의 광고는 오늘날의 한국경제의 성장과 발전을 실감하게 해준다.

이러한 경제성장의 요인으로는 다양한 분석이 가능하겠으나 어쨌든 지금까지의 성장이 기업이라는 '생산경제단위'의 성장을 통하여 구현되었다는 사실은 부인할 수 없을 것이다. '조용한 아침의 나라'인 한국의 기업들이 이제는 세계적 기업들을 상대로 경쟁하고 있으며, 또한 새로운 기업들이 창업되어 미지의 경영세계에서 보다 성공적인 기업으로 도약하고자 힘겨운 노력을 계속하고 있다.

그러나 한국경제가 보잘 것 없던 위치에서 세계적으로 상당한 관심의 대상으로 성장하는 과정에서 재벌의 출현과 그에 따른 경제력 집중문제, 정부와 재벌의 상호협력을 둘러싼 정경유착의 문제, 성과배분을 둘러싼 노사간 갈등, 그리고 부동산투기 등의 역기능적인 폐단 역시 적지 않게 초래되었다. 특히 1980년대 후반 잦은 노사분규와 근로의욕 저하, 이에 따른 임금상승과 생산성 저하, 생산인력 부족과 제조업 공동화 징후 등은 심각한 문제점으로 지적되고 있다.

더욱이 최근의 수출부진으로 인한 경기침체, 시장개방에 대한 선진국의 압력 등 심상치 않은 대외 경제상황의 변화에 대해 연일 신문과 방송에서 우려의 소리가 높아지고 있다. 이제 한국경제와 한국산업은 새롭게 변화하고 있는 환경을 맞고 있으며, 한국의 경제가 지금까지의 초기단계의 성공을 밑거름으로 하여 계속적인 성공의 페이스를 유지하기 위하여는 한국경제의 위상 재정립과 이를 발판으로 한 재도약이 절실히 필요하다고 할 수 있다.

그러면 우리나라의 경제발전은 언제 어떻게 태동되었으며 지금까지 어떻게 성장하여 왔을까?

한국경제의 역사는 매우 짧다고 할 수 있으며 산업의 모습을 본격적으로 갖추기 시작한 것은 겨우 40여 년 전의 일이다. 아직까지 한국경제의 성장과정에 대한 역사적 분석이나 연구가 미흡하고, 성장과정별 특징에 의한 시대구분도 학자에 따라 다소 차이를 보이고 있다.

신유근 교수(『한국기업의 특성과 과제』, 1984)와 이기을 교수(『민족문화와 한국적 경영학』, 1988)는 19세기 후반에서 해방까지를 산업의 도입기로, 해방이후 제3공화국의 경제개발계획의 시작 전까지를 혼란기 혹은 요람기로, 경제개발계획의 시작 이후 1990년까지를 도약기로 구분하여 각 시대별 특징을 분석하였다. 정구현 교수(『한국기업의 성장전략과 경영구조』, 1987)는 1950년대 이전과 이후를 크게 시대구분을 하고 있으며, 조동성 교수(『한국재벌연구』, 1990)는 한국기업의 대표적인 재벌들의 발전과정을 서술하면서 해방 이후부터 1960년까지를 재벌의 태동기라 명명하고 그 후 10년 단위로 재벌의 발전과정을 구분하고 있다.

일본인 시각으로 한국경제의 미래를 예견하고 있는 『5년 후의 한국』(와타나베 도시오[渡邊利夫]외 1인 공저)에서는 한국의 정치와 경제의 발달 과정을 서로 연계하여 기업의 성장과정을 객관적으로 분석하고 있으며, 특히 5.16군사쿠데타를 중요한 기업성장의 전환점으로 파악하는 시각을 제시하고 있다.

지금까지 이루어진 연구를 토대로 한국경제성장의 시대적 상황을 다음과 같이 네 단계로 구분할 수 있을 것이다.

제1단계는 원시적인 의미에서나마 우리나라에서 산업이 태동하기 시작한 1876년부터 1945년까지의 시기로서 이 기간은 근대적인 개념의 산업이 처음으로 시도된 한국경제의 태동기라고 할 수 있다.

제2단계는 1945년 해방 이후부터 1961년까지의 시기로서 6.25동란을 겪으면서 그나마 가지고 있던 '초기 조건'의 요소가 거의 모두 파괴된 상태에서 외국의 원조에 의지하면서 산업의 형태를 어느 정도 갖추기 시작한 시기로서 이 시기의 중요한 의미는 근대적인 시장체제가 본격적으로 도입된 한국산업의 도입기라는 점이다.

제3단계는 1962년부터 1986년까지 정부의 강력한 경제개발계획 추진으로 인한 고도경제성장과 더불어 기업이 다각화 성장전략에 의해 급속도로 팽창한 시기로서 한국경제의 확장기라고 할 수 있다.

마지막으로 제4단계는 1987년 이후로 고도성장으로부터 복지사회로의 전환을 요구하는 전반적인 사회분위기에 따라 기업의 역할, 성과배분 문제, 환경보호문제가 이슈로 등장하는 등 전반적으로 성장의 의미 및 사회적 책임 등에 대한 새로운 개념정립이 요구되고 있는 한국경제의 조정기라 할 수 있는 시기이다.

한국경제의 성장과정 분석에서 가장 중요한 의미를 갖는 시기는 3단계이다. 이 시기의 경제성장과정은 정부의 경제개발계획과 깊은 연관을 맺고 있으며 따라서 기업의 성장과정 및 특징을 경제개발계획 및 경제성장과정과 연계하여 설명하고자 한다.

4.19의거와 5.16군사혁명을 거치면서 당시의 대기업들이 한때 사회적 지탄의 대상이 되기도 하였으나, 새로이 등장한 군사정부가 장기적인 경제개발계획을 천명하고 강력한 정부주도하에 기업들을 경제개발의 동반자로 삼게 됨에 따라 대기업 그룹이 경제의 주축이 되는 계기가 되었다. 1차부터 5차에 이르는 경제개발 5개년계획이 경제기획원의 주도로 시행된 이 시기에는 매년 10%에 가까운 높은 경제성장률을 기록하였다. 이 기간 중 산업별 성장률을 살펴보면 다음 표에서 보는 바와 같다.

[표 2-1] 산업별 성장률 (단위 : %)

참고 : 1) 중화학공업은 생산액 기준, 나머지는 부가가치 기준
2) ( )는 1962년을 포함한 수치임.

계획기간	경제성장률	농림어업	중화학공업[1]
1963-66[2]	9.3(7.8)	8.9(5.9)	24.3
1967-71	9.6	1.5	26.4
1972-76	9.7	6.2	22.4
1977-81	6.1	0.2	13.6
1982-85	7.7	3.2	-

자료 : 한국은행, 『주요경제지표』, 1986
한국은행, 『국민소득계정』, 1984
경제기획원, 『한국경제지표』, 1986

정부는 경제개발과정에서 이른바 중점 육성산업을 선정하여 집중지원하는 경제정책을 시행하였는데 이는 우리나라 재벌그룹의 비관련업종 다각화를 가속화하는 계기가 되었다. 1960년대 1차, 2차 경제개발 5개년계획으로 사회간접자본 및 경공업산업 등이 중점 육성산업으로 등장하자 대기업들은 철강, 시멘트, 제당, 섬유, 비료, 전자, 정유, 건설 등의 업종으로 적극적으로 진출하였다.

특히, 1960년대 중반부터 시작된 한국군의 월남파병을 계기로 생겨난 월남특수로 인하여 군수물자와 관련된 철강제품, 타이어, 면직물 등의 산업이 크게 확장되는 계기가 되었으며 이에 따라 운송업 또한 많은 발전을 보였다. 이 같은 절호의 기회를 최대한 이용하여 기업성장의 기회로 연결시킨 당시 기업가들의 사업감각과 노력은 높이 평가할 만한 것이었다.

1970년대 3, 4차 경제개발계획에서 과감한 수출진흥정책과 중화학공업의 육성 등이 중점목표로 설정되자 대기업들은 신속하게 석유화학, 조선, 중공업 등으로 그들의 사업영역을 확대하였다. 이 시기의 중화학공업의 육성은 동서냉전체제하에서 북한의 전쟁위협에 따른 자주국방의 필요성에서 볼 때도 더욱 절실한 것이었다.

기업의 급속한 팽창에 따른 자금조달은 차관과 외부금융 이외에 상당한 부분을 고금리의 사채에 의존하지 않을 수 없었고 그 결과 기업의 재무구조는 극도로 취약해질 수밖에 없었다. 결국 정부는 1972년 사채동결조치(8.3조치)를 단행하게 된다.

1, 2차 경제개발 5개년계획의 성공으로 다소 양적 성장의 기반을 다진 한국기업들은 1973년 10월 석유수출국기구(OPEC)의 갑작스런 유가인상으로 1차 오일쇼크를 겪는다. 오일쇼크의 파고는 기업들에게 큰 타격을 주었으나 1970년대 중반부터 시작된 중동붐은 우리나라 기업환경에 새로운 활력의 변수로 작용하면서 중동경기에 편승한 기업들의 성장기회를 마련해 주었으며 국내의 유수한 기업들은 앞을 다투어 중동으로 진출하게 된다.

1979년 2월 2차 석유파동으로 한국기업은 심한 원자재 가격상승과 40%에 육박하는 높은 인플레이션을 경험하는 등 또다시 심각한 경제상황에 놓이게 되었다. 그러나 1980년대 초 정치적 변화를 겪으면서 우리 경제는 정부의 강력한 물가안정정책 기조하에서 물가가 안정되었으며, 또한 기업체질강화 대책이 발표되어 재벌기업의 계열회사 정리조치가 단행되기도 하였다.

이 기간 중 기업성장에 크게 영향을 미친 우리나라 경제성장의 중요한 특징을 살펴보면, 산업구조의 급격한 분화와 성장, 정부에 의한 투자자원의 선택적 배분과 집중지원－정책금융과 은행융자, 차관과 기술도입에 의존한 경제성장, 수출위주의 경제성장 등을 대표적으로 생각해 볼 수 있다.

이상과 같은 경영환경의 특징으로 기업들은 정부주도의 경제발전계획에 어느 정도 신속히 대응하여 이를 활용하느냐가 기업성공에 있어 매우 중요한 열쇠가 되었다. 열악한 '초기 조건'하에서 조속한 시일에 높은 성장을 이룩하기 위한 수단으로 당시의 정부는 자원을 선택적으로 집중지원하는 정책을 택하였으며 이 시기에 이같이 강력한 정부주도의 경제운용이 가능했던 것은 정부가 은행의 국영화를 통하여 거의 모든 금융채널을 장악함으로써 자금이 부족한 대부분의 기업들을 관리·통제 할 수 있었기 때문이었다.

미국의 암스덴(A. H. Amsden)교수는 『아시아의 다음 거인』에서 한국경제의 성장을 다음과 같이 묘사하고 있다.

"이 당시 국가권력의 규율행사와 대기업의 성장은 상호영향을 미쳤다. 대기업이 위험부담이 큰 산업을 시작하는 대가로 정부는 보다 이윤이 많은 산업분야 진출을 허가함으로써 대기업의 업종은 더욱더 다각화되었다. 사기업에 대한 정부의 규율은 실적에 따른 응징과 포상이라는 두 가지 수단에 의하여 행사되었다."

실제로 이 기간 중 경영부실로 도산위험에 빠진 기업을 한국정부가 냉혹하게 정리한 사례도 적지 않다. 예컨대 1960년대 한국 최대의 자동차회사였던 신진자동차가 현대자동차의 '포니'와의 경쟁에서 패배한 후 1970년대 오일쇼크로 도산하자 곧 정부는 신진자동차를 대우자동차에 인수시켰고, 전자산업의 개척자 중 하나였던 대한그룹이 가전사업부의 부실로 휘청거리자 정부는 대한전선의 가전사업부를 역시 대우로 넘기도록 하였다.

경남, 삼호 같은 건설회사도 초기에는 정부의 지원을 받다가 경영부실로 도산되어 버림받은 경우이다. 가장 최근에 정부의 응징을 받은 부실재벌로는 대우그룹을 꼽을 수 있다. 물론 이 같은 정부의 기업정리과정에서 정부가 흔히 권력 측근을 부실기업의 인수자로 선정함으로써 정치적 논란의 대상이 되기도 했다.

당시 기업이 얼마나 정부와 유착되었는지와 관계없이 모든 대규모 기업에 대해 한국정부가 취한 가장 엄한 규율은 수출목표의 부여와 그 달성이었다. 기업으로 하여금 해외시장에 눈을 돌리도록 하였으며 수출목표를 매년 증가시킴으로써 수출시장위주의 대량생산체제로의 전환을 가속화시켰다.[4)]

4 사회윤리의 문제

지난 반세기 동안에 대단한 격동기를 거친 우리사회는 많이 변하였다. 인구의 70%가 농민이었던 농업경제사회에서 인구의 80%가 도시인인 산업사회로 전환되면서 우리사회에서 오랫동안 지탱해 왔던 전통윤리는 통제력을 급속히 상실하였다. 그러나 그 동안 서구적인 가치관이 우리사회를 지배하는 윤리적 기준이 될 정도로 내면화 되지도 못하였다. 따라서 우리사회는 현재 전통적인 가치관과 현대의 서구적인 합리적 가치관이 혼재된 상태에서 지역간, 세대간, 계층간 반목과 갈등이 내재해 있다. 따라서 우리는 산업화 사회에서의 사회윤리정립이 그 어느 때 보다도 필요한 시점이다.

우리나라의 사회윤리가 산업화 과정을 치르는 여타 후발 산업국과 다른 또 하나의 특성은 국가(역사)적 특수성이다. 36년간 식민지 통치를 경험하면서 일본의 민족갈등을 유발하는 식민정책을 수용할 수밖에 없었으며, 해방 이후에도 동서냉전이 첨예화된 지역으로 내전(6.25사변)을 겪는 등으로 사회정의나 규범을 정립시킬 여유가 없었기 때문이었다. 특히 5.16 군사쿠테타 이후 정통성이 결여된 군사정부의 등장으로 경제활성화 등의 성공에도 불구하고 과정보다는 결과가 균형보다는 선택이 그리고 원칙보다는 임기응변이 선호되는 소위 '하면 된다'식의 논리가 지배하게 되었다. '하면 된다'식의 일방적 행동논리는 '해서는 안되는 것'과 같은 규범과의 양립적 균형의식을 무시하는 것으로, 특히 우리의 전통적 사회규범을 형해화시켰다. 전통적 문민우위의 정치체제가 무너지고 군사정부가 형성됨으로써 정치지도자는 단기간의 군사적 경력에 의해 충원되었고, 이들이 도덕적·인격적 성숙을 쌓을 만한 시간적·사회적 여건도 미비하였으며 정치적 변화에 따르는 군사문화(군사주의적 정치문화)는 현대사회의 특징인 정보화, 매스미디어 등장, 국가기구의 확충 등과 함께 그 사회적 파급효과를 급속히 확산시키는 결과를 초래하였다.

우리나라의 사회윤리가 더욱 심각한 상태에 이르게 된 것은 6.29선언 이후 사회가 민주화의 과정을 거치게 되면서 극명하게 나타나게 되었다. 그 동안 우리는 국가가 많은 부분을 통제하는 비민주적인 형태의 사회구조가 오랫동안 지속되어 왔다. 따라서 국민들은 국가나 특정 집단이 주도하는 것을 추종만 하는 소극적인 형태의 행동양태로 지내왔다. 하지만 국민의 요구에 의해 시작된 민주화의 과정은 우리 사회를 전면적인 '총체적 위기'에 직면하게 만들었다.

그 동안 우리는 강력한 공권력에 의해서만 치안과 질서가 유지되고, 자발적인 윤리의식에 따르는 자율적인 힘으로 혼란을 막을 수 있는 사회윤리의식이 형성되지 못하였던 것이다. 자율적인 민주의식이 형성되지 못한 상태에서 강력한 통치력을 행사하던 공권력이 약화되자 각종 사회문제가 전면적으로 사회에 표출되면서 우리의 사회윤리의식은 그 어디에서도 찾아볼 수 없는 지경에 이르게 된 것이다. 이제 우리는 '총체적 위기' 상황에서 이것을 극복하기 위하여 질서와 사회정의를 동시에 추구해야 한다는 국민적 공감대가 서서히 형성되고 있음을 본다. 또한 이러한 노력은 우리의 옛 전통윤리를 포기하거나 무시하지 않고 새로운 산업사회에 맞는 전통윤리로 새로이 정립하려는 노력이기도 하다.

5 문화와 환경

문화는 민족의 삶에 자기의미를 부여하는 기초이며 또한 타민족과 구별되는 민족원형이다. 그러므로 문화와 국가정체성은 불가분의 관계이다. 건국 이후 한국의 문화발전을 규명할 수 있는 구체적인 통계수치가 제시되지 않는다 하더라도 그 동안 우리 사회가 문화적 측면에서 겪은 양·질적인 성장(변동)은 의심할 바 없으며, 또 한편 이러한 성장은 주로 수입된 문화에 의존해온 것임을 간과할 수 없다.

국내 분야의 경제성, 생산성, 경쟁성은 주목할 정도로 발전해가고 있는 것이 사실이다. 적어도 외형적인 수치에 의존해 본다면, 일부 문화분야는 세계적 수준까지 도달해 있다고 해도 과언이 아니다. 1981년에 2,176개였던 출판사의 숫자가 2000년대에는 여덟 배가 증가한 16,059개로 늘어났으며 인쇄소도 2,624개에서 5,609개소로 크게 신장되었다. 출판산업의 양적인 팽창과 성장에 부응, 도서 간행물의 수도 크게 늘어났다.

1981년에 2만 3천 9백 83종의 도서출판이 2008년에 와서는 4만 3천 99종으로 늘어났고 발행부수도 1억 651만부에 달했다. 이는 미국 발 금융위기로 촉발된 세계적인 경제 위기가 국내 실물경기 악화로 이어지면서 출판계 또한 종이 값 인상 등 적잖은 영향을 받아 다소 감소추세에 있지만 도서출판계의 고용인구, 생산성 등을 감안해 본다면 산업경제 전반에 끼치는 영향은 지대하다. 정기간행물의 경우도 폭발적인 신장세를 보여 1988년 12월 기준으로 총 3천 3백 88개였던 정기간행물이 2006년에 들어와서는 8,549개로 늘어났다.

이러한 신장세는 영화와 음반분야에도 예외 없이 적용되고 있다. 영화제작사의 등록현황만 보더라도 1981년 67개였던 제작사가 2006년 현재 3,154개에 이르렀는데 제작된 영화의 수도 1981년 극영화 66편, 문화영화 61편, 광고영화 129편 등 총 276편이었던 제작실적이 1990년 기준으로 총 437편으로 증가했다가 최근 경기침체로 영화 투자가 위축되고 제작 편수가 감소해서 2008년에는 100편에 그치고 말았다.

문화영역에서의 이러한 양적 성장에도 불구하고 기형적 발전이라는 문제가 최근 제기되고 있다. 무엇보다 한국사회 곳곳에서 파행적으로 전개되고 있는 문화정체성의 위기현상은 한국사회의 외래의존성을 단적으로 증명해주고 있다. 대중문화의 무분별한 범람과 폐해, 국적 없는 문화의 유입, 한국어의 기형적 발전, 외국문화의 사대적 맹신 등이 도처에서 발견되고 있다. 이런 측면에서 볼 때 지난 40여 년간 한국사회의 문화적 성격을 한마디로 규정한다면 과도한 문화수입이 급증했던 혼란기였다고 해도 과언이 아니다. 특히 1980년대 이후 올림픽을 포함한 국제적 행사 등에 몰두하여 국제화와 전통화에 대한 철저한 대비없이 환상과 착각 속에서 무분별하게 외래문화를 수입했던 기억을 떨쳐 버릴 수 없는 것이다.

2장 / 한국은 바뀔 수 있는가

1 서론

최근 새로운 국·내외 환경에서 우리가 선택하여야 할 질서체제에 대한 논의가 활발하여지고 있다. 급변하는 국제정세와 사회내적인 불일치로 더 이상 기존의 제도·관행 속에서 우리의 의식과 현실에 적합한 사상과 제도를 취사선택할 수 없었던 환경에서 탈피하여 보다 적극적으로 우리의 선택을 정립시키려 하고 있다.

앞에서 이미 민주화의 제도적 장치에서의 불합리성을 들었었다.

대외적 정치구조(국제정치체제)는 어떠한가. 오늘날 국제사회는 냉전이데올로기를 종식시켜 가고 있으며 공산국가를 자처하는 나라들도 거의 사라지고 있다. 공산주의 국가들을 주도해온 소련이 이제 일방적 이데올로기 편향에서 벗어나 국민들의 실질적인 경제생활과 실익추구에 더욱 관심을 갖게 되었다. 그리고 '공산주의 이데올로기의 쇠퇴'와 대조적으로 '민족주의'가 크게 강조됨에 따라 소연방이 붕괴되고, 따라서 소련은 이제 민족단위의 여러 개의 공화국이 새롭게 자치권을 획득하고 있다. 다소의 차이는 있지만 이념의 약화와 더불어 '민족주의의 강화'와 '국가간의 경쟁의 치열함'은 동구 공산권을 비롯한 세계 전반의 문제로 등장하고 있다. 이것이 바로 오늘날 우리가 살고 있는 현실이다.

그러나 한반도에는 아직도 '냉전 이데올로기의 유산'이 잔존하고 있어 민족의 불행을 지속시키고 있을 뿐만 아니라, 세계의 안정과 평화를 크게 위협하고 있는 실정이다. 또한 북한은 아직도 폐쇄적인 공산독재체제를 계속 유지해 가고 있을 뿐만 아니라 핵무기의 개발을 비밀리에 추진하면서 유엔의 핵사찰을 거부함으로써 국제사회로부터 많은 비난과 우려를 받고 한반도의 평화와 국제평화에 대한 책임을 소홀히 하고 있는 것이 엄연한 현실이다.

2 정치적 리더십

정치면에서는 정치제도뿐 아니라 우리의 정치윤리의식도 비판과 반성의 대상이 되고 있다. 정치지도자와 관료들의 지나친 권력욕이나 금전적인 매수 등에 의한 부패현상은 민주주의사회를 형성하는 데 가장 부정적인 요소라고 할 수 있다. 기존 정치세력집단은 자신들의 권력유지와 집단이기주의에서 벗어나지 못하고 서로 국민을 위한다는 명목하에 자신들의 입장을 정당화 시키려고 해왔다. 국민을 위해 헌신봉사해야 하는 정치엘리트의 부패는 사회적 불신을 조장하는 중요한 요인이 되어 왔다. 국민들에 의한 정치불신은 최악의 경우 정치공동체, 즉 국가사회의 해체에 이른다는 사실에서 정치의식에서 발상의 대전환이 시급히 요청되는 것이다.

그동안의 파행적 정치관행 및 제도 운용이 반영된 것일 수 있는 사회일반의 정치윤리 타락현상도 지적해야 한다. 아직 우리 사회는 민주적 정치의식이 성숙되어 있지 못한 것이다. 물론 4.19나 6.10의 거사를 치루면서 우리의 정치의식은 발전을 거듭하고 있다. 하지만 아직도 우리는 현대 민주주의의 핵심이 국민의 주인이라는 것을 보여줄 수 있는 제도인 선거과정에서 후진적인 속성을 극복하지 못하고 있다.

선거과정에서 금전에 의해, 지역감정에 의해, 혈연에 의해 후보자를 결정하고 심지어는 후보자들에게 노골적으로 금품이나 향응을 요구하는 풍토가 아직도 도처에서 일어나고 있음을 본다. 민주주의는 결코 정치지도자나 정부의 관료들에 의해서만 이루어지는 것은 아니다. 오히려 그들의 비행을 감시하고, 그러한 부정부패에 대해서 철저하게 응징할 수 있는 시민윤리의식이 형성되었을 때 바람직한 민주사회로 발전되어 나갈 것이다.

1) 정경유착의 악순환

오늘날 한국의 많은 기업은 기업의 정상적인 이윤 보다 재테크와 부동산 불로소득 등 비정상적인 면에 더 신경을 쓰고 있는 것이 엄연한 사실이다. 게다가 정치인들은 이러한 기업으로부터 공식·비공식적으로 정치자금을 받아 왔다. 정치자금 없이는 정치를 할 수 없는 것이 우리의 현실이 되어왔음을 부인할 수 없다.

한국의 선거, 특히 대통령 선거에서는 마치 결투장에서 한판 승부를 벌이듯이 서로가

죽기 아니면 살기식으로 대결하고 이에 따라 경쟁적으로 선거자금을 뿌려왔다. 정치의 윤리성이 결여되고 정치적 보복을 두려워하지 않을 수 없는 상황에서 죽어도 정권을 빼앗기지 않겠다는 측과 죽더라도 정권을 쟁탈해야 하겠다는 측이 서로 양보할 수 없는 극한 대립·대결 양상을 보여왔다. 그래서 뿌려지는 선거자금의 최종적인 피해자는 언제나 국민이었다. 선거후 치솟는 물가와 부동산 가격은 서민들의 고통으로 되돌아오기 때문이다.

정책의 수행과정에서도 정경유착의 고리는 불식되지 않았다. 과다한 정치자금 때문에 정경유착이 이루어지고 정치가들도 이 자금 때문에 금융실명제와 같은 시대적인 개혁과제에 대해서 자기의 소신을 굽히는 경우가 있었음을 본다. 6공에 들어와 벌써 5정권이 경과하고 있지만 대통령이나 대통령친인척의 비리가 끊이지 않고 터져나오며, 최근 직전임대통령이 현직에서 물러난 직후 본인과 친인척의 비리로 자살을 하기도 하였으며 역대 대통령의 자제들이 비리의 핵심으로 연속하여 떠오르자 자식은 부모의 거울이란 말에서 알 수 있듯이 부모로부터 듣고 배운 것이 무엇인지 알겠다는 말들이 횡행하고 있는 실정이다.

2) 권위의 위기

우리사회가 직면한 정치의 위기는 한편으로 권위의 위기이다. 권위의 위기는 정치에 대한 국민의 불신 때문이며 이러한 불신의 구조는 정책의 일관성이 결여된 정부에 일차적인 책임이 있음은 주지의 사실이다.

지난 6-70년대는 우리 경제의 비약적인 발전에는 관료 조직의 우수성과 헌신적인 희생이 자리 잡고 있었다. 정부는 한 발 앞서 미래를 전망하고 국민들을 이해시키면서 발전의 주도적인 역할을 해왔고 젊은 관료들은 밤을 새워가며 기업의 수출활동을 지원했었다. 그러나 80년 이후 정부는 근본적이고 장기적인 전망을 잃고 그때그때 인기를 잃지 않으려는 즉흥적인 대응만을 일삼아 왔다. 그 결과 과거처럼 정부가 기업들의 애로점을 타개해 주지는 못할망정 규제나 방해만 하지 않아도 좋겠다는 말이 나오곤 했다. 점점 정부의 역할에 대한 회의와 불신이 늘어온 것이다.

모든 정책의 성공여부는 정부의 신뢰도에 달려있다. 평소에 국민들이 정부의 정책을 잘 이해하고 믿고 따른다면 그 실시에 큰 어려움이 없을 것이고 그 파급효과 또한 빠르게 나타날 것이다. 그러나 국민들의 정부에 대한 불신감이 깊은 상태에서는 좋은 정책의 구상이나 입안부터가 어려워지며 설령 아무리 좋은 의도로 훌륭한 정책이나 제도를 도입했다 하더라도 소기의 목적을 달성하기는 힘들 수밖에 없을 것이다.

3) 정치논리가 지배하는 경제정책

요즘 대부분의 국가들은 '국가적 우선순위'를 경제문제에 두고 있다. 어떻게 하면 경제원리에 충실하여 경제를 활성화시키고 이를 바탕으로 국민생활을 보다 개선할까 하는 문제에 국가목표의 첫 번째 우선순위를 두고 있는 것이다. 미국 대통령 선거에서도 "재정적자를 줄이기 위해 세금을 더 거둬들일 것인가?" 아니면 "재정지출을 어느 정도까지 어느 부분에서 감축시켜갈 것인가"와 같은 구체적이고 실질적인 경제대안에 대한 견해나 판단이 그 주요 논쟁거리였다. 최근 공산권의 몰락과 구 공산권 국가들의 시장체제로의 전환 등 지각의 변동도 경제를 발전시켜 국민의 생활을 개선시키는 문제에 대한 대응양식과 깊은 연관이 있다.

그런데 우리나라에서는 이와 같은 시대조류에 적절히 대응하지 못하고 여전히 '정치우위 · 우선' 관행이 남아 있음을 보게 된다. 예컨대 일시적인 인기 획득을 위해서 국가의 중 · 장기 경제 기본질서마저 무너뜨리는 일이 자주 발생한다. 국가의 긴 장래를 내다보면서 경제 체질을 강화하여 효율을 증진시키기 위해서는 냉엄한 경제논리에 의해 고통스러운 과정을 참으면서 장기적인 효과를 추구해야 할 텐데 정치권은 표 획득에 더 치중하는 경향을 보여주고 있다.

4) 얽히고 설킨 행정규제

최근 수년간 우리 경제가 겪고 있는 시련은 크게 보아 바로 정치가 경제를 어렵게 만들어 나가는 과정으로 볼 수 있다. 정치와 경제는 서로가 조화를 이루어야 하며 그렇게 되기 위해서는 정치민주화에 걸맞게 경제민주화가 이루어져야 된다. 경제민주화는 시장경제의 흐름을 원활히 하는 것이며 시장경제체제가 더욱 활기차게 운영될 수 있도록 정치권이 도와주어야 한다.

그러나 40여 년간 지속되어온 정부의 경제개입 · 규제의 관행은 과거의 불필요한 규제를 철폐하고 민주화에 맞는 새로운 규제를 제정하고 감시하는 데에 소극적이다. 아직까지 너무나 많은 승인·인허가 절차와, 간단한 확인만으로도 가능한 일을 꼭 구비서류를 갖추도록 하는 행정절차는 우리 국민들의 생활에 큰 짐이 되어왔으며 기업의 경제활동에도 큰 부담이 되어 왔다. 이것은 또한 외국기업에 비해 우리 기업을 경쟁에서 불리하게 하는 요인의 하나가 되어 왔다.

너무나 많은 허가와 관련한 또 하나의 문제는 집행과정의 불투명성이다. 정부의 허가라는 것이 규정에 의해 명백히 되고 안 되는 가부 여부가 분명치 않으며 소위 '아는 사람'을 통하지 않으면 잘 이루어지지 않는다. 이것은 우리 국민들이 일상의 기업활동에서 피부로 느낄 뿐 아니라 부끄럽게도 외국인 투자가들이 우리나라에 대하여 불평하는 것 중 가장 큰 문제 가운데 하나이다. 『월스트리트 저널』지에서도 "한국정부의 정책입안자들이 개혁에 저항하는 자세를 버리지 않거나 획기적인 정책의 전환이 없는 한 한국의 지나친 행정규제는 한국 경제와 기업활동에 큰 짐이 된다"는 점을 지적한 바 있다.

5) 비정상적 제도의 폐해

오늘날 우리나라의 경제발전은 급속한 성공의 모습을 보여줘 왔다고 말할 수 있다. 그러나 이러한 밝은 면 뒤에는 이에 상응하는 어두운 면이 있는데 그동안 성장·발전에 치우친 나머지 질서·정의 면의 상대적 소홀함이 그것이라 할 수 있다. 대기업의 독점현상이 심대하며, 불로소득을 방지하는 제도적 장치가 미흡하고, 직업공무원제가 아직 정착되어 있지 못하며, 각종 특혜나 부정의 소지가 현존하는 것 등이다.

민주화 시대에 상응하는 사회정의적 차원의 제도화는 경제운용질서의 관건이라 하겠다. 그러나 6공화국 정부들은 제반 개혁과제를 중도에 포기하고 정부가 '할 수 있는 것'과 '할 수 없는 것'을 구분하지 않고 다양한 욕구와 불만을 그때그때의 인기에 영합하여 해소하고자 해 왔기 때문에 정부에 대한 기대가 컸던 만큼 그에 따라 실망과 비난도 더 거세게 되었다.

무엇보다도 새 정부는 그 동안 개발과정에서 누적된 폐해를 시정하여 경제정의를 실현하고, 국민의 참여 속에 성장의 잠재력을 키워 나가기 위해 정부개조(혁신)의 성취와 토지공개념 제도의 실행, 세정의 개혁, 깨끗한 정치풍토 및 행정풍토 조성 등 제반 개혁과제를 착실히 추진하여야 한다. 이것이 바로 국민의 소망이며 제반 욕구분출에 대한 정부의 최선의 대안인 것이다.

이밖에도 우리 사회에서는 민주화과정에 따른 가치관의 혼란, 관례화된 정치권의 부정부패 문제, 지방자치제 시행에 따르는 지역적 이기주의·할거주의 등 그동안 표면화되지 않았던 각종 정치문제가 사회 여러분야와 연관되어 나타나고 있는 것이다.

3 경제구조의 개선

경제면에서 현재 바람직한 사회를 형성하려는 분위기가 조성되고 있지 못하다는 비판이 비등하고 있다. 먼저 현재의 국제적인 추세는 군사력·경제력의 양면적 경쟁관계에서 경제전면전의 형태로 바뀌었으며 경제전도 전후 유지되어온 특화경쟁에서 전면경쟁으로 급속히 바뀌고 있다. 국제경쟁력에 의한 무역관리체제는 비교우위에 의해 조정될 뿐 아니라 지역·블록간, 국가간 비교우위력, 기타 복합적 요소 등에 의하여 운용되고 있는 실정이다. 그러나 우리사회는 아직도 국내적·정치지향적 사고방식과 분위기가 지속되고 있어 이것이 본원적 해결방안의 제시에 크게 미치지 못하고 있는 실정이다.

80년대 말에서 90년대 초에 이르러 대외적으로 개방화[5]와 대내적으로 민주화의 거센 파도[6]와 비교우위에 따른 무역역조 현상이 심각한 문제로 나타나고 있다. 그리고 빈부격차 문제는 경제적 영역에서 그치지 않고 사회전반적인 영역에서 문제를 야기하기에 이르렀다. 무엇보다 부유층·지도층은 고가의 수입물품을 구입하면서 과소비, 사치향락을 주도함으로써 바람직한 경제윤리의식의 형성에 부정적인 요인이 되고 있다. 반면에 서민층·근로계층은 상대적 박탈감과 기대구조의 상실로 인하여 국가단위의 근로의욕 상실을 야기시키고 있다.

특히, 열심히 노동을 하여 수입을 얻기보다는 각종 투기나 서비스업에 종사하여 손쉽게 벌어들인 돈을 무분별하게 쓰는 사람들에 의해서 사회적인 위화감과 상대적 박탈감이 조성되어 각종 범죄의 원인이 되고 있고, 궁극적으로는 국가경제를 후퇴시키는 요인이 되고 있다. 지금의 '국가적 불안감'도 암울한 경제지표 그 자체 때문이라기보다는 불확실성과 방향감각 상실로 인해 초래된 병이다. 경제에 대한 신념은 경제정의문제 즉, 경제영역에서의 사회정의 문제와 직결된 것이다.

사회정의(social justice)는 그 말의 뜻이 명백하듯이 사회가 바름과 옳음으로써 다스려져야 한다는 것을 의미한다. 사회지도층이 사회에서 요구되는 자기절제, 공익추구, 법률주의 등의 원칙을 지키는데 노력하지 않고 사리사욕을 추구하거나 사회가치(social values)를 독점하려고 할 때 사회정의는 오염되는 것이다. 경제적으로 가진자들(haves)이 특권이나 부수적 이익에 빠지지 않고 사회규범에 적극 협조하며, 갖지 못한 사람들(have－nots)들도 각자가 자기의 업무를 수행하려고 최선을 다할 때 정의로운 국가가 될 것이다.

1) 경제력의 재벌 집중

과도한 경제력의 집중을 방지하고 경제체제의 정당성을 확보하여 기업활동에 대한 국민의 올바른 이해를 확보하는 것이 우리나라 경제 발전을 위해 매우 시급한 과제의 하나로 등장하고 있다. 경제력 집중 억제시책의 대상이 되는 우리나라 재벌은 세계에서 그 유례가 흔치 않는 특징을 가지고 있다.

즉, 일본의 경우에는 2차 대전 이전 우리나라와 비슷한 형태의 재벌이 있었으나, 전쟁이 끝난 후 맥아더 사령부가 재벌을 전쟁 도발의 원흉으로 지목하여 해체함으로써 오늘날 일본에는 우리나라와 같이 특정 개인이나 가족들에 의해 소유가 집중된 기업집단인 재벌은 존재하지 않는다.

재벌로 압축되는 우리나라의 경제력 집중의 문제는, 첫째, 소유와 경영의 미분리로 지칭되는 전문경영인의 기반결여의 문제이며, 둘째, 소유의 문제에서는 너무 높은 내부지분율의 문제이며, 셋째, 부의 축적과정에 있어서 결여된 도덕성의 문제이다.

이와 같이 재벌의 정당성에 대한 의문의 제기와 재벌의 바람직하지 못한 행태에 대한 국민의 거부감 등으로 문제가 뒤엉킨 가운데 최근 재벌 2세에 대한 변칙 상속, 증여의 문제가 부각되어 그렇지 않아도 불신을 받아온 우리나라의 재벌에 대한 신뢰가 최악의 상태가 되기에 이른 것으로 보인다. 경제력 집중의 해소 문제는 오랜 기간 동안 심도있게 논의되어 온 터이나 그 동안의 대세는 그 해결방법으로 경제력의 집중 문제를 물리적·강제적으로 해결할 것이 아니라, 시간을 두고 상속세·증여세 등을 통해 해결해 나가야 한다는 쪽이었다.

그러나 최근 이와 같은 재벌의 변칙적인 상속·증여 행태가 드러남에 따라 그러한 기대는 설득력을 잃고 정부에게도 보다 확고한 의지에 의한 근본적인 대책을 요구하기에 이르렀다. 이제 경제력 집중 문제에 대하여 잘잘못을 분명히 가리고, 그 잘못에 대해 정부, 대기업들이 국민이 충분히 이해할 수 있는 범위 내에서 국민과 함께 풀어나가는 노력을 보여야 할 때가 되었다.

2) 투기의 폐해

우리는 토지와 관련한 몇 차례 파동을 겪어왔다. 전국 땅값은 1975~1990년간 13.3배 상승했다. 서울의 땅값은 같은 기간 전국 땅값보다 훨씬 높은 25.4배 상승했다. 이 같은 땅값 상승은 (서울의 경우) 은행 정기예금에 비하면 4배 이상 높은 상승폭을 기록한 것이다. 주택의 경우도 토지와 비견된다. 주택은 1970년대에 들어서면서 본격적으로 건설되기 시작한 아파트를 중심으로 새로이 각광받은 투기대상이었다. 증권의 경우도 예외가 아니어서 1986 ~1989년 증권가에 있었던 투기열풍은 전사회적 파급효과를 낳았었다.

투기로 인한 막대한 규모의 불로소득의 폐해는 그 파급효과가 경제사회 전반에 광범위하게 미치고 지속적이다. 토지투기와 같은 비윤리적·불법적 방법을 통한 재산축적은 열심히 일하고자 하는 보통 사람에게 좌절감을 안겨주고, 성실하게 기업윤리를 지키는 기업인도 토지투기에 동참하게 하여 국제경쟁력을 약화시킨다. 결과적으로 국민경제를 전반적-구조적으로 파탄의 지경에 몰아넣게 된다. 땅을 소유하지 못한 대부분의 국민이 토지가격 상승으로 인한 차익을 토지소유자에게 고스란히 바치게 되어 사회적 불만과 좌절을 낳게 하는 것이다.

경제와 경제질서에 심각한 피해를 주는 투기현상을 본질적으로 치유하기 위하여는 제도적으로 일대 쇄신이 필요하다. 즉 불로소득의 기회를 가능한 한 줄여야 하며 그러기 위해서는 조세수단을 통한 불로소득의 철저한 환수가 필요하다. 그러나 조세수단을 통한 불로소득의 환수는 우회적-대중적 요법에 불과하고, 근본적 해결책은 될 수 없다. 불로소득의 기회를 원천적으로 봉쇄하기 위해서는 법과 제도의 개혁이 시급히 요구된다. 부동산이나 증권투기에 동원될 여지를 근원적으로 차단하기 위해서는 금융실명제와 토지공개념 제도와 같은 보다 철저한 제도적 개혁이 요구되는 것이다.

3) 제조업의 침체

우리나라는 1960년대 초 경제개발을 본격적으로 시작할 당시 제조업의 기반이 전무하였기 때문에 한정된 자원으로 공업화를 추진하기 위해서는 우선 비료, 정유, 시멘트 등 기초 원자재의 수입대체에 착수할 수밖에 없었다. 그러나 수입 대체산업만으로는 외화가득이 어려웠기 때문에 1960년대 중반부터는 낮은 임금을 바탕으로 한 경공업 위주의 수출산업을 적극 육성해 나가게 되었다.

기업가의 적극적인 해외시장 개척, 근로자들의 헌신적인 노력, 정부의 적절한 정책지원으로 수출산업인 경공업은 비약적으로 발전하게 되었다. 뒤이어 1970년대에는 중화학공업에 대하여 정부주도로 공단을 조성하고, 조선, 석유화학, 전자공업 등에 국민투자기금을 만들어 자금을 지원하고 세제지원을 확대하는 등 각종 지원을 강화하였다. 그 결과 우리나라는 중화학 공업에 있어서도 한 단계 도약하는 성과를 거두었다.

그러나 지난 1987년 이후 정치민주화 과정에서 노사분규가 확산되고, 노사문제가 경영관리의 주요 과제로 등장하게 되자 근로자를 많이 고용하는 제조업 부문에 대한 투자의욕이 크게 감퇴하였다. 최근의 제조업 침체는 노동집약적 산업구조의 특성에도 기여하지만 직접적으로는 노사 공동체의식의 결여, 노사관계의 조정미숙 등이나 부동산투기, 주식시장의 과열 등 기업 외부의 영향도 지대한 것으로 분석되고 있다. 서비스산업(음식점, 의류, 가구 등 소비적 서비스 산업)으로 인력과 자본이 급속히 이동되는 상황은 최근 우리나라 경제의 어려움을 단적으로 보여주는 것이라 하겠다.

4) 지하경제와 조세문제

경제력 집중 문제와 함께 금융실명제나 토지공개념 제도의 정착과 같은 경제정의적 보완제도가 미비하여 지하경제가 창궐하고 있다. 오늘날 우리 사회의 불건전성과 불안정성을 보여주며 보통사람들을 좌절케하고 방황하게 만드는 가장 큰 요인 가운데 하나는 분배문제를 둘러싼 상대적 박탈감(빈곤감)에 있다고 볼 수 있다.

공식통계 수치상으로는 소득 불평등도가 1976년의 0.39에서 1988년 0.34로 낮아지는 등 분배구조가 개선되어 가고 있는 것으로 나타나고 있지만 이러한 분석결과는 자영업자 소득이 제대로 통계에 잡혀 있지 않고 토지, 주식 등 자산기준의 분배통계에 근거하지 않았기 때문에 신뢰성에 문제가 있는 것으로 보인다.

실지로 소득분배에 관한 한국개발연구원(KDI)의 연구결과에 의하면 자신의 경제적 상태가 과거와 비교하여 상대적으로 나아졌다는 사람은 응답자의 15~16%에 불과하고 나머지 84.8%가 비슷하거나 오히려 나빠졌다는 대답을 하고 있으며 IMF 이후 더욱 심화된 빈부격차는 심각한 사회정의의 위협요소가 되고 있다.

소득분배의 중요성도 중요성이지만 자산의 불균형이 심하다는 사실은 오늘날 사회갈등을 증폭시키는 요소이다. 더욱이 탈세도 부유계층이나 사업소득자 등에 의해 더 심하게 이루어지고 있어 사회문제가 되고 있다. 우리나라의 지하경제의 규모는 GNP의 20% 이상일 것이라는 한 연구가 탈세규모를 짐작케 하는 것이다. 세제발전심의위원회의 연구보고서에 의하면 월급쟁이나 근로자의 근로소득은 원천징수되어 세금으로 완전하게 포착되나 임대료, 이자, 배당 등 자산소득의 경우는 세원 포착이 어렵고 조세로 환수되는 비중도 약 30% 밖에 되지 않고 있다고 한다. 자본소득세, 부가가치세, 주식 및 부동산 양도소득세 등에서 실명제의 미실시로 제도적 또는 조세 행정상 탈세가 공공연히 이루어지고 있는 것이다.

5) 사회간접자본의 저발전

1980년대 말부터 이른바 각종 '자유화', '자율화', '개방화' 조치들이 나오고 각종 규제조치들이 철폐 또는 축소되면서 한편으로 정부의 역할이 변하고 있다. 그러나 정부의 경제정책이 관주도형에서 민간주도형으로 전환된다고 하더라도 국민경제의 발전과 원활한 기능에 대한 정부의 역할은 여전히 남는다. 사회간접자본에 대한 투자가 그 중의 하나다. 과거 경부고속도로의 건설, 항만시설의 확충, 다목적댐의 건설에 대한 정부의 과감한 투자는 우리 경제를 발전시키는데 커다란 역할을 해왔다. 그러나 최근 경부고속도로의 왕복시간이 40시간, 부산항의 평균 체선시간이 58시간, 인천항의 체선시간이 38시간으로 나타난다. 이러한 통계치가 바로 현재 한국의 사회간접자본의 현주소를 대변해 주고 있다. 꽉 막힌 도로와 항만으로 인해 원활하게 진행되어야 할 물류의 흐름은 단절에 단절을 거듭하여 엄청난 기회비용을 발생시키고 있다.

도로, 항만, 철도 등의 사회간접자본이 국민경제에 미치는 영향은 실로 대단하다. 2006년도 한해 동안 교통혼잡비용에 의한 손실이 24조원에 육박하는 것으로 추정되고 있다. 부족한 사회간접자본은 도로와 항만시설뿐만이 아니다. 최근에는 전력마저 부족하게 되자 각 기업들은 이를 이유로 공장 가동을 중단시키고 종업원들을 휴가보내는 등의 촌극을 빚기도 하였다.

사회간접자본은 미래를 위한 투자이며, 경제발전을 위한 기본조건으로서 한국경제가 재도약할 수 있는 디딤돌의 역할을 해야 할 것이다. 그러므로 정부는 지속적 · 체계적인 사회간접자본 투자에 힘써야 할 것이고 기업 역시 이 분야에서 나름으로의 노력이 요구된다.

4 사회윤리의 위기 증후군

지금까지 우리나라 사회를 살펴볼 때 그 동안은 정부가 산업화의 강력한 추진 주체가 되어 기업가와 근로자의 의욕을 북돋아 주던 사회분위기가 상당히 활성화되어 있었으며 제반 사회환경과 수행되었던 전략 및 기업행동 사이에의 비상충성, 즉 정합성(整合性)이 있었던 것으로 분석된다. 이는 전반적으로 사회분위기가 노동에 대한 열의를 부추김으로써 기업가와 근로자의 의식이 고취되었고 의식은 우리 민족의 의식원형과 긍정적인 방향으로 융합될 수 있었던 것으로 파악된다.

최근에 우리의 분위기는 여러가지 이유에서 앞서 언급한 정합성이 붕괴되는 조짐을 보여왔다. 국가사회의 발전을 성공적으로 이끌기 위해서는 실제로 그 수행주체가 인간요소라는 점을 생각해 볼 때 구성원 각자의 의식에 커다란 영향력을 줄 수 있는 사회분위기의 혁신은 매우 필요한 선결과제라고 하겠다.

최근 우리사회에 만연된 분위기를 황일청 교수는 “우리 사회가 병리현상에 만연되어 있고 질서가 문란하며 신의가 땅에 떨어져 있다”고 걱정한다. 소위 총체적 타락과 부패의 현상(인사한다는 말의 뜻이 돈을 준다는 뜻과 동의어로 쓰이고 사회지도층들의 타락과 기회주의, 무소신이 만연해 있다)은 지도층의 윤리의식결여, 성장일변도의 정책에 따른 물질우선주의와 상향의식과 서열의식 등 전통문화의 나쁜 면이 먼저 부각되고 교육철학 및 제도가 붕괴되면서 가속화되고 있다는 것이다. 최근 산업계 역시도 고객경시, 사원경시와 사회적 책임의 경시경향이 발생하고 있는 점을 걱정한다.

한편, 송병락 교수는 그의 저서 『마음의 경제학』에서 한국인들의 사고방식의 특징을 다음과 같이 요약하고 있다.

- 개인주의 사상이 결핍되고 집단지향성이 강하다. 따라서 경제가 정치나 정부의 간여를 많이 받게 되고 남의 평가를 많이 의식한다. 집단의식이 강하여 경조사에 시간을 많이 쓰다 보니 개인생활이 부실해진다. 그러나 조직체를 통한 국민적 힘의 결속능력이 약한 것이 큰 결함이다. 역사적으로 우리 국민들은 각종 조직체를 구성하여 구성원은 조직체를 위하여 믿고 일하며 또한 조직체의 지도자는 구성원을 위해 헌신하는 등의 상호신뢰를 쌓을 기회가 별로 없었다.
- 전문가보다는 원만한 인간을 강조하여 기업가를 평가할 때도 경영관리나 혁신능력보다도 인덕, 의리 및 도덕관을 더 중시한다. 따라서 아마추어급 전문가만 있다.
- 보상심리가 강하다. 즉, 한국인은 조선시대의 탐관오리나 일제 때 일본관헌들로부터 오랜 기간 동안 가혹한 다스림을 받아왔기 때문에 기회가 오면 남을 다스려 보겠다고 생각한다.
- 급하게 서두른다(시행착오, 교통사고율, 불량품, 충동구매, 소나기식 수출, 도로건설 등). 따라서 한국적 능률이 일본적 능률에 비해 뒤떨어지고 소프트노믹스(softnomics)에 약하다.
- 평등사상이 몹시 강하여 자기과시적 소비가 강하고 불평과 불만이 많고 부정부패에 약하다.
- 능률과 현실과 구체적인 것보다는 이데올로기, 추상적인 것, 그리고 일반적인 것을 더 중시한다. 일본이 칼의 문화(분명함, 구체적, 직선적)인데 비하여 한국은 붓의 문화(감정적, 이상적, 추상적)라고 할 수 있다.
- 미래지향적으로서 교육투자에 관심이 많고 성장지향적이다.

투 웨이밍(Tu Weiming) 교수는 전통적인 유교사상의 일반적인 결함을 다음과 같이 들고 있는데 그 내용은 우리의 의식구조 및 사회현상과 신기할 정도로 일치하고 있다.

- 독재성향이 강하여 조직의 장(長)이 되면 강한 독재력을 행사하려고 하기 때문에 토의를 통한 건전한 비판이나 타협 또는 의견의 수렴이 어려우며 한번 결정한 내용은 불합리해도 그대로 추진하려는 경향이 강하여 시행착오가 빈번하다.
- 조직체가 지나친 중앙집권형이 된다.
- 집단주의 사고방식으로 비민주적 성향이 강하다.
- 사고방식이 비전문적이고 비과학적이다.
- 지나친 남성우위식 사고에 젖는다.

우리 사회의 또 하나의 병폐 중의 하나는 형식주의이다. 즉 내용적인 면, 실질적인 면, 질적인 면보다는 구조적인 면, 외부적인 면, 양적인 면을 중시하고 이를 판단과 평가의 기준으로 삼는다. 이러한 성향이 고쳐져야 사업가와 사기꾼이 구분되고, 컬러가 조화된 정책도 채택되고 수위도 조절되고 운영의 묘도 찾을 수 있다. 그러나 실질이나 질적 요소를 평가기준으로 하기 위해서는 공과 사가 엄격하게 구분되어야 하는 점이 성공의 관건이다.

과거의 예를 들면 이러한 기준에 따라 정책을 집행한 결과 피해를 입은 자들의 원성으로 (그 상황이 정당한 것이었음에도 불구하고) 소신있는 공직자들이 물러난 경우가 많았다. 따라서 시간이 경과됨에 따라 의사결정권자들의 자세가 자기 보신을 위하여 경직된 형식주의로 회귀할 수밖에 없었던 것은 안타까운 일이었다.

또한 우리 민족은 유별나게 자의식이 강하고 형식에 집착하는 성향을 보이는 것 같다. 일본과 중국인들은 아무리 하찮은 이야기라 할지라도 남의 말을 끝까지 경청하려고 노력하며 그 속에 그 무엇이 있지 않을까를 믿으려고 하는 자세를 보인다. 그러나 우리는 첫 몇 마디에서 이미 자기의 입장을 정해 버린다. 그다음 말은 들을 필요가 없는 것이다.

체면문화(shame culture)라고도 이야기하는 우리의 형식, 겉치레에 대한 병적인 집착은 없는 자의 보상심리와 함께 항상 관계 속에서만 살아왔던 우리 민족의 집단문화의 소산이라고 할 것이다. 지적인 미성숙도 이러한 현상을 촉진하였던 것 같다. 새마을운동은 지붕과 담장을 고치는 운동으로 해석하였고, 잘못된 이해, 잘못된 논리와 잘못된 절차를 거쳐 만들어진 법도 '악법도 법이다'라는 형식논리에 눌려 고치지 못하는 것으로 되어 있는 현상 등이 좋은 예라고 할 것이다.

또한 자의식이 강하다 보니 영웅이나 챔피언을 인정하지 않는다. 실제역사에서도 우리나라는 이상하게도 영웅이 없었다. 지도자 정신의 부재와 아울러 모두의 자의식이 강해 민중이 모두가 영웅이 되었던 것이 그 원인일 것이다. 우리 서민의 의식구조에 대한 조사결과 가장 지배적인 정신이 불교의 평등사상이었다는 점은 시사하는 바가 크다고 하겠다.

본래 정치가들이 민생복락을 걱정할 책임을 지고 있는 것이 동양의 오랜 전통이었다. 그러나 우리나라에서는 털끝만한 권한이나 감투를 갖게 되면 어떻게 해서든지 그것을 이용해서 경제적 이득을 취하려고 하는 경향이 강하게 나타난다. 소위 보상심리만이 작용하는 것이다. 걱정을 받고 지도를 받아야 할 경제인들이나 일반대중들이 오히려 정치인들의 수준낮고 위태로운 행태를 걱정하고 있으니 무엇인가 크게 어긋난 것이다.

우리의 역사는 소위 사색당파 싸움으로 대변되는 파벌간 투쟁의 역사였다고 볼 수 있다. 우리의 선조들은 자기들이 왜 파벌을 따로 만들게 되었는가에 대한 본원적인 이유나, 추구하는 목표의 가치를 높혀 동조자를 모으고 힘을 키우는 데는 관심이 없고 어떻게 하면 상대방의 약점을 공격하여 상대방 파벌을 약화시킬 것인가 하는 데만 주력하였던 것 같다. 그 결과 가치관의 분화(分化)에 따라 시작되었던 파벌의 존재이유는 서로를 헐뜯고 깨어부수려고 하는 패싸움으로 전락하고 말았다. 일본의 파벌, 외국의 파벌도 이러한 경향을 띠지 않은 것은 아니나 국민의식이 높아짐에 따라 파벌간의 경쟁은 자기파벌에 인재를 영입하여 힘을 키우고 능력을 갖추어 대중의 지지를 획득하는 시합으로 승화되었다.

정과 의리를 앞세우는 연고주의 파벌은 우리편이기만 하면 과거도 자격도 능력도 묻지 않으며 선의의 경쟁을 통하여 정당한 승리를 쟁취하는 것 보다는 상대방을 헐뜯어 이기려고 한다. 최근 들어 더욱 기승을 올리고 있는 지역 연고주의, 학교 연고주의, 혈육 연고주의의 병폐는 정당한 경쟁기회를 부여받지 못했다고 느끼고 있는 다수의 소외자들의 불만을 증폭시키고 있다.

이상 살펴본 우리의 의식구조와 사회현상 중 부정적인 영향을 가져오는 문제점들을 주제별로 정리하여 보면 다음과 같다.

1) 의식구조

- 평등주의–남과 자기의 차이를 인정하지 않고 남의 능력이 자기보다 나을 수 있다는 사실을 인정하려 들지 않는 절대평등의 사상이 강하다. 따라서 남에 대한 존경심이 부족하고, 영웅의 존재를 인정하지 아니하며, 자기과시의 충동에 사로잡히고 이것이 불평불만의 원인이 된다. 과소비의 원인이 될 수도 있다.
- 이기주의–개인의 이익을 앞세우기 때문에 전체를 위한 자기희생에 인색하다. 집단의 일원으로서의 역할을 좋아하지 않는다.
- 권력지향주의–권력지향의 사고로서 장(長)이 되고자 하는 상향성향과 함께 직책을 통하여 부여된 권한의 효율을 최대로 하려는 경향을 보인다. 특권의식을 즐긴다.
- 체면주의–실질보다는 형식을 중요하게 여기고 자기자신을 항상 남과의 관계에서, 비교에 의해서 인식하려고 한다. 명분을 앞세워 흑백논리나 이원론에 빠지기 쉽다.
- 해타주의(害他主義)–자기의 장점이나 능력을 키우는 것 보다는 남의 잘못을 꼬집어내는 데 주력하며 남의 실수를 포용하지 않는다.

2) 사회현상

- 가치관 부재현상–사회적인 진선미의 판단기준이 흐려졌다. 원칙보다는 변칙이 성행하여 많은 현상이 도덕률, 행동규범 및 가치판단체계로는 설명이 되지 않는다. 특히 결과주의 문화의 도입으로 과정에 대한 가치부여가 불가능하다.
- 리더쉽 위기–역사적 소명의식, 세계관과 자기희생의 덕목을 갖춘 지도자들이 부족하다. 조직의 특성은 지휘자의 가치관과 언행에 따라 결정되는데 조직을 이끌 역할을 맡을 만한 지도자들이 좌절하는 경우가 많다. 정치와 언론의 책임의식이 아쉽다.
- 부패불감증–윤리의식과 도덕률이 붕괴되어 사회 전체적으로 부정, 부패, 타락현상이 깊어지고 있다. 누구를 가릴 것 없이 언(남)과 행(자기)이 일치하지 않는 경우가 많다. 가치관의 붕괴가 가져온 가장 우려할 만한 사태가 부정과 부패에 대한 마비증세이다.
- 불신현상–리더쉽의 위기가 가져오는 가장 두드러진 현상은 소신과 철학의 결여로

여론을 이끌어가고 만들어가는 것이 아니라 여론에 따라 가다보니 정책의 일관성이 무너지고 이에 따라 불가피하게 언행이 일치하지 않고, 앞의 말과 뒤의 말이 일치하지 않게 된다. 이러한 현상이 계속되면 상호불신이 일반화된다.

- 규율과 권위의 위기－조직의 효과성과 내부효율성은 규율의 강도에 좌우된다. 규율과 권위는 원칙이 지켜지는 데서 시작되고 리더들의 솔선수범에서 시작된다. 우리 사회의 기강이 해이해진 것은 결국 원칙보다는 변칙이 우선하고 따르고 본받을 만한 리더의 상(象)이 부족한 데서 온 것일 것이다.
- 집단이기주의의 증폭－연고주의에 대한 반작용으로 집단이기주의가 확산되고 있다. 노동조합운동, 지방자치제, 기타 이해관계에 따른 각종 집단에 의한 부분이해의 관철 노력이 여과 없이 수용되면서부터 자기이익의 보호를 집단행동에 의존하는 경우가 늘고 있다.

지금까지 지적된 대로 모든 면에서 우리 사회의 분위기가 완전히 비관적인 것은 아닐 것이나 이와 같은 방향으로 우리 사회분위기의 흐름이 변화되고 있는 것은 매우 시급히 교정되어야 한다. 어떤 문제의 해결에 있어 정확한 문제의 파악이 선행되면 그 문제 해결과정이 반 이상 수행된 것처럼 우리 사회의 병리요소에 대한 이와 같은 파악이 이루어지고 있는 점은 그나마 다행이며 이와 같은 노력과 그 개선은 계속 병행하여 이루어져야 할 것이다.

특히 지금까지 언급된 병폐의식들은 대체로 우리 민족 고유의 의식원형이 외국의 문화를 무비판적으로 수용하는 과정에서 왜곡되어 나타나는 것으로 어느 민족이든 민족 고유의 의식원형이 왜곡되고 그 왜곡의 정도가 심화되어 의식원형의 보존이 불가능해졌을 때는 민족의 존폐가 위협받는다는 김용운 교수의 지적을 상기할 필요가 있다. 건전한 사회분위기와 선진의식의 확립없이는 선진공업국에로의 진입은 절대로 불가능할 것이기 때문이다.

5 문화와 환경문제의 심각성

문화면에서는 반(反)문화적 요소가 팽배하고 있는 실정이다. 문화나 사회윤리의 가치가 사회적 규범을 형성해야 하나, 현재 상황은 총체적 무시와 전도가 보여지는 상황이다. 문화적 가치가 정치나 경제지향에 의해 심각히 위협받고 있는 것이다. 정상적인 사회에서는 문화가 자체의 가치 및 존재양식을 갖고 있으나, 그렇지 않은 사회에서는 수단과 방법을 가리지 않고 권력을 획득하거나 돈을 벌어 나와 내 가족만 잘살면 된다는 권력·황금만능주의와 이기주의가 문화의 토대를 위협하고 있는 것이다.

최근 조사된 국내도서인구 연구에 따르면 우리의 청소년들은 1년에 1~2권의 문예작품도 읽지 않고 있으며 연령층이 높아질수록 독서량은 현저히 감소하고 있다. "중산층 성인이 1년에 몇 번씩 음악 감상회, 연극 공연장 및 전시장을 찾아가는가"라는 질문에 대한 결과는 우리를 실망시키고 있다. 1년에 한번정도 주위에 있는 박물관을 찾아가는 시민도 발견하기가 어렵다.

이렇듯 일반대중들이 문화에 대한 관심과 흥미를 갖고 있지 않은 상태에서 세계 문화예술계의 주목을 끌 수 있는 예술창작품이 창조될 수는 없는 것이다. 문화예술에 대한 수요진작이야 말로 문화선진국으로 향하는 필요조건이다. 일반 대중들이 그들의 생활에서 문화적 욕구를 강하게 느낄 때, 이에 상응되는 예술 창작품이 공급되는 것이다. 지난 기간 국내문화계에서 기획했던 크고 작은 문화행사를 일별해 보면, 국내 창작예술보다는 외국의 예술가를 초청한 행사들이 압도적으로 많았다. 그리고 한국의 문화예술을 외국에 소개하는 전시, 공연, 출판 등은 별로 많지 않았다는 점도 간과할 수 없다. 한국 문화계의 높은 외국의존도가 지속되는 상황에서 세계문화의 커다란 조류 속에서 한국문화가 어떻게 하면 자생력과 경쟁력을 갖느냐가 새로운 정책과제로 부상되고 있음을 본다.

실제로 경제강대국은 대부분 문화적 응집력과 생산력이 높은 것이 사실이다. 1986년 유네스코가 문화용품에 대한 국제교역량을 분석한 '문화상품의 국제적 유통'이라는 보고서에 의하면, 첫째 문화사업의 교역량이 전체 교역량에서 차지하는 비중이 점차 높아지고 있을 뿐만 아니라, 둘째 선진국의 문화용품 교역량이 절대적으로 많음을 잘 나타내주고 있다.

1970년의 전세계 문화용품의 총 수출량은 68억 달러에 그쳤으나, 1980년에는 3백 90억 달러, 1998년에는 1,742억 달러의 수출량으로 발전했으며, 이 성장세는 과학기술의 발전, 다국적 기업의 성장, 정보산업의 눈부신 비약 등의 여러 요인에 힘입어 지속적으로 늘어날 전망이다. 또한 선진국의 독점적 지배, 이에 대한 기술 및 예술분야의 현격한 격차는 개선의 여지가 없어 보이며 앞으로 상당기간 불균형 현상은 지속될 것이다.

최근 우리에게 심각하게 제기되고 있는 중요한 것 중의 하나는 환경윤리의 문제이다. 환경오염 및 생태계의 파괴에 대한 경고와 그에 대한 대책마련은 세계 거의 모든 나라의 당면 과제이다. 특히 우리나라의 경우에는 환경문제가 그 동안 경제발전 위주의 정책에 밀려 상대적으로 무시되고 소홀히 취급되어 오다가 최근에 와서야 그 심각성이 인식되게 되었고, 이에 대한 대책 마련에 부심하고 있다.

우리는 좁은 국토에서 그 동안 매년 200만 평이라는 거대한 면적을 쓰레기 매립장지로 사용해 왔다. 우리가 버리는 쓰레기는 1984년 54,000t, 1989년 78,000t에서 2007년 337,158t 으로 급격히 증대되었다. 민족의 젖줄이라던 주요 하천도 수질이 오염되고 있으며 이미 상당수는 개선 · 정화가 현실적으로 거의 불가능하거나 그 사회적 비용을 계산하기가 어렵다는 것이다. 급속한 경제성장전략으로 쉽게 선택하였던 환경집약적 성장은 우리의 땅, 공기와 물을 심하게 오염시키고 파괴하고 있는 것이다. 특히 과도한 중앙집권체제의 영향으로 대도시나 서울 중심으로 도시개발이 이루어져 이 지역의 생태계는 급속히 악화되고 있는 것이다.

1) 환경후진국 - 공해대국

우리나라의 도시화, 공업화가 진행되면서 두드러지게 나타난 부정적인 현상 중 하나가 물이 더러워지고, 공기가 탁해지고 있다는 것이다. 한강을 위시한 전국의 주요 하천의 오염시비는 일상적인 것이 되었다. 서울 등 주요 대도시의 아황산가스와 먼지 오염도는 환경기준치를 훨씬 초과하며, 최근 보도는 서울의 대기오염도가 세계 주요 도시 중 세번째로 나쁜 상태라고 한다. 소음문제도 큰 문제이다. 대도시의 대낮 주택가의 소음도는 50데시벨로 맥박수가 증가하는 정도의 후유증을 동반하며, 여기에서 더 나아가 10데시벨 이상이 늘어 수면장애가 나타나거나 말초 현관이 수축 반응을 보이기 시작하는 70데시벨에 이르는 곳도 많다는 보고는 우리의 환경위상을 극명하게 드러낸다.

환경오염에 있어서 가시적 오염원도 문제지만 비가시적 환경오염도 심각하다. 산업환경으로 인한 환경오염은 대기오염과 같은 가시적 환경오염의 주요인이다. 또한 대기오염은 산성비와 같이 눈에 보이지 않게 우리의 자연환경을 황폐화 시키는 것이다. 농촌의 경우 농약 공해로 인한 수질오염 및 토양오염은 유해물질이 생태계의 먹이사슬을 통하여 생태계 파괴의 악순환을 증폭시키고 있어서 문제가 심각하다.

가뜩이나 많은 일반쓰레기와 산업쓰레기가 1997년 각각 47,895(톤/일)과 141,305(톤/일)이었던 것이 2007년에 50,346(톤/일)과 286,812(톤/일)으로 늘어난 것만 봐도 그 심각성을 알 수 있다.

최근 우리나라의 환경문제는 UN과 같은 여러 국제기구들로 부터 시정권고·보고되고 있으며 국가적 위상에도 직접적 영향을 미치는 실정이다. 정부와 국민이 손을 잡고 유해물질 배출 허용기준을 강화하고, 배출업소를 효과적으로 감독해 나가는 채널을 통해 서로를 감시하는 분위기가 조성되어야 할 것이다. 다소 늦은 감이 있어도 그래도 지금이 바로 그 때이다. 왜냐하면 내일은 너무 늦기 때문이다.

2) 환경정책의 부재현상

환경정책의 문제점은 그동안 정부가 개발을 우선시키는 정책, 즉 외형적 경제발전에만 치중해서 성장 일변도 정책을 펴오면서 개발과 환경보전을 조화시키지 못했기 때문이다. 양적 성장 분위기에 편승한 정부의 환경보전 의지부족과 정책빈곤은 환경문제의 복합성에도 불구하고 질책을 면키 어려운 게 사실이다.

선진국에서는 국민총생산의 1~1.5 퍼센트나 쓰는 환경 투자비가 우리나라의 경우 0.15 퍼센트 밖에 되지 않는다. 거기에다 정부는 경제발전에 따른 부작용을 인정하려하지 않고 오히려 환경이 오염되고 있는 사실을 은폐, 축소시키려 했다는 비난을 면하기도 어렵다. 형편이 이러했으니 환경관계범의 처벌사항이 미미하지 않을 수 없고, 환경관리 행정조직이 일원화되었을리 없으며 환경행정 권한을 강화했을리 만무하다. 게다가 산업화의 주체인 기업이 환경오염 발생의 원인 제공자라는 사실을 알면서도, 고도성장의 선도자인 기업을 옹호해야 했기 때문에, 혹은 환경규제법을 정비하지 않았기 때문에 오염 발생에 대한 재정적 통제를 가하지 못했다.

먼저 정부가 추진해야 되는 것은, 선진국의 경우처럼, 환경오염 원인자에 대해 환경오염 방지를 위한 재정적 부담을 지우는 일이다. 즉 오염 원인자 부담원칙이 지켜지도록 해야 하는 것이다. 그러자면 시급한 것이, 생태적 개발에 근간을 둔 종합적인 녹색계획(그린플랜)의 수립 및 추진이다. 개발은 계속하되 입지를 선정할 때는 환경문제를 극소화시키는 방향으로 선정하고, 개발계획을 입안할 때는 환경보전 대책을 반드시 고려하여야 할 것이다.

이런 관점에서 우리나라도 기왕에 시행되고 있는 환경 영향 평가를 더욱 엄정하게 재정비하고, 사후 영향 평가 제도를 정착시키는 한편 환경기준을 강화하고 총량 규제를 시도할 때가 왔다. 국민총생산 중에서 환경 투자액 비율도 높여 나가야 함은 물론이다.

자동차의 경우 배기량에 따른 환경부담금제 등이 시급히 요구된다. 그리고 우리의 수자원을 보호하기 위해서는, 상수원을 보호하기 위한 특별대책을 하루 빨리 수립하고, 오·폐수 처리시설을 우선하여 설치하며, 하수 처리장 및 공단폐수 처리장, 농공단지 폐수 종말 처리시설, 분뇨 처리장 등 환경시설을 확충할 필요가 있다.

3) 기업의 환경윤리

선진 우량기업들은 환경문제에 있어서도 기술혁신을 통해 탈공해형 생산설비의 도입, 저(무)공해 상품 개발 등 많은 노력을 기울이고 있다. 반(反)환경적 기업활동은 기업의 기반인 사회나 소비자의 외면으로 자연도태 될 위험에 처하기 때문에 적극적으로 대응하는 것이다. 반면 우리 기업의 경우엔 일부를 제외하면 아직도 환경부문에 상대적 소홀함을 보여준다.

최근에 들어와 오염 배출 부과금제도가 실시되고 있기는 하나 이 부과금 수준이 외국에 비해 지나치게 낮은 점을 이용하여, 기업은 환경오염 방지시설을 만들기 보다는 벌금을 내는 편을 택하고 있는 것도 문제이다. 환경 문제에 관한 한 기업에 대한 일반 국민들의 인식도 기대의 대상이 아닌 규제의 대상으로 나타나고 있다.

낙동강 페놀사건으로 대구, 부산 사람들이 한차례 곤욕을 치렀고, 세계에서 보기 드문 청정지역이라던 서해안 안면도의 방포 포구 앞바다에서, 가라앉아 있던 산업폐기물이 해일로 떠오르면서 가두리 양식장의 고기들을 몰살시킨 일 등은 기업의 환경 현주소를 보여준 좋은 예이다. 이 밖에도 온산공단, 원진레이온, 핵발전소 폐기물 매립 사건 등 헤아릴 수 없는 환경사건들은 우리 기업이 이익에 집착하여 윤리적 문제인 환경영역에 투자를 외면하고 있음을 보여준다.

지금까지 기업보호적 입장에서 지나치게 관대했던 정부의 환경규제는 국내에서뿐 아니라 국제경쟁력의 차원에서도 발상의 전환을 요구한다. 국제화·현지화 경영추세에 따라 생산시설의 현지화를 하여야 하는 시점에서 환경부문 기술축적의 결핍은 현지 정부 및 국민과의 충돌을 야기할 가능성이 상존하며, 무역장벽의 새로운 요소로 떠오른 환경규제도 시급히 해결해야 하는 것이다. 예컨대 자동차의 경우 청정연료의 개발, 저공해 혹은 무공해 자동차 개발은 기업의 생존요소로 급속히 떠오르는 실정이다.

4) 환경의식의 미성숙

옛날에는, 어린이들이 소풍을 다녀와도 쓰레기가 별로 남지 않았다. 그러나 오늘날은 다르다. 경제규모가 확대되고, 상품이 다양해진데다 상품구매력이 커진 다음부터는 쓰레기의 양이 엄청나게 늘어났다. 통계에 따르면 국민 1인당 하루 쓰레기를 발생시키는 양은 2.2킬로그램으로 미국, 영국, 일본 등 선진국의 2배 수준에 육박하는 것이다. 이것을 1년 동안 실어서 여의도를 덮으면 무려 3미터 두께로 덮을 수 있는 양이라고 한다. 쓰레기의 절대량이 너무 많으므로 줄이는 노력이 일차적으로 요구된다.

쓰레기의 절대량도 문제지만 쓰레기 자체의 성질의 변화도 인식되어야 한다. 산업화 이전의 쓰레기는 주로 자연 자체의 폐기물로 자연의 자정주기가 짧은 것이었다. 그러나 이제 폐기물은 자정주기가 긴 과학적 가공 폐기물로 이루어져 있다는 점이다. 비닐(30년), 유리병(100년), 1회용 기저귀(400년) 등 장기간 자정기한을 요하는 쓰레기는 줄어들지 않고 오히려 점유율을 높혀가고 있는 실정이다.

오염물질의 발생량이나 질적 문제도 중요하지만 처리과정은 보다 직접적인 문제이다. 기존 시설의 폐기물 배출량을 감량시키는 노력과 함께 반드시 분리수거 제도를 확대·정착시키고, 재활용가능한 쓰레기는 다시 자원화하는 데 적극 동참하여야 한다. 아직 우리의 현실은 분리수거제도가 일반화되지 못하고 있으며 자원의 재활용율도 선진국에 훨씬 미치지 못한다. 뿐만 아니라 쓰레기 처리방식도 사회여건이 성숙되지 못하여 매립 위주로 운영되어, 재활용, 소각, 재처리 등 체계적이고 다각적인 운영방식도입과 같은 개선의 여지가 많은 것이 현실이다.

환경의 문제는 또한 의식의 문제이다. 산업화를 통한 환경오염의 문제는 생태계 파괴가 곧 생존권 파괴라고 보는 국민 각자의 인식과 이에 따른 실천으로 체계적·조직적으로 대응하면 해결될 수 있는 것이기 때문이다. 불행하게도 아직 우리사회는 환경문제에 관대하거나 무관심한 경향이므로 우리의 환경미래는 적신호를 보여주고 있는 것이다. 국민들의 환경의식에 획기적인 전환이 없는 한 환경문제 해결은 요원할 뿐이다.

환경문제에 관한 한, 시민은 스스로 가해자이며 또한 피해자라는 것을 인식해야 한다. 전체에 가장 절실하게 유용한 것은 개인 본인에게도 유용하다는 공동체적(민주적) 환경의식이 정립되어야 한다. 이와 같은 인식을 바탕으로 국민 모두가 환경오염에 대해 경각심을 가지고 환경보전을 실천할 수 있도록 국민운동을 펼쳐 나가야 한다.

3장 / 한국이 선진국으로 가는 길

1 서론

대경쟁과 변화시대에 적응하거나 경쟁우위를 확보하기 위하여 구(舊)사회주의 국가뿐 아니라 지난 세대 가장 성공적인 국가들도 일련의 개혁요구에 직면하고 있다. 주지하다시피 우리 사회의 경우도 지난 20여 년간 개혁과 혁신은 국가적 과제였다. 군사권위주의에서 민주주의로의 체제전환은 구 사회주의국가의 경우와도 유차점이 교차한다. 특히, 6-80년대 가장 성공적인 경제발전을 자부해온 한국의 경우 변화관리의 진정한 필요성과 역할 모델을 인식하지 못했다고 하겠다. 그 결과는 IMF관리체제라는 총체적 공황과 이후의 조치였다.

국가의 재건이 단순한 정권의 슬로건이 아닌 상황에서 가장 방대하고 복잡한 조직체인 국가를 경영관리의 대상으로 하는 새로운 시도가 요구된다. 국가경영은 정치발전 뿐 아니라 사회 전영역에서의 발전을 의미하며, 특히 경제발전을 포괄해야 한다. 경제발전은 경제학자들만의 문제가 아니다. 국가의 잠재적 기회를 전체적으로 파악하려면, 사회, 문화 및 정치적 요소들을 모두 고려해야 한다. 이에 따르면 경제발전의 핵심을 조직과 개인이 외부 자극에 대해 어떻게 행동하고 반응하는 가에 대한 확고한 이해를 바탕으로 국가의 비전과 거시 정책을 수립하는 것으로 본다. 이제까지는 기업은 단순히 이윤만을, 소비자는 효용만을 극대화시킨다는 전제가 기업과 소비자가 경제발전 초기 단계에서 어떻게 반응하는 가를 결정짓는 주된 문화적, 정치적 차이점을 배제시킴으로써 분석을 왜곡할 수 있었다.[7)]

국가경영에서는 국가가 안고 있는 커다란 문제점과 그 속에 내재한 복잡한 요소들에 직면한 상황에서, 국가는 현실적으로 달성하고자 하는 바를 명확히 밝혀야 한다. 상당한 정도로 (국가)사회가치의 창조는 좀 더 나은 생활을 위한 추진 의지와 수단을 보유한 사회에서 체험할 수 있는 현실이자 심리적 상태여야 한다. 국가마케팅에 따르면 어느 국가의 국민이든지 튼튼한 경제, 건실한 사회, 건전한 정치발전을 갈망한다.

국가마케팅과 관련한 우리나라의 문제는 복합적이다. 왜냐하면 우리나라의 국가전략 위상은 "중간규모(middle country), 중간기술(mid-tech)"[8)]이라는 현재의 상황에서 장기적으로는 "상위기술(high-tech.), 핵심국가(core country)"로 나아가야 하며 이러한 과정에서 돌출 될 수 있는 불평등구조 문제와 이에 따른 긴장을 조정할 수 있는 능력의 개발이 동시에 요구되기 때문이다.

한편으로 한반도의 공간구조에 대한 실패와 이에 대한 우려도 고조되고 있다. 한반도 구조개혁 논의는 국가발전에 따른 '한반도 하드웨어'의 개선이 20년간 따라주지 못하여 이제 한계에 다다라서 전면적 개혁이 없이는 우리의 경제와 사회에 희망이 없다는 것이다. 근대 한반도의 공간구조는 19세기말의 개항과 20세기 전반의 식민통치를 거치면서 기본 틀이 잡혔고, 남한에서는 분단구조에 적응한 그 개편작업이 개발독재에 의해서 수행되었으나, 이제 분단체제가 흔들릴 뿐 아니라 대외환경의 변화로 새로운 공간전략이 필요한데 아쉽게도 지난 민주화기간에 실패해 왔다는 뼈아픈 성찰이다.

지난 20여 년을 회고하면 세계가 깜짝 놀랄 근대화를 불과 30여 년 동안 이루고 민주화마저 성공시킨 1980년대 후반은 하나의 분수령이었다. 하지만 민주화는 선진화 충분조건은 아니었다. 개혁을 국정지표로 내세운 문민정부는 세계화의 허장성세에 몰입하여 방향을 잃었으며, 1992년 IMF 체제로 함몰되었었다. 국민의 정부는 IMF 체제의 조기 탈출을 위장해 단기적인 외환관리에 몰입하여 북한커넥션으로 과도한 외교비를 투입했다. 참여정부는 끊임없는 자질(리더십) 시비에 휩싸이며 분권을 국정현안으로 내세웠으나 대내마케팅의 실패와 정국불안정을 막기엔 역부족이었다.

이제 분명한 사실은 우리나라의 지난 20여 년간 민주화시대는 국가경영 측면에서 재조명되어야 하며, 또한 20여 년간 선진국 진입이 좌절된 원인과 문제해결을 위한 리더십과 국가사회적 합의가 필요하다는 것이다.

2 국가전략그룹과 국제경쟁구도상 한국의 위상

현재 세계는 산업시대에서 정보 시대로 발전하고 있다. 산업시대 초기에는 농업에서 산업으로 중심이 이동했다. 이때는 이전에 우세하던 비숙련 노동집약적 산업보다 자본집약적 산업이 더 중요시된 전환기였다. 정보 시대에는 자본집약적 산업에서 지식집약적 산업으로 중심이 변했다. 제조업은 매우 대중화되어 있기는 하나(또는 자동차나 유류와 같이 특수한 품목도 있다), 그 범위는 훨씬 더 넓고 농업, 서비스, 금융 등을 포괄하고 있다. 이때에 경쟁의 핵심 분야는 고부가가치 상품과 고임금 직업을 창출하는 기술 개발이 될 것이다. 초소형 전자 기술, 생명공학, 고급 자재, 텔레커뮤니케이션, 민간항공, 로봇, 공구 및 컴퓨터 소프트웨어, 총 8개 산업 부문[9]에서 치열한 경쟁이 전개되고 있다.

또한 개별국가는 오늘날 국제정치경제의 메가트렌드로 불리우는 전세계적 상호의존, 보호무역주의와 블록경제의 성장, 다국적 기업의 초국가화, 급속한 기술발달, 정치적 갈등과 부족중심주의, 환경에 대한 관심 증가 현상을 최종적으로 이해하여야 한다. 세계경쟁구조의 이해는 국가의 전략적 비전 형성의 기반이 되는 것이다.

국가의 전략적 비전 형성은 전략적 위상 개발과 직결된다. 모든 국가는 서로 다른 발전에 처해 있고 서로 다른 특징을 보인다. Philip Kotler교수는 국가를 두 가지 전략적 차원, 부의 지위와 산업화의 정도에 따라 8개의 전략그룹, 즉 산업대국, 신흥산업국, 산업특화국, 다인구국가, 구 사회주의국가, 석유부국, 빈곤국가, 남미국가로 분류한다.[10]

국가발전전략은 먼저 자국의 전략적 위상을 파악해야할 것이다. 나아가 국제적 전략그룹상의 위치 및 세계경쟁구조의 특성을 이해해야 한다. 즉 산업화의 정도와 부의 지위향상을 위한 노력을 경주해야할 것이다. 이것은 국가전략그룹이 갖는 다음의 성격을 이해해야 할 것이다.

첫째, 국가전략그룹이 갖는 객관적이고 일반적인 성격에도 불구하고 각국의 고유한 전략적 위상이 존재한다는 사실이다. 예컨대 산업대국내에서도 미국과 일본은 첨단기술제품이 수출의 3분의 1이상을 차지하고 있으나 영국은 31%, 프랑스와 독일은 약20%, 이탈리아는 15%만을 차지한다.[11]

둘째, 국가전략그룹은 장기적이고 광역적인 그룹이지만 결코 불변적인 카테고리가 아니라 변화한다는 것이다. 예컨대 싱가폴의 경우 신흥산업국의 일원으로 분류되지만 보다 최근의 분석은 기술혁신 및 국부구축의 성공으로 산업특화국의 위치에 가깝다는 것이다.

셋째, 국가전략그룹은 세계경쟁구조에서 전략그룹간의 경쟁과 협력관계에 위치한다는 것이다. 예컨대 WTO체제 이후 다인구국가 및 남미국가들의 국가전략 수정으로 인하여 신흥산업국들이 틈새경쟁의 상대적 강점으로 오랫동안 누려온 노동집약산업의 급격한 쇠퇴를 가져온 것 등이 좋은 예이다.[12)]

넷째, 국가전략 그룹은 또한 그룹내의 국가들간의 관계도 경쟁과 협력관계에 위치한다는 점이다. 예컨대 그룹내의 높은 무역적 의존도에도 불구하고 특정 국가의 실패나 위협이 경쟁상대국의 성공과 기회로 활용된다는 점이다. 19세기 후반 영국은 산업혁명의 중심지로서 월등한 과학과 기술발달에도 불구하고 기술혁신에 실패하여 그 주도적 위치를 독일, 프랑스, 미국 등에게 내주었으며 보다 극적인 예는 1997년 홍콩이 직면한 국제정치적 위협(중국에의 영토반환)을 국가적으로 활용하기 위하여 1989년의 홍콩의 자본 및 노동력 유치를 위한 이민법 개정과 동아시아 국제회의, 물류 및 신산업발전전략을 성공적으로 수행한 싱가포르의 경우이다.

결론적으로 많은 국가경제를 무역 전략이 다소 비슷한 몇 개의 그룹으로 분류하게 된다. 그 기준에는 국가의 발전 단계, 의도적인 무역 정책 및 현 경제성과가 반영될 것이다. 어떤 경우에는 이런 기준들로 인하여 개별 국가들 간에, 일련의 국가들 혹은 세계시장에서 상반된 입장에 있는 국가들간에 게임 이론식의 경쟁이 발생할 수 있는 것이다. 전략그룹은 기회나 위협은 물론 비교 우위와 약점에 의해서도 분류될 수 있다. 그리고 각 경제가 추구하는 무역 및 마케팅 전략의 결과로 부분적으로나마 경제가 변화한 다면, 그 분류방식 또한 어느 정도 변화할 수 있는 것이다.

전략그룹은 세계경쟁구조 측면에서 또한 새로운 통찰을 제공할 수 있다. 즉 국가의 발전단계 및 경제적 성과에 의해 분류된 것과 같이 실재하는 그룹 간 격차의 상존성이다. 예컨대 그림 2-1에서와 같이 강국그룹과 중진국그룹, 약국그룹 등으로 피라미드형(수직적) 구조를 갖는다는 점이다. 또 한편으로 전략그룹은 그룹내 국가들간의 관계모형은 그림 2-2와 같이 원형(수평적) 구조를 갖는 점이다.

[그림 2-1] 국가 전략그룹

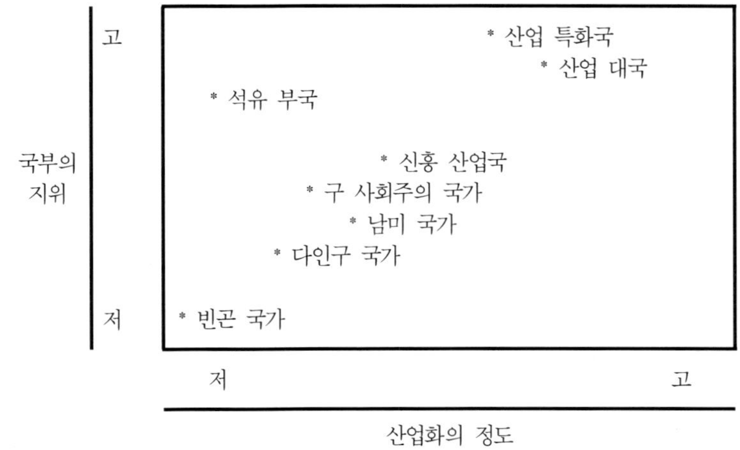

[그림 2-2] 산업 대국

국가	인구(백만 명)	GDP(십억 달러)	1인당 GDP(달러)
미 국	248.76	5,163.7	20.758
독 일	78.66	1,337.7	17.006
프랑스	56.14	955.9	17.020
영 국	57.02	831.7	14.540
이탈리아	57.52	865.8	15.063
일 본	123.12	2,833.7	23.016

Source : Philip R. Cateora. International Marketing(Homewood, IL : Irwin, 1993), Exhibit 9-1, p. 264 : Exhilbit 9-6, p. 287 : and Exhibit 8-12, p. 251

그러나 전략그룹이 갖는 보다 본질적인 의미는 그룹 간 격차의 상존성과 특히 선진 산업국 진입을 둘러싼 각국의 역량문제이다. 실제에 있어 지난 20세기동안 선진국(산업 대국과 산업특화국)으로 진입한 예는 일본이 거의 유일한 경우이며 21세기에도 싱가폴을 제외한 나라들의 선진국 진입은 힘들다고 평가된다. 종전직후 국부구축에 성공했던 아르헨티나의 혁신실패와 90년대 후반 아시아를 강타한 유동성위기도 이러한 측면에서 의미심장하다. 국부와 산업(기술)화의 진전은 점차 높아 갈수록 어려움이 가중될 것이며, 특히 인구(규모)의 크기가 클수록 일관화된 산업구축이 요구될 것이다. 선진국 진입에의 어려움은 국부의 구축전략에서 부흥전략으로의 전략 전환,[13] 자주 활용하는 따라

잡기(catch-up) 전략에서 돌파(breakthrough) 및 추월(overtake)전략으로의 혁신[14] 그리고 비교(거시)우위에서 경쟁(미시)우위와 전략우위로의 우위패턴 이전,[15] 국부의 구성상 일반요소에서 고급 및 전문요소로의 이동을 전제하기 때문일 것이다.

3 한국의 선진화 과제 – 한반도 신공간기획

근대 한반도의 공간구조는 19세기말의 개항과 20세기 전반의 식민통치를 거치면서 기본틀이 잡혔고, 남한에서는 분단구조에 적응한 그 개편작업이 개발독재에 의해서 수행되었다. 당시 수도권집중해소를 위한 국가공간기획 정책의 일관성과 사회인프라의 인식과 투자는 세계적 성공사례에 속했다. 하지만 민주화 이후 정권의 잦은 교체로 이에 대한 인식과 체계성은 낮아질 수밖에 없었다. 하지만 이제 분단체제가 흔들릴 뿐 아니라 대외환경의 변화로 새로운 공간 전략이 필요한데 아쉽게도 이에 대한 사회적 합의마저 요원한 실정이다.

수도권집중이 과밀과 비효율을 낳고 국가불균형발전을 초래하고 국가경쟁력을 약화시켜왔다는 것이 정치권의 시각이다. 경제권에서는 오히려 수도권 과잉규제와 지방의 한계를 지적한다. 모두가 한국경제의 입지를 현재에 국한시켰을 때의 논리다. 북한과 연합하고 중국과 연대하는 가능성을 외면한 시각에서 한반도를 보고 있는 것이다. 성장이냐 분배냐라는 대립구도보다는 우리의 시야를 남한에 국한하느냐 아니면 북한과 중국으로 확대해서 보느냐가 좀 더 의미 있는 접근방법이다. 행정수도 이전(또는 행정중심도시 건설)과 지방분권은 황해공동체를 전제로 한 한반도 공간전략의 입장에서 접근해야 제대로 된 시각을 얻을 수 있다. 수도권은 남한만의 수도권이라는 한계를 넘어야 하고 지방은 수도권에 많은 것을 빼앗긴 땅이라는 피해의식에서 벗어나야 한다.

수도권은 지난 30년 동안 한국 대부분의 에너지를 집합하여 세계로 나아간 중심지역이다. 한국이 이만한 경제성장을 이룬 것은 대부분 지방에서 올라온 수많은 사람들의 피와 땀이 맺힌 것이지만, 무엇보다 국가의 자원과 에너지를 수도권에 집중하고 지방은 주어진 나름의 역할을 해온 데서 얻어진 것이다. 1870년까지 1천 달러 미만이던 일인당 국민소득이 1만 달러를 돌파하고 세계12위의 경제 강국으로 일어섰을 때, 곧이어 2

단계의 도약을 위한 국가혁신과 개조개혁이 이어졌어야 하는데 우리는 이 작업을 게을리 했다. 제2의 도약을 위해 수도권과 지방을 재조직하여 국가 하드웨어의 혁신을 이루어야 할 때, 문민정부는 세계화라는 이름의 허장성세에 바빴고 국민의 정부는 제2건국이라는 이름의 자기최면에 빠졌다.

그 후 집권한 참여정부는 수도권 일극집중에 의한 국가경쟁력 상실과 불균형발전을 시정하기 위한 특단의 대책으로 충청권으로 행정수도를 이전한다는 전략을 내세웠고 역시 표를 의식한 거대야당의 찬성으로 국회의 동의까지 얻었다가 결국 위헌판결에 이르고 말았다. 그 후 행정수도에 관한 후속대책에서도 논란이 계속되고 있다.

이제는 누구를 탓하고 변명을 할 때가 아니다. 무엇보다 먼저 한국이 지난 20년의 정체를 딛고 제2의 도약을 위해 무엇을 할지 생각해야 한다. 현재의 한반도 하드웨어로는 더 이상의 성장은 무리다. 판을 키워야 하고 내용을 바꾸어야 한다. 수도권을 이대로 방치한 채 집중이 지속된다면 과밀과 비효율을 초래하고 수도권과 지방격차가 갈수록 확대되어 불균형발전과 국가경쟁력 저하로 이어질 수밖에 없다. 그렇다고 해서 수도권과 지방의 평준화를 주장하는 것은 무엇을 먼저 하고 무엇을 나중에 해야 하는지도 모르는 일을 하는 셈이다.

지금이야말로 수도권의 세계화와 지방의 제2건국이라 할 수 있는 지방권 자립화가 시작되어야 할 때이다. 수도권의 세계화는 수도권이 한반도를 벗어나 세계로 판을 키워가는 것을 말하는 것이며, 지방의 제2건국은 지방이 수도권에서 무엇을 얻으려 하기보다 스스로 떨치고 일어나 자립할 수 있는 길을 모색하는 것이다.[16)]

4 '잃어버린 20년'과 선진화의 Key Words

국가는 국가가 안고 있는 커다란 문제점과 그 속에 내재한 복잡한 요소들에 직면한 상황에서, 국가는 현실적으로 달성하고자 하는 바를 명확히 밝혀야 한다. 상당한 정도로 (국가)사회가치의 창조는 좀 더 나은 생활을 위한 추진 의지와 수단을 보유한 사회에서 체험할 수 있는 현실이자 심리적 상태이어야 한다. 어느 국가의 국민이든지 튼튼한 경제, 건실한 사회, 건전한 정치, 창의적 교육, 풍요한 문화를 갈망한다.[17)]

전략적 관점에 따르면 발전의 문제는 물질적인 것이 아니라 동기적이다. 한국의 현재 상황은 소위 산업화 및 경제규모의 중급화란 한계 속에 복합적인 문제에 직면해 있다. 문제는 이를 돌파하려는 지도층 및 사회일반의 의지이다. 실지로 오늘날 산업대국의 반열에 오른 각국은 나름의 어려움을 딛고 산업화에 성공한 것이다. 예컨대 독일의 경우 산업화에 필요한 자본의 결핍 속에서, 이탈리아의 경우 프로테스탄트의 윤리의식이 결여된 상황에서 이루어낸 성과였던 것이다.[18)]

국가 정치지도자들의 비전은 국가 경제 성과에 크게 영향을 미칠 수 있다. 이 점은 대개 경제 개방에 대한 '생산 함수 모델링'상에 어떠한 지도력의 역할도 고려하지 않거나, 혹은 지도력을 외부 함수로 여기기를 선호하는 개발 경제학자들에 의해 간과된다. 체코 공화국 수상인 바츨라프 클라우스(Václav Klaus)에 따르면, "능력 있는 지도자들은 미래 사회의 긍정적 비전을 만들어 국민들을 설득해야 한다." 로널드 레이건의 '공급 측면 경제 혁명', 고르바초프의 페레스트로이카, 라지브 간디(Rajiv Gandhi)의 '21세기로의 전진' 및 덩샤오핑의 '신(新) 중국' 등은 모두 '경영 능력을 갖춘 이상주의자-국가의 미래에 대한 비전을 신념 있게 제시하는 정치인'이라는 역할을 창출한다.

때때로 국가는 필수 장점을 갖추고 있지 않아서가 아니라 정부 정책입안자들과 지도자들이 팀을 이뤄 공조하지 않았기 때문에 실패한다. 따라서 세계 시장에서 부의 창출을 위해 해외마케팅을 사용하기 전에 우선적으로 팀워크 구축을 위한 국내 마케팅이 필요하다. 그리고 여기엔 일반적으로 정부가 초래하는 정치적 위험의 관리도 중요하다.

일반적으로 정부가 초래하는 네 가지 문제점, 즉 부정부패, 군사비 과대 지출, 잘못된 자원 분배, 정치 불안이 국부 창출 잠재력을 손상시킬 수 있다.[19)] 한국의 경우 오랜 전제주의 전통, 식민주의와 권위주의 경험, 전근대적 예산회계법, 남북군사대치, 부정부패의 관행 등이 있기에 이에 대한 명확한 문제의식에서 개선을 위한 보다 체계적이고 적극적인 접근이 필요한 것이다. 한편으로 공동체의 특성상 정치지도층의 명확한 비전이 없을 경우 이러한 문제점이 더욱 확대되는 경향이 있음도 부인할 수 없을 것이다.

결국 한국의 새로운 비전은 과거를 이해하고 미래를 바라보는 실천력일 것이다. 산업대국들의 공통적(일본을 포함하여) 역사 경험이 유럽적 봉건제에 기초하고 있다는 점이며 이러한 역사적, 문화적 기반의 차이를 극복하기 위하여 싱가폴적인 법적·제도적 극단주의도 이해할 줄 알아야할 것이다. 소위 오리엔탈리즘과 문화적 빈곤상황을 극복하기 위하여 정치지도자는 구체적이고 체계적인 정책대안들을 제시하고 이를 실천하는 추진자(driver)이자 실행자(enabler)가 되어야할 것이다.

보다 직접적인 비전은 경제와 산업 그리고 기술에서의 지도력일 것이다. 한국의 경우 규모(통일 전후) 및 지경학적 위치상 일관된 산업체계를 이루어야할 것이다. 무엇보다 전문가들이 한결같이 제기하는 지난 90년대 이후 산업 및 기술에서의 혁신실패와 경쟁국들의 성공을 거울삼아 국부의 부흥전략을 위한 이에 대한 국가적 혁신운동을 수행해야할 것이다.[20)]

이외에도 교육발전 및 사회건전성 확립을 위하여도 하나의 대안을 제시하여야할 것이다. 탈산업화시대 인적자원의 개발이 갖는 의미는 노동시장의 유동성 차원에서 벗어나 세계를 견인하는 민족자존의 차원에서 일대 혁명을 이루도록 해야하며 이 과정에서 국가가 보유한 공공자원, 특히 언론매체를 동원한 전방위 설득(신계몽)체계를 이루어야할 것이다. 그리고 이러한 국가발전을 위한 새로운 구상을 위해 봉사하고 헌신하는 정치현장을 만들어야할 것이다. 민주주의는 좋은 정부에 대한 개념을 형성하는 강력한 요인이나 그 것이 정치현장에만 제한되거나 강력한 경제발전과 건전한 사회문화를 수행할 수 있는 효율성이 뒷받침되지 못하면 민주주의적 정통성 자체도 심각한 손상을 초래한다. 우리의 경우 지난 20년은 이러한 비전을 갖지 못한 객관적 사례로서 평가되고 있다.

[표 2-2] 국가 경쟁력의 발전단계

발전의 원동력	경쟁 우위의 원천	예
요소 조건	생산의 기본 요소(예 : 천연자원, 지리적 입지, 비숙련 노동자)	1980년 이전의 한국, 캐나다, 호주, 싱가포르
투자	자본 설비 투자 ,해외로부터 기술 이전, 소비보다 투자를 선호하는 국민적 합의 역시 필요하다.	1960년대의 일본 1980년대의 한국
혁신	국가 우위의 네 가지 결정 요소가 모두 신기술 창조에 상호 작용을 한다.	1970년대 후기 이후의 일본, 1970년대 초기 이후의 이탈리아, 전후 대부분 기간중의 스웨덴과 독일
부	기존의 국부를 관리하는데 치중하는 것은 다이아몬드(Diamond)형태의 역동성을 무력화시킨다. 혁신이 정체됨에 따라 경쟁 우위는 잠식되며, 고급 요소에 대한 투자가 줄어들며, 경쟁관계가 쇠퇴하고, 개인적인 동기 부여가 사그라든다.	전후의 영국, 1980년 이후의 독일, 미국, 스위스, 스웨덴

Source : Robert M.Grant, "Porter's 'Competitive Advantage of Nations' : An Assessment", *Strategic Management Journal*, 12(1991),Table 1,p.540

✔ 국가 부흥전략적 위상 개발

한국은 신흥산업국의 일원으로 이미 요소 중심의 개발을 성공적으로 달성했다. 신흥산업국들은 현재 저임금 경제에서 고부가가치 경제로의 이전을 추진해야하는 공통의 문제에 직면하고 있다. 혁신위주 경제로의 이전은 발전 이념에 대한 실질적인 구조조정을 요한다. 아시아 신흥산업국들은 다음의 사항들을 필요로 한다.[21)]

① 기업가 정신의 재발견
② 환경 변화 및 도전에 대한 빠르고 효율적인 대응
③ 장기적인 방향과 공약 개발
④ 더욱 체계적인 교육
⑤ 인적자원의 개발 및 활용도 증진
⑥ 보다 생산적인 정부-기업 관계 발전

4장 / 부산의 과거와 오늘 – 기로에선 위기의 도시

1 서론

"1970년대의 수출과 경제 성장의 메카였던 부산경제를 보자. 신발, 합판, 염색, 섬유, 조선을 주축으로 한 부산 경제권은 한동안 우리나라 GNP의 27%를 공헌했다. 그러나 지금은 4%에 불과하다. 왕년의 효자산업이 모두 파산되었다. 대체산업이 손에 잡히지 않고 있다. 무엇을 해야 먹고 살 수 있을까에 대해 아직도 비전을 찾지 못하고 있는 실정이다. 바로 이러한 부산의 운명이 한국의 운명으로 진전되고 있다."[22]

환태평양지역과 아시아 대륙을 연결하는 관문적 위치에 입지한 국제 항만도시로서 부산은 수출주도형 경제성장정책의 실시와 함께 일직부터 한국을 대표하는 신공업도시로서 발전하게 되었다. 그러나 1973년 정부의 중화학공업 진흥정책으로 인하여 성장거점지역이 중화학 공업지역 거점으로 이전하게 되면서 상대적으로 공업지역으로서 부산의 중요성이 낮아지게 되었다. 더욱이 1980년 이후부터 시행된 대도시성장억제정책은 부산경제의 구조고도화에 걸림돌로 작용하게 되었다. 이러한 시대의 변화에 부응하여 새로운 고용 및 부가가치를 창출할 수 있는 전략산업이 부산에서 발전하지 못하게 됨에 따라 오늘날 부산 경제는 어려움에 처해 있다.[23]

이러한 현실을 반영하여 부산의 무역은 지속적으로 위축되고 있다. 1971년 한때 전국 수출의 29.0%를 담당하고 있었던 부산의 수출은 2006년에 전국 수출의 약 2.5%에 불과하여 그 위상이 급격하게 추락한 것이다. 부산의 무역이 이처럼 감소한 것은 산업구조고도화에 실패하여 경쟁력을 상실한 부산경제의 현실을 반영하는 것이다. 동시에 수출을 통하여 발전했던 부산이 새로운 산업을 육성하지 못함으로써 오늘날 부산경제의 위기를 초래한 것이기도 하다. 그러므로 부산 무역의 부진은 오늘날 부산경제 위기의 징후(syndrome)이자 동시에 원인(cause)으로 해석할 수 있을 것이다.

2 부산경제의 과거와 현재

1985~2003년 기간 동안의 전국의 지역내총생산(GRDP)의 추이는 1985년 87조 9,760억 원에서 1995년 410조 1,310억 원, 2003년 731조 6,270억 원으로 증가 추세를 나타내고 있다.

2003년 현재 지역별 GRDP의 전국 비중을 보면 서울이 24.0%로 가장 높고 경기 19.4%, 경남 6.7%, 부산 5.9%, 울산 4.7% 등이다. 2003년 현재 수도권 GRDP의 전국 비중은 서울 24.0%, 경기 19.4%, 인천 4.7% 등 48.1%의 높은 집중도를 나타내고 있다. 한편 동남권의 경우 경남 6.7%, 부산 5.9%, 울산 4.7% 등 17.3%이며 수도권의 35.8%에 불과하여 지역 간 격차가 심화되고 있다. 그리고 〈그림 2-3〉에서 1995년 이후 경기와 울산의 GRDP는 증가 추세인 반면 서울, 경남, 부산, 대구 등은 감소 추세가 지속되고 있다.

[그림 2-3] 지역별 지역내총생산 추이(경상가격)

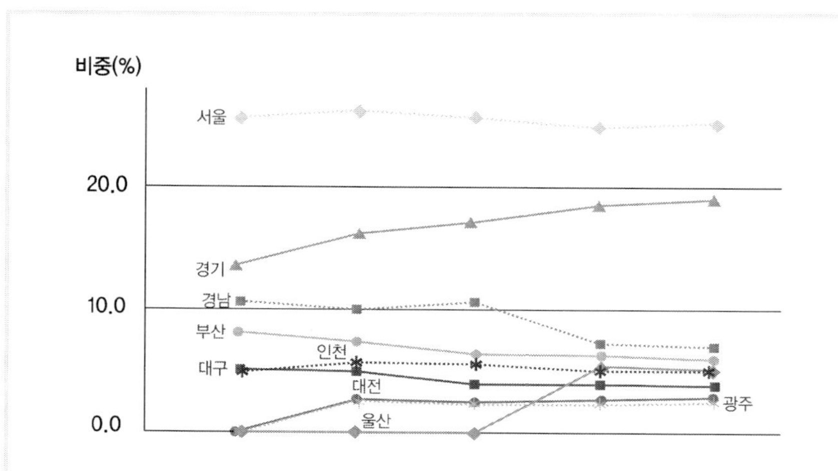

자료 : 통계청, 2003년 시도별 지역내총생산 및 지출, 2005.

2003년 기준의 전국 산업구조는 농림어업 3.6%(22조 9,082억 원), 광공업 26.6%(171조 3,218억 원), 서비스업 69.9%(451조 15억 원) 등으로 나타났다. 지역별 산업구조의 특징은 서울, 부산, 대구, 광주, 대전 등의 경우 서비스업의 지역 내 비중이 77% 이상인 반면 광공업은 21% 이하로서 서비스업 중심의 구조를 나타내고 있다. 특히 서비스업 비중이 높은 지역은 서울 93.4%, 부산 82.9%, 대전 82.2% 등으로 나타났다.

한편 산업별 전국 비중이 가장 높은 지역을 보면 서비스업은 서울 32.4%, 경기 16.9%, 부산 7.1%, 광공업은 경기 27.3%, 울산 9.9%, 경남 9.5%, 농림어업은 경남 11.5%, 경기 11.3% 등으로 나타났다. 권역별 제조업 전국 비중은 서울, 인천, 경기 등 수도권이 38.7%, 부산, 울산, 경남 등 동남권 22.9%로 나타났다. 또한 권역별 서비스업 전국 비중은 수도권에 53.9%가 편중되어 있으며 동남권은 14.5%에 불과하였다.

부산의 지역내총부가가치는 1995년 22조 9,952억 원에서 2003년 38조 4,802억 원으로 8년간 약 1.7배 증가하였다(증가율 37.3%). 〈그림 2-4〉에서 부산의 산업구조는 1995년 농림어업 2.7%, 광공업 22.9%, 서비스업 74.4%에서 2000년 농림어업 1.9%, 광공업 19.2%, 서비스업 78.9%로 변화하였다. 그리고 2003년에는 농림어업 1.7%, 광공업 15.5%, 서비스업 82.9%로서 전형적인 서비스업 중심의 구조이다. 1995~2003년 기간 동안 부산의 산업구조는 광공업 비중이 7.4%p 감소한 반면 서비스업은 8.5% 증가하였다.

[그림 2-4] 부산의 산업구조 추이[24)]

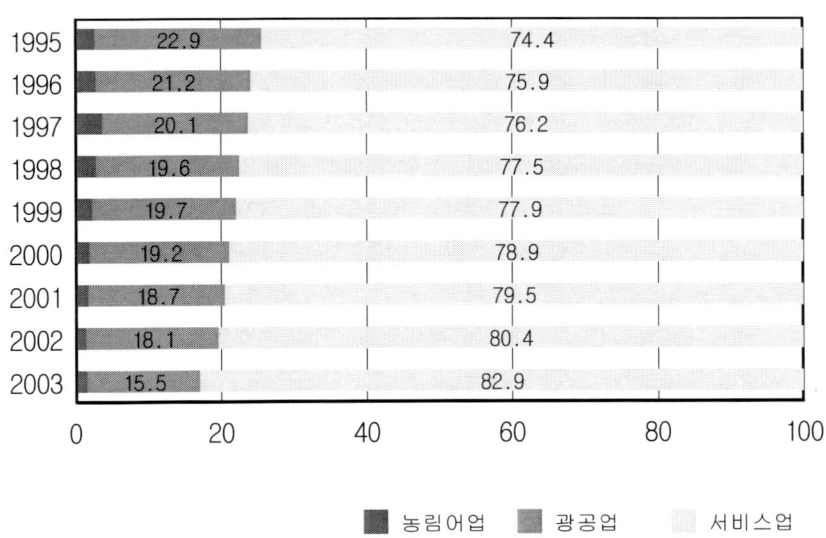

2003년 현재 부산의 지역내총부가가치액은 농림어업 6,430억 원, 광공업 5조 9,519억 원, 서비스업 31조 8,853억 원 규모이다. 한편 1995~2003년 기간 동안 지역내총부가가치의 증가율은 농림어업 2.7%, 광공업 13.1%에 불과하였으나 서비스업은 86.4%의 현저한 증가율을 나타내었다. 이와 같이 부산은 서비스업 중심으로 산업 구조적 전환이 급속히 진전되고 있으며 새로운 성장 동력으로서 기반을 정비해야 할 것이다.

〈표 2-3〉에는 부산 경제의 인구, 산업구조, 제조업, 실업률, 금융, 무역 등 부문별 실태를 요약하였다. 2000년~2004년 기간 동안 전체적으로 부산 경제는 지속적으로 침체되고 있다. 즉 인구 감소, 제조업 역외이전 가속화 및 생산비중 감소, 실업률 증대 등 복합적 요인에 의해 장기적 경기 침체가 심화되고 있으며 부문별 자생력의 기반이 취약한 실정이다.

부산의 산업구조 고도화와 지역경제 활성화를 위해서는 획기적인 경제정책의 수립·추진이 시급하다. 이대로 간다면 부산은 전국 제2위 도시의 수성도 어려울 실정이다.[25]

[표 2-3] 부산 경제의 부문별 실태[26]

구분	실 태	
인구	인구수	· 2000년 3,732,600명(전국 비중 7.9%) · 2004년 3,684,000명(전국 비중 7.5%)
	연령별 인구구성비	· (0~14세) 16.8%, (15~64세) 75.4%, (65세 이상) 7.8%
산업구조	CRDP 전국 비중	· 2000년 5.9%, 2003년 5.9%
	경제성장률	· 2000년 5.4%, 2003년 4.5%
	산업구조	· 2000년 : 농림어업 1.9%, 제조업 19.2%, 서비스업 78.9% · 2003년 : 농림어업 1.7%, 제조업 15.5%, 서비스업 82.8%
	취업구조	· 2000년 : 농림어업 2.4%, 제조업 23.5%, 서비스업 74.1% · 2003년 : 농림어업 1.8%, 제조업 18.9%, 서비스업 79.3%
제조업	역외이전 가속화	· 기업하기 힘든 도시 · 2000~2004년 상반기 1,161개 업체 이전(753개 업체 전입)
	종업원수 11,261명 감소	· 실업률 증대(6,327명 증가)
	이전사유	· 사업장 확장, 공업용지 부족
	이 전 지	· 김해, 양산
	신설법인	· 2000년 727개 업체, 2004년 599개 업체

구분	실 태	
	· 경기 침체 지속, 전략산업 육성체계 취약 · 녹산, 신평, 장림 산업단지 전국 비중(면적 : 2.6%, 생산액 : 1.7%)	
경기	실업률	· 2000년 : 7.1%, 2004년 4.4% · 2005년 9월 : 4.1%(전국 3.6%) 실업자 70,000명
	어음부도율	· 2000년 0.46%, 2004년 0.06%, 2005년 9월 0.39%(전국 0.13%) · 경기 침체, 건설업 부진, 제조업 역외이전
금융	2000년	· 예금은행 : 예금 7.0%, 대출 6.0% · 비금융기관 : 수신 4.5%, 여신 4.6%
	2004년 11월	· 예금은행의 전국 비중 - 서울 : 예금 50.3%, 대출 42.9% - 부산 : 예금 6.1%, 대출 6.6% - 비금융기관 전국 비중 : 수신 4.6%, 여신 6.4%
무역	수 출	· 2001년 3.0%, 2004년 2.5%
	수 입	· 2001년 3.1%, 2004년 3.0%

3 위기의 지표들

1) 도시인프라

부산의 면적은 763.36km^{2}로 전국의 0.8%에 불과하다. 이것은 거대한 자연 인프라인 바다를 끼고 있는 항구도시 부산의 빈약한 도시 인프라를 설명하는 단초가 될 것이다. 도시마케팅의 핵심이 플레이스 혹은 스페이스 마케팅이란 점에서 도시의 공간 부족은 치명적인 결함이 되고 있다.

또한 배산임해의 지형적 조건을 살리지 못하는 도시인프라의 낙후를 간접적으로 지적할 수 있을 것이다. 세계적 수준의 도시인프라를 갖춘 서울에 비하여 부산의 도시인프라는 한세대가 뒤졌다는 평가이다. 비근한 예로 도시외곽순환고속도로 등 광역교통망 체계마저 초기 단계에 있는 것이다.

서울의 발전된 도시인프라를 이용하여, 수도권을 통합화된 명실상부한 도시연합구조로 자리매김하는 데는 서울-인천을 중심으로 한 (초)광역권인프라에 기인하다. 정작 수도권의 약점은 세계화의 콘텐츠가 부실한 데 있다. 수도권 경계로 확대되고 수도권 외곽 기업도시, 산업도시, 자족도시를 특화시켜 도시네트워크를 체계적으로 구축하지 못하여 수도권 과밀과 비효율을 낳고 있다. 반면 부산의 경우엔 (초)광역권적 도시인프라 자체가 빈약하여 도시간의 연계가 단절되고 광역권 자체의 몰락이 가속되고 있는 것이다.

도시인프라의 낙후에 의한 도시침체는 전반적인 인구감소로 나타나고 있다. 한편 부산의 인구규모를 추계하면 2010년 3,573천명, 2020년 3,392천명, 2030년 3,190천명으로 지속적으로 인구가 가소할 것으로 전망되고 있다.

1989년 이후 지속되고 있는 인구 전출 초과는 성숙단계에 있는 부산보다는 성장 잠재력이 높은 경남, 서울 등으로 인구이동 때문인 것으로 나타났다. 기존 연구에서 인구의 시외이동에 미치는 영향을 중심도시(부산)와 교외(시역외)로 구분하여 살펴보면 중심도시의 압출요인으로는 높은 생활비, 주택의 협소와 노후, 교통 및 서비스 불편(도시혼잡), 공해 및 자연환경 불량, 높은 범죄율, 이웃에 대한 불만 등으로 나타났다. 교외의 흡인요인으로는 쾌적한 자연환경, 취업, 낮은 생활비, 낮은 세금, 넓고 싼 주택지, 좋은 이웃(친척, 인정), 자본이득 가능성, 교육 등의 순으로 밝혀졌다. 그리고 중간개입 장애요인으로는 국가정책(주택융자), 도로망, 그린벨트, 거리 등이다.

2) 산업 및 대학공동화

1980년대 후반부터 성숙단계에 접어들어 신발, 섬유 등 주력산업의 경쟁력 약화, 산업체의 시외이전 지속, 성장유망산업 유치 지연 등 지역경제의 전반적인 경제력 위축현상과 무관하지 않음을 보여주고 있다.

지역기업의 역외이전 현황을 보면 2000~2004년 상반기까지 총이전업체수는 1,161업체에 종업원 11,261명으로 집계되었다. 이전지역을 보면 양산·김해 73%, 울산 6.1%, 창원·마산 5.6% 등 부산 인접지역인 경남이 84.7%로 절대적인 비중을 보이고 있다.

산업체의 부산 역외이전은 인구 감소뿐만 아니라 수출 감소, 생산기반 이전, 고용창출 등 부산 경제력의 전반적인 위축을 촉진시키는 부정적인 효과를 나타내고 있다. 부산상공회의소의 조사에 의하면 산업체의 이전요인으로 이전지의 저렴한 지가, 모기업

인근입지를 물류비 절감, 신규 공사수주 유리, 공해 등 지역주민의 민원발생 등을 들고 있다.

인구이동을 보면 1970년에서 1988년까지는 인구 전출보다 인구 전입이 많아 순이동(전입 초과)현상을 보였다. 즉 18년 동안 총순유입(전입 초과)인구는 1,073,849명으로 매년 평균 59,658명이 부산으로 순전입되어 인구 증가요인으로 작용하였다. 그러나 1989년부터 이러한 현상이 역전되어 매년 3만~6만 명 내외의 인구가 지속적으로 부산지역 밖으로 이동하는 순유출(전출 초과)현상이 발생하였고, 2000년부터는 그 규모가 증가 추세를 보여 지속적인 인구 감소요인으로 작용하고 있다(1989년~2003년까지 전출 초과 총 601,654명). 지속적인 인구의 전출 초과 현상 발생은 1980년대 후반부터 부산경제가 침체되어 도시매력을 상실함에 따라 인구 및 산업 활동이 주변지역 중에서도 성장잠재력이 강한 곳으로 역류하는 집중반전(Polarization Reversal)현상과 맥을 같이하고 있다고 볼 수 있다.

1989년 이후 지속되고 있는 인구 전출 초과는 성숙단계에 있는 부산보다는 성장 잠재력이 높은 경남, 서울 등으로 인구이동 때문인 것으로 나타났다. 기존 연구에서 인구의 시외이동에 미치는 영향을 중심도시(부산)와 교외(시역외)로 구분하여 살펴보면 중심도시의 압출요인으로는 높은 생활비, 주택의 협소와 노후, 교통 및 서비스 불편(도시혼잡), 공해 및 자연환경 불량, 높은 범죄율, 이웃에 대한 불만 등으로 나타났다. 교외의 흡인요인으로는 쾌적한 자연환경, 취업, 낮은 생활비, 낮은 세금, 넓고 싼 주택지, 좋은 이웃(친척, 인정), 자본이득 가능성, 교육 등의 순으로 밝혀졌다. 그리고 중간개입 장애요인으로는 국가정책(주택융자), 도로망, 그린벨트, 거리 등이다.[27]

부산 역시 이런 한국 교육의 구조적 한계에서 예외일 수 없다. 더욱이 부산은 한국 제2의 대도시이면서도 서울 등 수도권에 비해 경쟁력에서 떨어지고 있는데, 그 이유 가운데 중요한 것이 교육 부문의 열세이다. 우선 대학(4년제)은 양적으로는 부족함이 없으나 문제는 부산 소재 고등학교를 졸업한 우수한 학생들이 서울 등 수도권 대학으로 진학하기 때문에 부산지역 대학들의 경쟁력과 브랜드 파워가 저하되고 있다는 점이다. 역사와 전통을 자랑하는 부산지역내 국·사립대학들이 수도권의 하위권 대학보다 낮은 평가를 받고 있는 형편이다. 그리고 지역내 대학을 졸업한 우수한 인재들도 취업을 위해 부산보다는 서울 등으로 빠져나가기 때문에 두뇌유출현상(Brain Drain)이 심각한 양상이다. 심지어 요즘은 초·중등학교의 경쟁력을 의식해 초기단계에서 서울 등 수도권으로 전학을 시키는 학부모들도 늘어나고 있어 부산 교육의 현주소가 심각하다는 것을 나타내고 있다. 물론 한두 개의 사립대학 가운데는 대학 측의 피나는 노력으로 일취월장하고 있어 어떤 희망을 갖게 하지만 전반적인 부산지역 교육 여건은 날이 갈수록 수도권에 비해 열악해지고 있음을 부정할 수 없다.

부산이 많은 기업들이 역외유출에도 불구하고 인구 감소가 급격하게 이루어지지 않고 있는 것은 부산 인근 지역보다는 그래도 교육 여건이 우월하기 때문이다. 직장은 김해, 양산, 창원, 등인데 집은 부산인 직장인들이 많다. 이런 점을 감안할 때, 부산의 중추관리기능을 제고시킨다는 차원에서도 교육 여건을 개선하는 일이야말로 중요한 과제라 할 것이다.

물론 전반적인 교육정책을 입안하고 집행하는 것은 교육인적자원부와 지역 교육청의 몫이지만 교육 기반을 확충하고 대학 등 각급 교육기관 및 다른 주체들과의 협력체제를 구축하는 일에 부산시가 앞장서야 함은 당연한 일이다. 부산시는 지금도 교사들의 인건비를 지원하는 등 지역교육 발전에 많은 재원을 투자하고 있다. 이런 보조적인 기능을 넘어 부산시가 부산을 교육 도시로 발돋움시키는 데 주도해야 할 일들이 많다. 앞으로 본격적인 교육자치시대를 대비해서라도 부산시가 추진해야 할 교육정책의 몫은 결코 과소평가될 수 없다.[28)]

3) 인구감소

2004년 말 현재 부산시 인구는 3,684천명으로 2003년 3,711천명보다 27천명이 줄어 전국 비중은 7.5%에 불과한 수준이다. 이러한 인구의 감소 추세는 1990년부터 시작되었으며 특히 1996년부터 감소 추세가 심화되고 있다. 즉 인구증가율을 보면 1990년 이후 2003년까지 1991년 2.5%, 1995년 1.2% 증가율을 보인 것을 제외하면 계속 감소하였으며 특히 1996년부터 인구의 감소 추세가 심화되고 있다.

인구의 연평균증가율은 1960년대는 4.5%(남성 4.6%, 여성 4.8%), 1970년대는 5.7%(남성 5.7%, 여성5.4%)로서 산업화가 진점됨에 따라 인구증가율이 크게 신장되었다. 1980년대에는 연평균증가율이 전년대보다 크게 낮아진 1.9%를 보였고 1990년대는 0.04%로 인구증가율이 제로수준에 근접하였다. 2001~2003년의 인구증가율이 연평균

0.9%씩 감소된 것으로 나타났다.

그리고 연령별 인구구성비 추이를 보면 1970년에는 0~14세 비중이 전체의 38.3%, 15~64세는 59.9%, 65세 이상은 1.9%를 각각 나타내고 있다. 1980년에는 32.8%, 65.0%, 2.2%, 2000년에는 18.4%, 75.6%, 6.0%를 각각 보였고, 2004년에는 16.8%, 75.4%, 7.8%의 구성비를 나타내고 있다.

여성의 출산율 저하에 따라 0~14세 인구비중이 매우 빠르게 하락한 반면, 평균수명의 연장에 따라 65세 이상 노인인구 비중이 1970년보다 4.1배 이상 증가되어 노령 인구가 급속하게 확대되는 등 인구구성의 질적인 측면에서 큰 변화를 보이고 있다.

2004년 현재 65세 이상의 노령인구 비중은 7.8%로서 이미 고령화 사회로 진입하였고, 전국 및 7대도시와 비교하면 전국보다는 고령화 진입시기가 낮은 편이나 7대도시중 인구의 노령화 추세가 가장 급속하게 진행되고 있음을 보여주고 있다.

인구이동을 보면 1970년에서 1988년까지는 인구 전출보다 인구 전입이 많아 순이동(전입 초과)현상을 보였다. 즉 18년 동안 총순유입(전입 초과)인구는 1,073,849명으로 매년 평균 59,658명이 부산으로 순전입되어 인구 증가요인으로 작용하였다. 그러나 1989년부터 이러한 현상이 역전되어 매년 3만~6만 명 내외의 인구가 지속적으로 부산지역 밖으로 이동하는 순유출(전출 초과)현상이 발생하였고, 2000년부터는 그 규모가 증가 추세를 보여 지속적인 인구 감소요인으로 작용하고 있다(1989년~2003년까지 전출 초과 총 601,654명). 지속적인 인구의 전출 초과 현상 발생은 1980년대 후반부터 부산 경제가 침체되어 도시매력을 상실함에 따라 인구 및 산업 활동이 주변지역 중에서도 성장잠재력이 강한 곳으로 역류하는 집중반전(Polarization Reversal)현상과 맥을 같이하고 있다고 볼 수 있다.

그리고 지역 내에서 신규 취업 흡인력의 약화로 인해 청년층은 부산 전입보다 전출이 더 크며 그 규모는 2000년 이후 매년 2만 명 정도로 파악된다. 부산 전체 전출 초과의 절반정도의 비중으로 이들 가운데 일정한 정도는 전출사유가 취업과 관련되어 있을 것으로 추정되고 있다.

인구의 전출 초과를 억제시켜 인구 감소를 완화시키는 가장 좋은 방법은 지역 내에서 경제역량을 활성화시켜 일자리 창출을 증대시키는 것이 급선무이다. 제조업은 타산업에의 고용유발효과가 크다는 점에서 자동차 및 부품산업, 조선 및 기자재산업 등 경쟁력이 있는 산업을 중심으로 지속적인 육성이 필요한 부문이다. 한국은행이 분석한 자료에 의하면 제품 10억 원 생산에 필요한 간접 고용유발계수는 제조업이 9.5명, 서비스업 6.1명으로 제조업이 높게 나타나고 있다.

그리고 지역 중소기업의 구조 고도화와 기존 경공업의 고부가가치화 · 디자인 · 컨설팅 등 도시형 산업을 적극 육성하여 성장동력산업의 기반을 강화해야 한다. 특히 산업연관효과가 높은 세계 일류기업, 대규모 투자 및 좋은 일자리 창출이 가능한 해외기업 등을 지역 내에 적극 유치하여 해양관광산업도시, 컨벤션도시, 영상산업도시, 선물산업도시 등으로 도시브랜드를 특화시켜 신규 인구유입의 유인을 제공해야 할 것이다.[29)]

4 새로운 기회들

1) 도시재창조

최근 부산은 새로운 모습으로 나타나고 있다. 먼저 대한민국 제1의 항만물류도시부산이 건설 중인 신항만이다.

부산신항이 부산의 희망이자 국가의 큰 동력이 된다. 부산신항은 제3세대 항만으로 동북아 중추 물류중심항을 목표로 개발하였다. 2006년 1월 부산신항은 3선석이 개장되었으며 2011년에 30선석을 갖추고 20피트 컨테이너를 기준으로 연간 804만개의 컨테이너를 처리할 계획이다.

많은 전문가들은 신항과 인천공항을 비교하며 안타까워한다. 문민정부시절 인천공항은 정부적 결단에 의해 동북아 허브공항으로 성장할 토대를 마련했으나, 항만정책은 부산 · 광양 동시 육성정책, 소위 투포트(Two-Port)정책으로 세계적 항만도시로서 성장할 기회를 상실한 것이다.

지금이라도 부산항을 집중 육성해야 한다. 부산신항은 세계 유수의 항만들과 어깨를 겨누는 물류시장으로 거듭날 것으로 기대된다. 2010년까지 총 37만평이 들어설 예정인 부산신항 배후물류단지의 경우, 12만 8천 평이 우선 조성된다. 항만을 건설하면 물량은 자동적으로 따라올 것이라고 생각한다면 매우 위험한 발상이다.

신항의 물류 허브 경쟁관계에 있는 중국 상하이 양산항은 2005년 5개 선석으로 개장하였으며 앞으로 중국 상하이항과의 치열한 경쟁이 전개될 것이다.

물동량 확보가 갈수록 치열해지는 경쟁 속에서 부산신항을 하역 위주의 항만인 것으로 만족해 한다면 국제항만 경쟁력에서 낙후되는 것은 시간문제다. 특히 중국의 항만시설이 급격히 증가하고 현대화하는 상황을 고려하지 않을 경우 부산신항은 국제항으로서의 위상과 경쟁력이 갈수록 저하될지도 모른다.[30)]

[표 2-4] 부산신항의 개요[31)]

구분	주요내용
규모	· 컨테이너부두 30선석, 항만부지 338만평 (부두용지 204, 항만관련부지 134) · 1단계(2008) : 컨테이너부두 18선석 · 2단계(2011) : 컨테이너부두 12선석
사업비	· 9조 1,542억원 (정부 4조 1,739억, 민간 4조 9,803억)
사업기간	· 1995~2011년

신항 건설과 동시에 이루어지는 사업은 북항 및 원도심 재개발 사업이다. 북항재개발 목표는 도시 · 항구 · 철도가 일체화된 동북아 관문조성, 즉 역세권 개발, 북항 재개발, 자갈치 정비사업을 통합하여 공공성과 상업성을 포함하는 종합계획으로 추진하여 이 일대를 세계적인 시민친수공간, 국제교류의 장, 세계적인 해양관광 및 국내외 해상교통의 메카로 조성하여 부산 르네상스의 축으로 발전시켜야 할 것이다.

또한 항구와 도시기능 그리고 철도가 조화되는 친환경적 공간정비로 동북아 랜드브릿지(Land Bridge)기능 부여, 다시 말해 세계 5위의 부산항과 경부고속철도 기종점인 부산역을 일체화시켜 동북아의 관문으로서의 차별성과 정체성을 부각시킬 수 있는 랜드마크화 할 수 있는 개발이 이루어져야 할 것이다.

특히 한반도 국제교류의 창구 역할을 담당할 수 있도록 국제무역 및 국제공공기능을 적극 유치하여 동북아 국제업무타운으로 조성해야 할 것이다.

해륙종합역세권 개발, 수산관광단지, 해상교통 · 해양관광 기지화를 통한 부산의 새로운 지역경제공간으로 창출시켜야 할 것이며, 가장 한국적이며 부산만이 지닐 수 있는 차별성 높은 크루즈 및 해상여객 기지화 등 한국을 대표하는 해양문화관광의 메카로 조성해야 할 것이다.

그리고 에코포트(Eco-Port) 개념의 청정해역 조성과 항구도시 어메니티(Amenity) 확보를 토대로 한 세계적인 해상교통 및 크루즈산업 발전을 선도하는 해양관광수도로 탄생시키는 모델산업이 되어야 할 것이다.

한국 남해안, 제주도를 비롯하여 외국의 주요 항구와 직접 연결되는 해상여객 및 국내외로 연결되는 크루즈터미널 등 국제해상고속도로 터미널을 구축해야 할 것이며 철도 · 해상교통 · 수산관광 · 해양관광이 공존하는 세계적인 워터프런트(Water Front) 개발의 모델사업으로 만들어야 할 것이다.[32)]

2) 금융중심지

정부는 금융산업육성의 필요성을 절감하고 금융허브 추진전략의 수립이후 2차례 금융허브회의와 3차례의 금융허브 추진위원회를 개최하였다. 대통령 주재 금융허브 회의에서는 금융허브정책 추진실적에 대한 종합적 평가 및 향후 추진방향 및 추진계획의 재검토를 실시하였고 이어서 경제부총리 주재 금융허브 추진위원회는 7대 주요과제의 이행상황을 점검하였다.

마침내 2008년 5월 "금융중심지 조성과 발전에 관한 법률" 시행에 따라 기본계획안을 마련하고 부산 문현지구를 금융중심지로 지정하게 되었다. 이것은 2007년 12월 동법의 제정으로 금융중심지 구축을 위한 노력이 법제화된 것으로 시행 첫해인 2008년 서울 여의도와 부산 문현지구를 금융중심지로 지정하게 된 것이다.

금융산업도 신성장동력으로서의 가능성이 큰 분야이다. 우리나라의 경우 금융산업 부가가치의 GDP 대비 비중은 2006년 기준 6.9%에서 2005년 7.5%로 상승하고 있다. 이 같은 비율은 같은 년도 기준 영국(2000년 7.1%, 2005년 8.6%), 미국(2000년 7.6%m 2005년 7.3%)과 맥을 같이 하고 있다. 또한 금융산업의 GDP 성장기여율도 우리나라 경우 성장기여율 3.2%, GDP 성장률 5.1%, 금융산업 성장률 5.7%로 나타나고 있으며 전통적 금융강국인 영국의 경우 성장기여율 15.5%, GDP 성장률 2.7%, 금융산업성장률 5.6%를 감안하면 앞으로의 성장잠재력을 예측할 수 있다.

[그림 2-5] 금융산업 부가가치의 GDP대비 비중

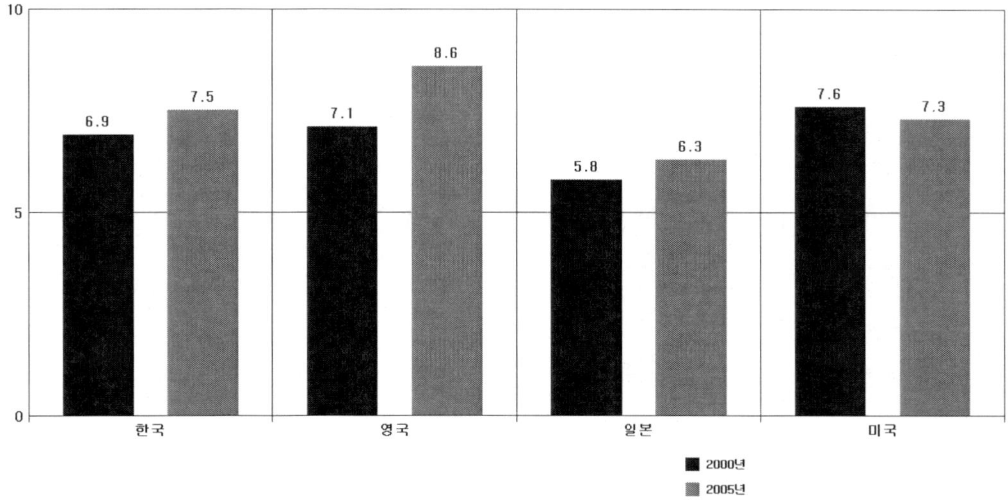

자료 : 조인강, 「금융중심지 육성 정책 방향」, 『금융중심도시 부산, 어떻게 성공할 것인가?』, (포럼부산비전,2009), p.23.

[그림 2-6] 금융산업 GDP성장 기여율

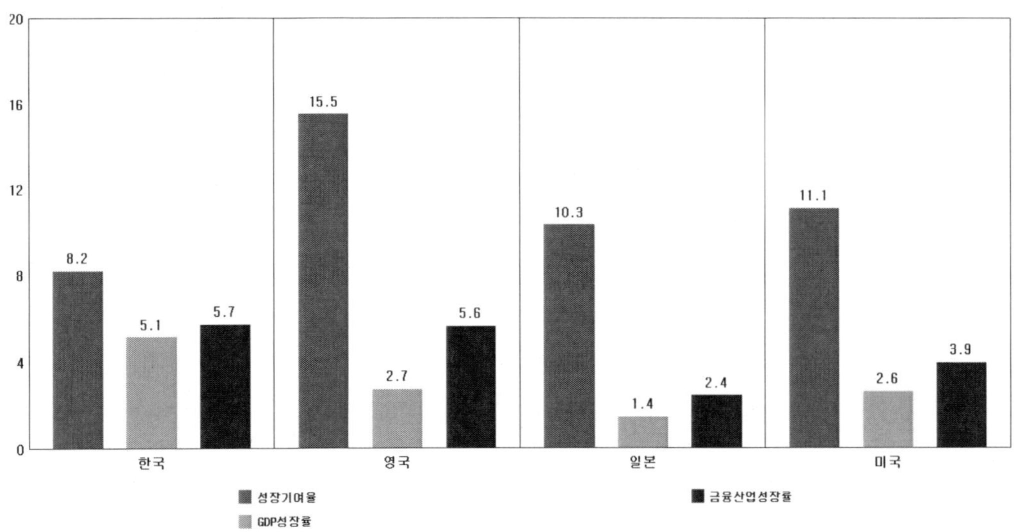

자료 : 조인강, 「금융중심지 육성 정책 방향」, 『금융중심도시 부산, 어떻게 성공할 것인가?』, (포럼부산비전,2009), p.23.

그러나 부산금융중심지 지정은 실질경제여건에는 미흡한 측면이 많음도 인정된다. 금융시장이 형성되면 금융공급기능 못지않게 수요기반이 탄탄해야 한다. 부산의 은행산업 수요기반의 전국비중은 6.2%, 중견기업인 경우 7%에 불과하여 지역내 금융의 자족적 기능이 활성화되기에는 턱없이 부족한 상황이다.(참고: 서울의 은행산업 전국비중 39.9%, 증권산업 34.2%) 하지만 인접에 창원, 울산, 포항 등 국내최대의 산업도시가 있는 전통적인 해양산업도시이며 세계 파생상품 거래량 3위의 한국거래소(KRX)라는 큰 자산이 있기에 잠재력은 있는 것이다.

무엇보다 부산금융중심지 조성은 아시아는 물론 세계에서도 아주 늦게 시작되었으므로 기존 홍콩, 싱가포르, 상해, 두바이 등과 치열한 경쟁에서 이겨야 성공할 수 있다. 결국 실행프로그램에서의 추진전략은 보다 실용적인 접근, 예를 들어 파생상품 R&D센터, 탄소배출권거래소, 상품거래소, 국제해운거래소, 국제금융연수원 등 금융공급력과 관련된 인프라 구축 등에 중앙정부의 전통적 지원이 관건이 될 전망이다.[33]

3) 도시특별구역

21세기 도시의 이상적 모델은 어떤 것일까? 20세기 도시의 모순은 도시하부구조인 인프라와 도시상부구조의 괴리가 만들어낸 부조화에서 비롯되었다. 도시계획의 기반인 인프라와 시장에 맡겨질 수밖에 없는 도시상부구조는 상충할 수밖에 없다. 도시상부구조는 자신의 필요와 이익을 추구하게 마련이므로 도시의 비효율과 에너지 과소비구조를 낳았다.

21세기가 추구해야 할 도시는 도시 전체의 이익과 개별 건축의 이해를 조화시키는 것이다. 자연에너지를 이용하는 지식정보사회의 디지털도시로 만들어야 도시의 하부구조와 상부구조의 상생과 조화를 꾀할 수 있다. 그러나 전 도시를 디지털화할 수 없고 기존 도시 모두를 자연에너지의 도시로 만들 수도 없다. 특별도시구역을 설정하고 이것을 디지털도시, 자연에너지의 도시로 만들어 도시 전체를 이끌어나가게 하는 방안이 모색되어야 한다.

최근 부산시는 오랫동안 염원해온 강서지역 1,000만평(33㎢) 그린벨트를 해제하고 부산신항을 지원할 고부가가치 물동량 창출형으로 만들기 위한 신항 배후 국제산업물류도시를 조성할 계획이다.

강서지역의 이러한 새로운 역할은 친환경 개념의 첨단산업물류단지를 조성하여 21세기 글로벌 도시를 지향하고 동남 광역경제권을 선도하는 부산의 미래성장 축으로서 물류산업의 획기적인 발전을 기대할 수 있게 된 것이다.

또한 거가대교의 개통으로 새로운 물류·문화의 거점이 되고 있는 가덕도도 새로운 주목의 대상이다. 이곳은 부산이 국제도시로 거듭나는데 반드시 필요한 국제신공항의 유력한 예정후보지이기도 하다. 가덕지구는 인천송도신도시 특별도시구역과 같이 부산 발전의 마스터플랜으로 자리 잡도록 해야 할 것이다. 특히, 인천I-city는 직접적인 선행 모델로서 연구되어야할 것이다.

강서지구와 가덕도 이외에는 도시특별구역 후보지역으로 기장군 철마지구가 있다. 10여 년 전 부산시로 편입된 지역이나 상수원보호구역으로 각종 지역개발이 제한된 지역이다. 앞서 강서지구와 가덕지구가 서부산의 축을 지역이어서 이곳에 대한 새로운 대안도 모색할 필요가 있다. 예컨대 4대강개발계획 등으로 부산의 기존 상수원에 대한 대체 수원이 완비될 것을 가정하여 기존의 상수원지구를 친환경적이고 미래지향적인 물 관련 테마파크로 조성하고 이 지역을 첨단산업단지로 개발하는 방안 등이다.

또 한편 비록 경남지역이나 부산의 역외이전기업의 거점도시가 된 김해와 양산의 경우 최근 지하철개통과 준공을 앞둔 경전철 개통을 계기로 준(準) 도시특별구역으로 활용하는 방안이다.

4) 초광역인프라

21세기를 맞이하여 세계 각국에서는 경쟁적으로 대규모로 신공항을 개발하고 기존 공항의 확장을 추진하고 있다. 특히 아시아·태평양지역이 향후 거대 항공운송시장으로 발전될 것으로 전망되면서 동지역 공항들의 항공물류 거점화를 위한 경쟁이 더욱 치열해지고 있다. 그 동안 아시아지역에서는 경제발전 전망 및 인구분포 등을 고려하여 각국에서 경쟁적으로 시설을 확장하면서 허브공항으로 개발을 추진하였다.

일본 간사이(關西)국제공항은 1994년 개항된 해상공항으로 초기에는 많은 투자비를 보전하기 위해 높은 공항시설 사용료를 부가하여 많은 항공사를 유치하는 데 실패하였다. 그러나 최근 공항 운영에 있어서의 탁월한 노력의 결과 공항 경영실적을 점차 개선시키고 있으며 향후 일본 제1의 공항으로 부상할 것이 예상되고 있다. 특히 간사이 국제공항은 일본 최초로 24시간 이용이 가능하고 일본 항공교통의 취약점인 국제선·국내선 연결 편의성 문제를 국제선·국내선 동시운항으로 해소하여 향후 인천국제공항과도 치열한 경쟁이 예상된다.

1998년에 개장된 아시아의 슈퍼 허브공항(Asia's Super-Hub)을 지향하고 있는 홍콩국제공항은 600만 명 상주인구가 이용하는 세계의 공항으로서 홍콩 반환 이후에는 중국과 전세계를 연결하는 관문으로서의 역할을 확대하고 있다. 특히 홍콩국제공항은 홍콩이 아시아 지역의 상업, 무역, 금융, 해운의 중심지 기능을 하면서 발전하는 것과 마찬가지로 세계의 허브공항 발전을 목표로 운영되고 있다.

싱가포르 창이공항의 운영전략은 허브공항화 및 세계 최고의 공항을 추구하는 것이다. 이를 위해 창이공항은 안전, 품질, 서비스, 팀워크, 지속적인 학습 등의 5대 가치를 선정하고 이를 실천하고 있다. 특히 싱가포르 창이공항은 독특한 공항서비스 관리와 운영체계로 매년 흑자를 기록하면서 21세기 항공수요 증가에 대비하고 아시아의 허브공항 경쟁에서 유리한 위치를 선점하기 위한 공항개발계획을 추진 중이다.

세계 각국에서 개발되는 공항은 기존의 공항과는 다른 새로운 기능과 특징을 갖는다. 기존의 공항이 운항기지, 여객 및 화물운송기지로서의 역할을 하는 것에 비해 현대의 공항은 물류거점기능을 비롯한 국제업무공간을 기본적으로 필요로 한다.

최근 개발되는 공항은 단순한 운송기지 기능을 벗어난 복합기능의 공항도시로 구축되고 있다. 즉 공항 자체의 고유기능외에 국제업무, 정보·통신의 거점기능을 공항 주변에 배치하고, 중간기착지로서의 역할을 위하여 편리한 환승시스템 구축, 쇼핑시설, 운동·휴양 및 오락시설 등을 개발하고 있는 추세이다.

최근 10년간을 기준으로 보면 부산의 국제선 이용객 증가율이 전국 평균보다 훨씬 높다. 부산발전연구원의 「2005 부산권 국제항공 수요분석」보고서에서도 인천공항 이용객 증가율보다 1.5배 이상 앞섰다. 또한 제주·전남지역 주민의 이용률이 15%를 넘어 직접권역에 포함됨으로써 부산이 6개 시·도의 대표공항인 것으로 입증되었다.

현재 김해공항 국제선 연간 이용객만 200만 명에 달하고, 남부지역에서 인천공항을 거쳐 외국에 나가는 승객이 170만 명을 초과하였다. 결국 정부가 남부권 주민들의 희생위에 인천공항을 육성하고 있는 것이다.[34)]

서울수도권에 비해 1세대가 낙후되었다는 지적을 받고 있는 부산지역 광역인프라의 또 하나의 축은 인근도시와 연계될 수 있는 외곽순환도로일 것이다. 최근 발표된 광역경제개발계획(국토해양부)에 따르면 부산외곽순환도로가 광역경제권전략 30대 선도프로젝트(18위)로 결정되었으며 이외에도 경전선 전철복선화(부산-마산, 13위) 등도 입안되어 있음을 보게 된다. 하지만 우선순위를 분석하면 광주외곽순환도로(13위), 동서8축고속도로(함양-울산) 등에도 뒤진 차별을 당하고 있음을 보게 된다.

5) 국제화

이제까지 우리 역사의 고통의 원인이 되어왔던 한반도의 지정학적 위치, 이 가운데에서도 유별나게 눈에 띄는 곳이 있다. 바로 부산이다. 동북아시아를 중심으로 세계지도를 펼쳐 보면 볼수록 부산은 절묘한 위치에 자리 잡고 있다.

먼저 세계지도를 펼쳐 보자. 부산은 대륙과 태평양이 정확하게 마주치는 곳에 위치하고 있다. 아시아 대륙, 나아가 유럽 대륙으로까지 뻗어나가는 출발점이면서 동시에 태평양으로 나아가는 전진기지이기도 하다. 뿐만 아니라 신흥공업지역으로 부상하고 있는 동아시아지역으로도 진출이 용이하며, 러시아가 유일의 부동항으로 정성을 들여 온 블라디보스톡 쪽 '극동의 극동'으로도 뱃길이 금방이다.

사실 한낱 작은 포구에 불과했던 부산이 오늘날 이만큼이라도 된 것은 바로 이 절묘한 지리적 위치 덕분이며, 이것만으로도 우리는 지금까지의 비관적 의식을 버리고 부산의 미래를 낙관적으로 볼 수 있게 된다. 다른 곳이 갖고 있지 않은 하나의 중요한 무기를 가지고 있는 셈이다.

날이 갈수록 침체되고 있는 부산 경제를 회생시킬 수 있는 가장 유력한 전략이 바로 부산의 지경학적 비교우위를 최대한 활용하는 세계화전략이다. 부산은 정상적으로 발전하기만 한다면 아시아 · 태평양의 자동차, 기차, 비행기, 배가 모여드는 환태평양 교류중심지로 부상할 수 있다. 부산에 인력, 물류, 정보, 문화 등 모든 것이 집적될 것이다.

예컨대 유라시아 횡단철도를 생각해 보자. 향후 남북한 간 철도를 연결하여 한반도종단철도(TKR)를 두만강, 신의주 양방향으로 재개시키게 되면 이 철도는 결국 기존 시베리아 횡단철도(TSR)및 중국 횡단철도(TCR)와 연결되고 유럽으로 이어진다. 부산을 출발한 상품이 육로로 파리, 함부르크, 로테르담 등지로 곧장 수송될 수 있는 것이다. 게다가 부산과 일본의 후쿠오카(福岡)나 시모노세키(下關)를 잇는 해저터널 건설이 현실화된다면 부산은 일본 및 동남아시아의 상품까지 흡수할 수 있는 환태평양중추도시로 부상하게 될 것이다.

환태평양 중추도시, 이것은 결코 근거 없는 낙관도, 환상에 젖은 한 개인의 망상도 아니다. 많은 사람들이 그리는 가능성이 높은 그림이다. 이러한 지경학적 비교우위로 인해 부산은 우리가 생각하는 것보다 훨씬 이상으로 아시아의 주목을 받고 있다. 부산을 주목하고 있는 곳은 일본만이 아니다. 중국의 베이징(北京)과 텐진(天津)은 부산과의 교류에 적극적이며 다수의 중국학자들 역시 부산이 국제거점도시로 성장할 것을 예상하고 있다.

요컨대 동북아시아 및 동아시아 지역에 지역경제권이 형성될 경우 부산은 많은 국내외 학자들에 의해 중추도시 0순위로 지목받고 있다. 이와 같이 부산은 국제적 지역협력의 중추도시로 성장할 수 있는 풍부한 지경학적 가능성을 가지고 있다.

부산은 지경학적 위치로 인해 다중적인 국제적 지역협력체계에 동시에 편입될 수 있다. 교류와 협력의 네트워크를 확산시킴으로써 부산은 동북아시아에서 항구적인 평화를 정착시키는 역할을 할 수 있다. 세계화를 국제적 경제전쟁과 동일시하는 상투적이고 위험한 발상을 지역간 네트워크로 극복해야 한다는 것이다. 이는 부산의 지경학적 비교우위를 바로 지정학적 이니셔티브로 전환시킨다는 발상법이다. 한편 부산을 동남권 중추도시 또는 서울과 대응하는 대칭축의 도시로만 생각하고 부산 발전의 결정적 계기를 국내 상황의 변화나 정치적 혜택에서 찾는다면 부산 발전을 스스로 제약하는 결과를 초래하게 될 것이다.

부산이 세계도시로 발전하기 위해서는 우선 세계도시중의 이상형을 결정해야 한다. 이것은 현재의 세계 선진도시들에 대한 특성평가를 통해 유형화를 시도함으로써 방향을 잡을 수 있을 것이다.

세계도시의 유형을 분류하는 방식은 여러 가지가 있을 수 있다. 즉 중추관리기능형도시(Headquaters City), 혁신 중심지형(Innovation Center)도시, 다국적 부품조립생산지형(Module Production Place)도시, 관문 도시(Gateway City), 관광 및 여가 도시(Tourism and Leisure City) 등으로 분류하는 방식이 있다.

한편 뉴욕, 런던, 도쿄 등 세계도시는 정치·경제·정보·교통 등 면에서 세계적 중심지의 역할을 수행하고 있다. 이 도시들을 위의 분류법으로 분류해 보면 중추관리기능형 도시에 해당하며, '대규모 복합기능형' 세계도시라고 이해할 수 있다.

다음은 오사카, 로스앤젤레스, 싱가포르 등의 도시는 일정한 중추관리기능을 담당하고 있으며 세계도시로 발돋움하기 위해 노력하고 있다. 단순히 규정하기는 어렵지만 일단 '중규모 다기능형' 도시로 규정할 수 있다.

그 외 파리, 로마 등은 문화와 관광의 세계적 중심지로 인식되고 있으며, 제네바는 스위스의 중립국으로서의 국제적 위치를 충분히 활용하여 세계적인 국제정치무대로 발전해 왔다. 이 도시들은 '특화기능형' 세계도시로 규정될 수 있을 것이다.

물론 이 규정들은 유동적이며 어떤 도시건 하나의 도시형으로만 규정되지도 않는다. 다만 이 개념들은 부산이 대체로 어떤 성격의 세계도시를 지향해야 하는가를 결정하는데 도움을 준다. 부산은 지경학적 위치상 환태평양의 주요 거점들 중 하나이며 일정한 중추관리기능과 관문기능에 중점을 두어야 할 것이다. 여기에 기타 기능을 그 가능성에 따라 적절하게 배합하는 것이 필요하다.

이러한 부산의 미래상 또는 이상형은 시민주체를 기본이념으로 하는 일종의 중규모 다기능형 세계도시로서 이것을 더욱 쉽고 함축성 있게 '작은 세계도시'로 부르고자 한다. 세계도시는 세계도시이되 뉴욕이나 도쿄처럼 당장에 본부기능은 할 수 없으니 우선 현재의 여건에서 중기적으로 실현가능한 작은 세계도시를 지향하자는 것이다. 이것은 부산이 일단 환태평양권에서 주요 거점도시로서의 위치를 확보한다는 것을 의미한다.[35)]

註

1) 박세일, 「대한민국 국가전략」(21세기북스, 2008), pp.121-122.
2) 이정복, "한국정치의 권력구조와 정부형태", 『한국정치발전의 현실과 과제』(현대사회연구소, 1988), p.124.
3) 한국노동연구원이 조사한 1990년 통계에 따르면 1980년대 중반까지 아시아의 신흥공업국(NICs) 중 한국은 임금이 가장 낮았으나 이제 상황이 역전되었다. 시간당 임금이 한국은 4.16 달러, 대만은 3.98 달러, 싱가포르는 3.79 달러, 홍콩은 3.20 달러로 한국이 가장 임금이 높은 나라가 되었다.
4) 수출증가율 (단위 : %)

기간	수출증가율	공산품	경공업제품	중화학공업제품
1964-66	46.31)	55.4	75.3	19.6
1967-71	33.8	40.9	40.6	46.6
1972-76	51.0	52.2	45.0	79.4
1977-81	22.6	23.3	17.5	32.3

주 :1) 1963 – 1966년의 수치임.

5) 자유무역의 선봉으로 자처하던 미국 등 서구의 선진국들이 자국의 경제적 어려움이 가중되자 이의 원인을 대외적인 요인에서 찾고, 이를 해결하고자 '자국내의 보호무역주의', '우루과이 라운드', '외국에 대한 시장개방 압력' 등을 통하여 개도국과 신흥공업국가들(NICs)에 대한 경제적 압력을 가중시키고 있다.

   Robert G. Gilpin, "The Challenges of a Transformed World Economy", Seminar Paper at the int'l conferenceon "The Post–Cold War World Order" (Seoul, March 1991) 참조.
6) 이러한 표현은 1987년 6. 10항쟁으로 정치적 민주화를 군사정권에서 상황적으로 수용한 것으로 정부의 의지에 반하나 강력한 국민적 요구와 저항이 결정적 원인이라고 설명한 것으로 개발화와 함께 한국의 국내외적 경제난국을 가위효과로 설명하는 것임.
7) 립셋(Seymour M. Lipset)은 근대 정치체제는 정통성과 효율성에 의하여 평가된다고 역설함. 정통성은 피치자들이 주요 가치와 체제의 이데올로기 및 제도사이의 간격이 없을 때 성립하며, 효율성은 그 체제의 실적(특히 국민경제적 성과)이 피치자나 집단의 요구에 부응할 때 성립한다. Seymour Martin Lipset, Political Man: The Social Basis of Politics(Garden City: Doubleday, 1960), 제 2장.
8) Alice H. Amsden교수는 한국의 경제를 Mid-Tech, Middle Country Complex로 인식한다. Alice H. Amsden, "The South Korea Economy: The Mid-Tech, Middle Country Complex," Christopher J. Sigur(ed.), Korea's New Challenges and Kim Young Sam(New York: Carnegie Council on Ethics and Int'l Affairs, 1993).
9) Philip Kotler외, 「국가마케팅」(세종연구원, 1998), pp.37-38.
10) 산업대국 : G7으로 불리우는 미국, 독일, 프랑스, 영국, 이탈리아, 일본 등 세계경제를 주도하는 국가군(공동체)으로 산업구조, 교육의 질, 수출 제조품 중 첨단기술 제품의 비중, 연금기금 자산, 개방적이고 질서있는 노동시장과 같은 지표에서 강점을 공유한다.

    신흥산업국 : 네 마리 호랑이로 불리는 한국, 대만, 홍콩, 싱가포르와 세 마리의 후발 호랑이로 알려진 태국, 말레이시아, 인도네시아로 구성된 신흥산업국가들로 수출 위주의 산업화 전략을 통해 이들 국가들은 GDP에서 산업 및 제조업 부문이 차지하는 비율이 크게 증가한 반면, 농업부문의 비율은 감소했다. 국내시장의 협소라는 약점을 보완한 수출주도 정책으로 1960년에서 1990년 사이의 성공에도 불구하고 WTO체제이후 광범위한 경쟁국가들로부터의 도전, 특히 노동집약산업에서의 쇠퇴가 노출되어 더욱 기술집약적인 산업구축이 기술혁신이 국가경제의 관건이 되고 있다.

    남미국가 : 남미 국가들은 공통의 역사(예: 수출대체), 공통의 문제점(예: 인플레이션), 그리고 같은 해결책(해외부채)을 가지고 있다. 1930년대 이후 기초 생산기술에서 출발하여 어느 정도 첨단 기술분야에 이른 수입대체산업화(ISI)전략은 자원집약형과 지역주의 산업화의 틀 속에서 구조적인 인플레와 국제 생산성 격차를 유발한 값비싼 대가를 치루었으며 최근 신흥산업국들의 성공사례에서 국가발전전략의 매력에 고무되는 국가들이다.

    다인구국가 : 세계에서 가장 인구가 많은 중국과 인도는 국가관료주의의 전형으로 자원집약적인 대륙국가의

공통성으로 전후 오랫동안 자립주의 국가경제 역할모델에 안주해왔다. 중국의 경우 공산주의 경로 속에 1958-1960년의 대약진운동의 처절한 실패 이후 문화혁명과 같은 반시장(경제자유)적 반동노선에도 1976년 마오(毛)의 사망 이후 개방과 시장 지향형의 정책을 펼쳤다. 1984년 이후 중국정부는 도시 지역이나 특수 경제지역에서 비국영기업의 성장을 촉진시켰으며 행정개혁을 단행하여 정부의 기능을 혁신하고 있다. 1956년 공공 부문에서 중공업 분야에 치중하는 산업정책을 제시한바 있는 인도는 1980년 통제의 틀을 완화하는 첫 번째 조치를 거쳐 마침내 1991년 국제수지 위기에 대처하기 위해 더욱 포괄적인 개혁을 단행했다. 중국과 함께 인도도 결국 무역과 투자정책을 국내 지향에서 해외지향으로 전환했다.
구 사회주의 국가 : 공산주의 경로를 택한 공산권 국가들은 중앙계획 정책을 통해 경제 개발과 국부 창출을 이루려던 자신들의 정책이 실패하자 1990년대에 대부분 시장경제 모델을 채택하여 경제 및 산업개발을 추진해오고 있다. 공산권에서 꾸준히 개혁을 시도해온 헝가리와 같이 통화정책, 무역 및 외환 등에서 개혁 프로그램을 실시하여온 헝가리와 같은 일부 제외하면 소련 붕괴 이후 러시아가 겪고 있는 정치 불안, 실질소득감소, 재정긴축, 부채증가, 인플레이션, 개혁피로(실패) 등 어려운 상황이 구사회주의 국가들에게 일반(공통)적으로 직면하는 실정에 있다.
산업특화국 : 이 그룹에는 벨기에, 네덜란드, 스위스, 노르웨이, 스웨덴, 이스라엘과 같은 소규모 산업 국가가 포함된다. 소규모 국가의 최대 약점은 국내 시장의 규모가 작아 가격인하에 취약하고 소수의 특정 산업에 국가경제가 의존한다는 점이다. 또한 선진산업국들의 기술 발달과 신흥산업국들의 가격경쟁력에 대처해야하는 불안한 주변적 위치를 강요하고 있다.
석유부국 : 이들 국가 그룹에 속하는 나라는 사우디아라비아, 쿠웨이트, 아랍에미레이트, 카타르, 오만, 바레인 등의 산유국이다. 자원구조가 비슷한 이들 국가들은 공동의 전략적 전망을 한다. 이들 국가들은 모두 지나친 `석유 의존 및 공공 분야 위주의 경제 성장에서 벗어나 민간 주도 및 다각화된 산업 기반 경제로 탈바꿈하려 한다.
빈곤국가 : 전세계 국가의 절반가량이 저개발국으로 분류되고, 그들 가운데 상당수가 아프리카와 남아시아에 위치한다. 경제적 측면에서 볼 때, 이 그룹 국가들 간의 가장 유사한 특징은 현저한 경제 악화, 국민소득 감소, 인구 급성장, 수출소득 감소, 해외투자 감소이다. 사회적 측면에서 볼 때, 학교교육의 약화, 영양실조 증가, 높은 산모 및 유아 사망률 등이 이들 국가에 만연된 문제점 들이다.

11) 앞의 책, p.116.
12) 전략이란 자신의 강점을 경쟁상대의 약점에 집중하는 것이다.
13) Robert M. Grant, “Porter's ‘Competitive Advantage of Nations’ : An Assessment,” Strategic Management Journal,12(1991), 참조.
14) ‘창조적 파괴(creative destruction)’로 지칭되는 Schumpeter의 혁신개념은 Bert F. Hoselitz, “Main Concepts in the Analysis of the Social Implications of Technological Change” 참조.
15) 제1부 3장 4번 국가경쟁력 [표 1-3] 우위유형비교표. 참조.
16) 김석철, 「희망의 한반도 프로젝트」(창비, 2005), pp.118-120.
17) Philip Kotler 외, 앞의 책, 참조.
18) Albert O. Hirschman, “Comments on 'A Framework for Analyzing Economic and Political Change,” in The Brookings Institution, Development of the Emerging Countries(Washington, 1962), p. 41.
19) Bruce Herrick and Charles P. Kindleberger, Economic Development, 4th ed.(N.Y.: McGraw-Hall, 1983), pp. 274-275.
20) 〈표 2-5〉 참조.

〈표 2-5〉 일본 산업의 변천 과정

기간	산업의 중심	경영 기술	목표산업
1950~1960년대	품질	총체적 품질 관리	TV, 라디오, 철강, 화학
1970년대	미적 디자인	제품 정교화	카메라, 오디오, 기자재, VCR
1980년대	제품 혁신	나선형 개발	랩탑 컴퓨터, 8mm비디오, 팩시밀리
1990년대	창조성	융합기술 네트워크	바이오세라믹, 신경광기계전자공학, 생물전자공학,비디오 컴퓨터
2000+	정신적 · 육체적 복지	인간웨어 공학	생물기계전자공학, 바이오 컴퓨터, 바이오커뮤니케이션

Source : Sheridan M. Tatsuno. *Created in Japan, From Imitators to World Class Innovators* (New York: Harper & Row Publishers, 1990),Table 1-1, P. 6.

21) 하봉규, 「미래 한국의 국가경영비전」(부경대 부산발전연구소, 2010), p. 207.
22) 지만원, 「추락에서 도약으로 시스템요법」(석필, 1997), pp.83-84.
23) 부산발전연구원 부산학연구센터, 「부산학연구」(부산발전연구소, 2004), p.11.
24) 권철현, 「신부산대개조론 부산이여 깨어 일어나라」(효민출판사, 2006), p.158.
25) 앞의 책, pp.157-160.
26) 앞의 책, p.160.
27) 앞의 책, pp.161-163.
28) 앞의 책, pp.235-236.
29) 앞의 책, pp.161-164.
30) 앞의 책, pp.145-146.
31) 앞의 책, p.146.
32) 앞의 책, pp.147-148. 참조.
33) 「포럼부산비전 2009정책세미나(Ⅰ)-금융중심도시 부산, 어떻게 성공할 것인가?」(포럼부산비전, 2009) 참조.
34) 권철현, 앞의 책, pp.149-150.
35) 앞의 책, pp.141-144.

3부

21세기 부산의 경영 비전

- 모든 것에 목표를 세운다. 목표를 잃어버리면 나는 우울해진다. 내가 존재하기 위해서는 목표가 있어야 한다 - 크레이그 벤터
- 국부는 기업, 지역과 도시부의 총합이다 - 찰스 킨들버그
- 민주주의는 권력의 기능적 분립이 아니라 지리적 분립으로 완성된다 - B. C. 스미스

1장 / 21세기형 국가 공간기획과 도시구조개혁

1 서론

1970년대 이후 비약적 경제성장으로 남북이 분단되었음에도 불구하고 우리는 역사상 가장 강력한 경제를 이루었으나 수도권집중과 지역 간 불균형이 가중되면서 성장의 하드웨어가 더는 진전하지 못하여 결국 한계에 부딪혔다. 새로운 도약을 위해서 수도권 세계화전략과 지방권 자립화를 말하는 것은 수도권과 지방이 별도의 마스터플랜을 가져야 한다는 의미이고, 수도권은 한반도를 벗어나고 지방은 준독립국가적 발전계획을 가져야 한다는 의미이다. 그러자면 수도권은 세계를 상대로 규모가 아니라 질과 콘텐츠로 승부해야하고 지방은 자립 가능한 규모와 콘텐츠를 갖게 재조직해야 하는 것이다.

행정수도이전과 관련하여 아직도 건재하는 수도중심주의적 사고와 관행이 너무나 아쉽다. all is nothing이란 말이 있다. 모두는 아무것도 아니라는 역설이 바로 우리사회의 실상이다. 이미 서울과 수도권은 과대도시(hyperpolis)[1]로 진행되고 있는 데도 불구하고 지방의 여건이 성숙되지 않았으며 수도권 도시구조재조정으로 문제를 해결하겠다는 사고는 대전환기를 부정하고 상식을 짓밟는 몰상식의 극치인 것이다. 과거(관행)와 현재(지역이기주의)에 갇혀 미래를 보지 못하는 단견들로 여론을 몰아가는 관료들과 지역정치인, 중앙언론들을 양식과 미래 비전으로 이끌어가는 창조적이며 균형적 리더십이 아쉬운 것이다.[2]

수도권 세계화와 지방권 자립화는 우리의 재정만으로는 어렵다. 이를 위해서는 중국보다 더 빨리 세계자본을 유치해야 한다. 중국시장이 한국시장보다 크지만 한국시장이 아직은 중국시장보다 우수하다. 가진 것을 나누고 새로운 것을 만들어가야 할 때다. 수도권 세계화, 지방권 자립화를 이루는 사업을 세계자본과 함께 할 수 있으면 기업과 시중의 부동자금 400조원이 가세하게 될 것이다. 세계자본이 경쟁적으로 들어오게 하는 수도권 세계화계획, 지방권 자립화계획 마스터플랜을 만들어 세계자본이 오게 하는 일이 세계화이고 제2건국인 것이다.[3]

2 수도권 세계화전략

한국의 4천 700만 인구 중에 2천만 명이 넘는 사람들이 수도권에 살고 있는 것은 세계에서 유례가 없는 과밀현상이다. 현재 전 세계적으로 수도권의 인구가 2천만 명이 넘는 도시는 일본의 도쿄와 멕시코의 멕시코시티 밖에 없다.[4] 일본은 오사카라는 대칭도시가 있어 그나마 안정적이지만 멕시코의 경우 수도권 집중이 심각한 환경, 교통, 도시빈민 문제를 유발하고 국가경쟁력을 저하시키고 있다고 한다.

우리나라의 수도권 과밀은 멕시코의 경우보다 낫다고 할 수 없다. 서울 한 도시에 국가기관(중앙정부) 대부분이 몰려있고 대부분의 주요 대학 또한 서울에 모여 있는 거의 유일한 나라가 한국인 것이다. 최근 집권했던 일본의 하토야마 정부는 지방분권을 약속하는 공약으로 집권에 성공하고 일본 정국을 뒤흔든바 있다.

비교역사적으로 한국만큼 중앙집권 폐해에 찌든 나라도 없다. 조선왕조는 지방분권의 희생위에 전형적 아시아적 생산양식인 전제정을 이루었었다. 그러기에 민주화에 성공하였다는 자부심에도 불구하고 아직 한국의 권력구조는 중앙정부, 중앙정부 권력은 대통령에게 쏠려있다. 대통령이 면장의 권력까지 독점하고 소매점허가, 전봇대위치, 학원영업시간까지 결정하고 간섭하는 구조이기 때문에 시골에서 해결할 작은 갈등까지 몽땅 서울로 올라가 광장에서 폭발하는 것이다. 위정자의 과욕, 중앙기득권의 저항, 지방의 무기력이 상식으로 받아들이는 균형과 양식의 통로를 차단하고 있는 것이다.[5]

수도권의 사회간접자본은 상당부분 세계화되어 있다. 서울-인천을 중심으로 한 수도권인프라는 세계 어느 도시 못지않게 충실하다. 문제는 수도권 과밀은 원천적으로 비효율적 토지이용이 빚는 교통의 과잉을 낳고 비효율을 해결할 수 없는 것이다. 90년대 이후 IMF를 거치면서 수도권의 거대 공룡화가 급속하게 진행되면서 환경 등의 삶의 질 악화, 거대도시를 유지하기 위한 과도한 행정서비스비용, 토지의 오염, 지가의 상승과 함께 국내 물류비용의 급격한 증가로 산업경쟁력 악화를 초래하고 있는 것이다.[6]

수도권의 과밀과 국토불균형발전을 시정하기 위해서는 국가지도층의 과감한 결단이 요구되고 있다. 제대로 된 인식과 상식이 있는 수도권의 사람이라면 이제 지방이 혹은 탈서울이 아니면 뇌졸중 직전의 서울의 국가경쟁력 추락을 막을 수 없으며 나라를 정상화시킬 해법도 제시할 수 없다는 것을 알게 된다. 서울을 살리기 위하여 오히려 탈

서울, 친지방을 선택해야 하는 시점이 지나가고 있는 것이다.

정작 수도권의 세계경쟁력을 떨어뜨리고 있는 가장 큰 문제는 수도권이 경제규모에 비해 세계화되지 못한 데 있다. WTO체제하에서 세계도시가 아닌 도시는 뒤처질 수밖에 없다. 세계도시는 다국적기업도시를 뜻하며 세계화된 특별도시구역을 가진 도시를 말한다. 서울에는 다국적 기업의 지사만 있을 뿐 본사나 아시아본부도 없고, 무엇보다 세계도시가 갖고 있는 세계금융도, 세계를 상대로 한 세계화구역도 없다. 서울·수도권이 세계적 경쟁력을 가진 도시권역이 되기 위해서는 질을 높이고 내용을 채워 세계도시로 만들어야 한다. 지금 상태로는 수도권은 거대도시가 가진 문제점만 부각될 뿐이며 거대도시가 가진 잠재력과 가능성은 사라질 것이다.[7)]

수도권 전략은 기능(규모)의 축소, 콘텐츠의 재조직, 세계화 도시구역 구축의 세 방안을 중심으로 이루어져야 한다. 기능(규모)의 축소와 콘텐츠의 재조직은 지방권과의 연계와 역할분담이 전제되어야 하며, 세계화 도시구역은 황해도시공동체·황해연합을 전제로 창출되어야 한다. 인천공항과 여의도를 잇는 선형도심으로 한강과 서해를 잇는 계획이 그린벨트 조정과 함께 이루어지면 수도권에 세계기업의 아시아본부가 모이는 황해의 금융중심과 IT산업의 세계화 도시구역을 만들 수 있다. 여의도·용산·난지도를 한강의 인프라로 하여 세계화 도시구역으로 만들고, 이를 경인운하를 통해 인천공항과 인천항으로 잇는 수상선형도심이 서울의 신도시 중심이 되어 수도권을 끌고 가야한다.

3 지방권 자립화전략

지방분권과 국토균형발전은 수도권전략과는 다른 차원의 전략이 되어야 한다. 우선 지방분권을 이루려면 수도권과 세 지방권의 한반도 4분지계가 먼저 이루어져야 한다.[8)] 지방권 자립화는 행정수도 이전 같은 수도권 기능의 이전을 통해 이루는 것이 아니라 70, 80년대 수도권이 했던 것과 같은 인구와 금융과 정보를 집중해서 강력한 중심을 구축하는 방식이 되어야 한다. 그러기 위해서는 지방인구의 서울 이동을 막도록 수도권 대학을 대대적으로 지방으로 이전하고 대기업이 함께 움직여 산학클러스터를 이루는 통합신도시를 만들고 이를 중심으로 분권화된 지방국가를 이루어 중앙정부로부터 자립할 수 있도록 경제규모를 키워야 한다.

지방의 획기적 발전은 단기적으로는 지방자치단체의 각개약진식일 수밖에 없으나 장기적으로는 한반도 공간전략에 따른 거시적인 디자인으로 이루어져야 한다. 중국이 현대화를 추진하면서 국가급, 성급, 시급 등 여러 단계의 마스터플랜을 겹쳐 진행하여 결국 전국토의 난개발로 거대한 혼돈과 끝없는 반복을 넘어서지 못하고 있는 것에서 교훈을 찾아야 한다.[9)]

한국은 과거에는 수도권에 집중하고 일부 지방권 산업 클러스터에 특수한 역할을 집중시키는 정책을 썼으나, 최근 10여 년간은 지방의 균형발전을 기한다고 하면서 도시사업을 정치적으로 시행하여 경쟁력 없는 공단을 도처에 만들었다. 광주 싸이언스파크, 대불공단, 새만금 간척사업, 양양국제공항 같은 지역발전전략은 이제 더 이상 반복되어서는 안 된다. 지방분권과 국토균형발전 프로젝트의 첫 작업은 실패한 투자를 되살리는 일이어야 한다. 광주 싸이이언스파크, 새만금, 대불공단, 양양국제공항을 살릴 수 있어야 지방분권, 국토균형발전을 시작할 수 있다. 좌절한 사업을 일으키는 방안을 만들고 이를 성공시키는 일이 선행되어야 한다. 무너진 프로젝트를 희망의 프로젝트로 만드는 일이 수도권 세계화와 지방분권을 전제로 한 제2건국의 마스터플랜의 시작이 되어야 한다.[10)]

올해는 직할시로 승격된 50주년이 된 뜻 깊은 해이다. 선진일류국에의 도전이 20년째 표류중인 한국의 입장에서 부산의 새로운 도전은 단순히 지방(도시)의 변화가 아니라 지방권 자립화의 기준(지표)이 됨과 동시에 한반도 성장 하드웨어를 구축하는 것이다. 하지만 이러한 도전은 창조도시를 위한 마케팅에서부터 해양수도(특별시), 국제도시화 전략 나아가 세계도시로의 비전이 요구된다.

2장 창조도시를 위한 요소들

1 서론

근대 산업혁명 이후 상업과 산업이 발달하고 민주주의 시스템이 발달하기 시작하면서 플레이스 브랜딩이라는 개념이 본격적으로 등장한다.[11] 20세기 이후 빠른 속도로 진행된 글로벌화도 플레이스 브랜딩의 필요성을 부각시킨 중요한 요인이다. 다양한 종류의 미디어가 발달함에 따라 지구 반대편에 있는 나라에서 일어나고 있는 일을 실시간으로 알 수 있는 고도의 정보화 사회가 되었다. 뿐만 아니라 세계여행 자유화와 관광산업의 발달로 국경을 넘는 여행이 사람들의 중요한 일상으로 자리 잡았다. 또한 세계가 '지구촌'이 되어감과 동시에 전통적으로 강력한 권한을 가지고 있었던 국가 개념이 약해지고 지방분권화 되고 있는 추세다.[12] 또한 세계 각국의 경제 시스템은 국가의 경계를 훌쩍 뛰어넘어 협력 체제를 구축하고 있으며, 자본의 이동 역시 과거에 비해 훨씬 자유로워졌다. 우리가 일상적으로 소비하는 모든 상품은 전 세계의 지역에서 생산되고 유통되고 있으며, 기업들 역시 전 세계를 대상으로 상품을 홍보하고 판매하는 세상이 되었다.[13]

이렇게 플레이스 브랜딩의 필요성이 높아진 데에는 여러 가지 이유가 있지만 가장 큰 이유는 바로 갈수록 치열해지는 전 지구적 플레이스의 경쟁이다. 세계의 수많은 지역과 도시는 제한된 관광객과 투자자를 놓고 서로 경쟁해야만 하는 상황이다. 훌륭한 시설, 멋진 자연환경과 문화유산, 파격적인 정책적 지원, 차별화된 기술력 등 각자의 플레이스가 가지고 있는 잠재력을 전면에 내세우며 치열한 경쟁을 하고 있다. 그렇기 때문에 물리적 조건이 비슷하다면, 관광지나 사업운영지를 선택할 때 그 플레이스가 가지고 있는 이미지는 당연히 선택에 지대한 영향을 미칠 수밖에 없다. 비슷한 상품, 대체 가능하거나 경쟁적인 상품이 증가하고 있고, 다국적 제조 시스템이 일반화되고 있는 요즘 같은 현실에서 플레이스의 이미지와 신뢰도를 높일 수 있는 브랜딩은 가장 강력한 무기가 될 수 있다. 다른 경쟁 상대와 차별화될 수 있는 독특한 무엇이 없다면 살아남기 어려운 시대가 되었기 때문이다. 플레이스 브랜딩이 플레이스의 정체성을 강조하고 차별화된 이미지를 구축하는 중요한 수단으로 활용될 필요성이 높아진 것이다.

글로벌 경쟁에서 우위를 점하기 위해서는 차별화 전략이 필요하다. 사람들은 해외 투자와 기술 유입을 성공시키고, 보다 많은 관광객을 유치하기 위해 플레이스 브랜딩을 시도하기 시작했다. 국가, 도시의 부정적인 이미지를 개선하게 되면 비슷한 지위의 플레이스끼리 경쟁할 때 더 나은 위치를 선점할 수 있다는 인식이 자리 잡았기 때문이다. 플레이스의 이미지 제고가 플레이스 내에서 생산되는 상품 판매를 촉진시키는 것은 물론이고, 우수한 인적자원이나 투자, 그리고 관광객들을 유치하는 데 도움이 된다는 사실을 깨닫게 된 것이다.

현재 플레이스 브랜딩이라는 개념은 거주자, 구매자, 관광객, 기업가 등 다양한 이해관계를 지닌 주체들이 개입된 다차원적 경쟁을 이야기할 때 사용되고 있다. 요즘 시대의 경쟁은 단순한 국가 간 도시간만의 경쟁이 아니다. 큰 범위의 플레이스 경쟁이 이루어짐과 동시에 어떤 지역이나 도시 안에도 다양하고 복잡한 차원의 내부 경쟁들이 이루어지고 있다. 경쟁적인 환경이 플레이스의 위치, 구성, 범위 등과 상관없이 플레이스간 경쟁을 부추기고 있다. 이 무한경쟁 속에서 플레이스가 살아남기 위해서는 총체적이고 전략적이며 일관적인 브랜드 전략이 필요하다.[14)]

2 정확한 타깃 설정과 확실한 전략적 목표 수립

강력한 플레이스 브랜드 구축을 위해 가장 먼저 해야 할 일은 무엇인가. 바로 현재의 상황을 정확하게 파악하는 것이다. 그리고 플레이스와 관련된 이해당사들의 다양한 욕구를 읽고 플레이스 브랜딩의 타깃을 명확하게 설정해야 한다. 플레이스 안에는 관광객, 투자자, 정부관계자, 사업자, 거주자 등 '타이거(TIGER : Traveler, Investor, Government, Enterprise, Resident)'[15)]에 해당하는 다양한 주체들의 이해관계가 복잡하게 얽혀 있다. 기업 브랜딩에 있어서도 주주이익의 극대화나 고객만족의 극대화를 주장하던 시대를 벗어나 이해당사자들(SPICE: 사회Social, 파트너Partner, 주주Investor, 고객Customer, 직원Employee)을 모두 만족시키는 경영이 화두가 되고 있다. 최근 기업들이 사회책임 경영, 환경경영, 투명경영, 윤리경영 등을 기업의 핵심방법으로 설정하고 있는 이유가 바로 여기에 있다. 그렇기 때문에 플레이스 브랜딩에 앞서 다양한 이해당사자들의 상이한 욕구를 어떻게 조화롭게 융화시킬 것인지에 대해 충분한 논의는 필수적이다. 이해당사자들이 생각하는 "구체적으로 어떤 플레이스가 되고 싶은가?"에 대한 내용의 합의가 필요하다. 플레이스 브랜드를 구축하려면 플레이스의 어떤 가치를 강조할 것인가, 어떤 가치를 적극적으로 발굴할 것인가, 어떻게 핵심가치와 보조가치를 구조화할 것인가, 어떻게 메시지에 통일성을 부여할 것인가에 대한 내용을 처음부터 명확히 할 필요가 있다. 이를 위해서는 현재 플레이스가 처한 상황에 대한 파악과 커뮤니케이션 타깃에 대한 명확한 이해가 필수적이다.

3 강력한 실무전탐팀(TF) 구축

경쟁력 있는 플레이스는 경쟁력 있는 사람들이 만든다. 성공적으로 플레이스 브랜딩을 한 국가나 도시에는 플레이스 브랜딩 실행을 위한 전문적인 전담 부서들이 있었다. 과거에는 플레이스를 홍보하는 슬로건을 만들고 이를 홍보하기 위해 막대한 예산을 쏟아 부어 광고하는 것만으로도 플레이스 브랜드의 가치를 높일 수 있었다. 광고를 하면 인지도가 높아졌고, 이에 따라 관광이나 투자 유치 등 플레이스가 원하는 결과를 얻을 수도 있었다. 과거에는 광고를 담당하는 소수의 담당자만 있으면 충분히 플레이스 브랜딩이 가능하기도 했지만 물리적인 국경의 의미가 없어지고, 인터넷과 같은 뉴미디어가 등장하는 글로벌 환경에서는 더 이상 이와 같은 방식으로 플레이스 브랜딩에 성공할 수 없다. 다양한 이행당사자가 존재하는 플레이스 브랜딩을 할 때는 훨씬 체계적이고 일관적인 커뮤니케이션 전략과 실행이 필요하다. 그래서 플레이스 브랜딩을 전담하고 주어진 목표를 한정된 시간 안에 달성할 수 있는 플레이스 브랜딩 전담팀이 필요하다.

플레이스 브랜딩 전담팀을 둔다는 것은 기업에서 기업의 중요한 자산인 공장, 기계와 같은 고정자산을 관리하는 부서와 현금이나 채권, 채무와 같은 금융자산을 관리하는 전담팀을 두는 것과 비슷하다. 플레이스 브랜딩은 '브랜드'라고 하는 무형 자산을 관리하는 일이지만, 실물 자산을 관리하는 것 못지않게 중요한 자산을 관리하는 것이기 때문에 전문적인 접근과 업무에 대한 집중이 필요하다. 전담팀은 브랜드 비전과 전략적 방향성을 잘 이해하고 구체적인 브랜드 전략을 수립하여 이를 여러 이해당사자들과의 내외부 커뮤니케이션을 통해 공감대를 형성하여 브랜딩 활동의 실행과 조정, 평가 등의 업무를 수행해야 한다.

또 한 가지 중요한 것은 플레이스 브랜딩 전담팀은 플레이스 브랜딩에 대한 전체 그림과 함께 적절한 재원과 권한을 가지고 있어야 한다. 전담팀은 명확한 목표 그리고 구체적인 세부계획을 가지고 목표를 달성하기 위해 운영되어야 하며, 운영 결과에 대한 정기적인 성과측정을 해야 한다. 이는 다양한 이해당사자의 공감을 얻고 동시에 오피니언 리더들의 지원을 받기 위해서는 필수적인 항목이다. 또한 전체적인 계획안에서 여러 가지 요소들을 균형 있게 운용하기 위해서 내외부의 다양한 이해당사자와의 커뮤니케이션을 해야 하기 때문에 잘 짜여진 구체적 계획에 근거한 총체적인 커뮤니케이션이 필요하다.

전담팀이 플레이스 브랜딩을 실행할 때는 원하는 결과가 명확해야 하며, 그것에 기초한 구체적인 달성목표가 있어야 한다. 목표는 SMART(SMART : Specific, Measurable, Achievable, Relevant, Timely)[16] 해야 한다. 구체적이고, 측정 가능하며, 성취 가능하고, 원하는 결과와 관련이 있어야 하며, 시의적절해야 하는 것이다. 그리고 목표 대비 진행이 어떻게 되고 있는지 기간을 정해 정기적으로 성과를 측정하고 지속적으로 개선해야 한다. 예를 들면 관광브랜딩의 구체적인 목표로는 관광객 숫자의 증가, 관광수입의 증가, 관광객의 충성도 증대, 관광산업의 질적·양적 성장, 고용 창출 효과, 관광으로 인한 부가가치 증대 등이 있다.

뉴욕시의 경우 관광을 마케팅하고 프로모션하기 위해 비영리단체인 뉴욕시티앤컴퍼니를 만들어 1999년부터 운영하고 있다. 플레이스 브랜딩 전담조직이 장기적이고 안정적으로 가기 위해서는 조직을 만들 때부터 시스템적으로 설계할 필요가 있다. 뉴욕시티앤컴퍼니의 경우 뉴욕시의 공식적인 마케팅, 관광, 파트너십 조직이지만 여러 기관이나 개인으로부터 기부금을 받아 운영하는 비영리 기업이다. 그렇기 때문에 정부의 영향력이 비교적 크지 않아 정책을 만들고 활동하는 데 있어 독립성과 지속성, 일관성을 확보하기 용이하다는 장점이 있다.

마이클 블룸버그 뉴욕 시장은 2008년 6월 라스베이거스에서 열린 미국관광협회 국제

관광전에서 "미국 전역의 해외 여행객 수는 감소하고 있지만, 뉴욕의 경우 지난 5년간 기록적인 증가세를 보이며 2007년에 총 4,600만 명의 방문객을 유치했다"며 뉴욕관광청의 활약을 칭송했다. 뉴욕관광청은 해외 관광객 유치를 위한 적극적이고 창의적인 캠페인을 하는 것으로 유명하다. 뉴욕시는 뉴욕관광청과 함께 2006년부터 약 300억 원의 예산을 투입해 'Just Ask the Locals 뉴요커에게 물어 보세요'같은 글로벌 캠페인 등을 기획해 뉴욕 여행에 대한 실용적인 정보를 제공해 해외 관광객들에게 큰 호응을 얻은 바 있다. 2008년 봄부터는 뉴욕에 거주하고 있는 22명의 유명인들이 등장하는 두 번째 캠페인을 실시해 뉴욕의 주요 지역인 브롱크스, 브루클린, 맨해튼, 퀸즈. 스태튼 아일랜드 등을 홍보했다.

4 전략을 시각화하는 아이덴티티 시스템

앞에서도 강조했지만 플레이스 브랜딩을 하기 위해서는 '어떤 플레이스가 되고 싶은가'에 대한 구체적이고 명확한 목표 이미지가 있어야 한다. 국가, 도시 등을 위한 플레이스 브랜딩은 브랜드의 본질적인 특성인 고유한 아이덴티티를 확고하게 만들고 표현하는 것이 중요하다. 플레이스 브랜딩의 목적은 플레이스에 대한 명확한 아이덴티티를 정립하여 체계화하고 이를 효과적으로 커뮤니케이션 하여 그 플레이스를 좀 더 차별화되고, 강력하며, 호의적인 이미지로 만드는 것이다.

플레이스 브랜드를 창조한다는 것은 사회적, 경제적, 문화적인 과정이다. 플레이스 브랜드는 단일한 주체에 의해 만들어지지 않는다. 플레이스에 머무는 사람들에게 그리고 머물 가능성이 있는 사람들에게 그 플레이스만이 제공할 수 있는 고유의 경험을 할 수 있게 하고, 플레이스와 관련된 사람들에게 효과적으로 커뮤니케이션 하려면 좀 더 광범위하고 총체적인 접근과 전략이 필요하다.

강력한 플레이스 아이덴티티 시스템을 구축하는 것은 '차별화되고, 의미 있으며, 믿을 수 있고, 성장 가능한 아이덴티티'를 구축하는 것이다. 이런 플레이스 브랜드 아이덴티티(Place Brand Identity, PBI) 시스템에는 플레이스 브랜드의 핵심 아이디어, 언어적 표현, 시각적 표현이 있어야 한다. PBI는 다른 플레이스 브랜드와 차별화되는 독특성을 가지고 있어야 하고, 동시에 커뮤니케이션 대상 목표 고객들에게 어필할 수 있는 적절한 의미를 가지고 있어야 하며, 거짓이 없고 신뢰할 수 있어야 한다. 여기에 미래 성장 및 확장가능성이 있는 아이덴티티가 된다면 완벽한 PBI라 할 수 있다.

강력한 PBI를 개발하는 데 있어 가장 중요한 부분은 플레이스 브랜드의 핵심 아이디어(PBCI, Place Brand Core Idea)를 도출하는 것이다. 브랜드의 핵심 아이디어는 플레이스가 어떻게 보여지기를 원하는지 표현해주며, 브랜드 슬로건, 로고, 커뮤니케이션에서 구체화된다. 또한 한 번 구축된 PBCI는 플레이스 브랜딩 전 과정에서 적용되기 때문에 많은 시간, 자본, 노력을 투자한 이후에 변경하기란 매우 어려운 일이다. PBCI를 도출하는 과정에 있어 유의사항 세 가지를 들자면 다음과 같다.

첫째, 강력한 PBCI를 만들기 위해서는 플레이스 브랜드의 개념과 의의, 브랜딩 프로세스를 잘 이해하고 있어야 한다. 또한 PBCI가 설정되면 이것이 어떻게 브랜딩활동에 적용되는지, 진행 정도를 어떻게 파악할 수 있는지 등에 대한 안목을 가지고 있어야 한다. 예를 들어 보자. 물론 '믿을 수 있는', '안정적인', '친절한', '앞서가는' 등과 같은 브랜드 가치들은 긍정적이고 선호되는 이미지들이긴 하다. 그러나 너무 일반적이기 때문에 다른 플레이스와 차별화되지 못하고, 실제로 타깃을 설득하는 데도 도움이 되지 않는다. 그렇기 때문에 긍정적인 의미가 담겨 있음에도 불구하고 실제로 브랜딩 활동에 적용하기에는 어려운 브랜드 가치들이다. 그렇기 때문에 PBCI는 충분한 이해가 바탕이 되어 체계적이고 전문적인 접근을 통해 도출할 필요가 있다.

둘째, 국가나 도시 브랜딩의 경우 거주, 구매, 관광, 사업운영지 등 어떤 분야에 초점을 맞춰야 할 것인지 정해야 하는데, 관련된 이해당사자들의 이해가 상충하게 되는 경우가 비일비재하다. 그렇기 때문에 많은 이해당사자들의 이해관계가 충돌할 경우 이를 조정하여 선택과 집중을 행하고 그에 따라 우선순위를 만들 수 있어야 한다. 예를 들면, 플레이스 브랜드에 대한 커뮤니케이션을 할 때 커뮤니케이션의 포커스는 한두 가지로 집중될수록 성공 가능성이 높아진다. 그렇기 때문에 메시지의 우선순위를 정할 수밖에 없다. 예를 들면 '100% 순수한'이라는 국가 슬로건을 가지고 관광유치와 농축산물 수출에 집중하고 있는 뉴질랜드는 현재 농수산물의 수출이 감소하고 기계 산업이나 영화 산업 등이 발달하면서 기존의 1차 산업 중심의 슬로건에 대해 부담을 느끼고 있다고 한다. 또한 프랑스도 '문화중심국'이라는 이미지가 너무 강해 '기술 프랑스' 또는 '산업 프랑스'와 같은 이미지를 강조하려고 노력 중이다. 이렇게 강조해야 할 부분의 우선 순위가 바뀌면 이와 관련된 이해관계도 바뀌기 때문에 이해당사자들의 반발이 생길 수 있어 쉽게 결정할 수 있는 있을 아니다. 따라서 PBCI를 도출할 때는 다양한 이해 당사자들의 이해관계를 잘 파악하고 장기적인 관점에서 플레이스 브랜드의 가치를 극대화할 수 있는 방향으로, 그렇지만 현재의 시점에서도 충분히 설득력을 갖는 핵심 아이디어를 도출해야 한다.

셋째, PBCI의 도출을 위해서는 거시적으로 사람들과 주변 환경에 대해 미래에 어떤 변화가 일어날 것인지 충분히 이해하고 있어야 한다. 또한 경쟁관계에 있는 다른 플레이스 브랜드들에 대해서도 잘 이해하고 이들이 어떻게 변화하고 있는지에 대한 방향성을 잘 파악하고 있어야 한다. 항구도시 싱가포르의 경우는 비행기나 선박과 같은 운송수단 관련 기술들이 발달하면서 과거 지정학적 장점이었던 대륙 간 운송 거점 역할이 감소될 가능성이 커졌다. 그래서 싱가포르는 경쟁 항구라고 할 수 있는 홍콩, 상하이, 부산 등의 도시와 비교해 경쟁력을 갖추기 위해 파격적인 세제 혜택 등을 제공하면서 글로벌 기업들을 유치하고 있다. 이러한 노력으로 인해 싱가포르에는 GE, P&G등 수많은 다국적 기업들의 아시아 본사가 위치할 수 있었다.

5 총체적이고 효과적인 커뮤니케이션 전략

플레이스 브랜드에는 크게는 내부 타깃과 외부 타깃이 있다. 내부 타깃은 플레이스에 이미 머무르고 있는 거주자, 관광 안내원, 투자 가이드와 같은 사람, 기업, 기관들이고 외부 타깃은 그 플레이스에 다양한 이유로 관심을 갖거나 유입될 수 있는 관광객, 자본가, 유학생 등과 같은 사람들이나 기업 및 기관들을 의미한다. 플레이스의 내부 타깃과 외부 타깃은 매우 다양하고 숫자도 많다. 그렇기 때문에 목표 타깃도 많을 수밖에 없고 이들이 원하는 메시지의 내용과 형식도 각기 다르다. 따라서 효과적인 플레이스 브랜드 커뮤니케이션을 하기 위해서는 총체적인 접근이 필요하다.

커뮤니케이션에서 총체적인 접근이란 커뮤니케이션 전체를 거시적으로 보면서 동시에 미시적으로도 접근해 전략을 수립하고 실행하는 것을 의미한다. 총체적인 접근의 목적은 우리가 원하는 이미지와 메시지를 다양한 목표 타깃에게 효과적이고 효율적으로 전달하기 위해서다. 총체적인 접근을 하지 않을 경우, 커뮤니케이션 대상이 한정적이거나, 프로그램들을 단편적으로밖에 진행할 수 없어 이해당사자의 일부가 커뮤니케이션에서 소외되거나 커뮤니케이션의 일관성이 흔들릴 수 있다. 또한 프로그램 간 시너지가 일어나지 않아 원하는 결과를 얻기도 힘들어진다.

1) 커뮤니케이션 목표의 설정

총체적인 커뮤니케이션을 위해 가장 먼저 해야 할 작업은 목표 타깃을 설정하는 것이며 다양한 목표 타깃 중에서 우선순위를 설정하는 것이 매우 중요하다. 시기에 따라 내부 이해당사자에 초점을 둘 것인지 아니면 외부 타깃에 초점을 둘 것인지도 결정해야 한다. 그리고 이해당사자들이나 타깃 중에서도 누구를 목표 타깃으로 해야 할 지 결정해야 한다.

우리나라 관광브랜드인 '코리아 스파클링(Korea, Sparkling)'의 예를 들어보자. '코리아 스파클링'은 우리나라를 관광하는 외국 관광객의 60% 이상을 차지하고 있는 중화권과 일본사람을 우선적인 목표 타깃으로 삼았으며, 2차적으로는 동남아와 구미주의 관광객을 목표 타깃으로 삼았다. 일본인 중에서는 20~30대의 여성 문화관광객과 50~60대의 남성 LPHAS(Lifestyle Of Health And Sustainability, 건강과 지속가능성을 추구하는 신개념 라이프스타일) 리더들을 커뮤니케이션 타깃으로 삼았으며, 중화권에서는 가족여행을 하는 30~40대의 남성들과 즐길 거리를 추구하는 20~30대의 홍콩·대만 여성 여행객을 커뮤니케이션 타깃으로 삼아 커뮤니케이션 프로그램을 진행했다. 런던의 관광브랜드이자 런던 브랜드의 공식 마케팅 회사인 '비짓 런던Visit London'의 경우 미국과 유럽을 중심 고객으로 삼았고, 2차 고객으로는 러시아, 중국, 인도를 중심 목표 타깃으로 설정해 도시 관광 브랜드 커뮤니케이션을 진행하고 있다.

두 번째로 해야 할 작업은 목표 이미지를 설정하는 것이다. 플레이스 브랜딩에 있어 목표 이미지는 플레이스 브랜드 커뮤니케이션을 통해 우리가 얻고자 하는 결과다. 목표 타깃의 마음과 가슴속에 우리가 만드는 플레이스 브랜드가 어떤 이미지로 인식되고 싶은지를 결정하는 것이다. 한국의 경우 관광한국의 이미지가 '창조적이며 선도하는 이미지', '스마트하고 열정적인 이미지', '생기 있고 순박한 이미지'를 목표 이미지로 삼았고,

커뮤니케이션을 통해 이러한 이미지를 얻고자 했다. 원하는 결과를 얻기 위해 목표 타깃에게 보여줄 수 있는 사진 이미지로 '〈난타〉 공연 장면', '태권도 시범', '사물놀이', 'B-Boy 공연', '붉은 악마의 응원', '복원된 청계천의 야경' 등과 같은 역동적이고 활기찬 이미지를 선택했다.

세 번째 단계는 커뮤니케이션 메시지를 만드는 것이다. 목표 이미지가 결정되면 이러한 이미지를 만들기 위해 어떤 메시지를 지속적으로 전달할 것인지 연구한다. 이러한 연구결과로 중심 메시지가 만들어지는데 이는 추후 다양한 목표 청중 각각에게 조율되어 전달되어질 메시지의 중심축이 된다.

코리아 스파클링의 경우 "한국인과 한국문화의 열정이 살아 숨 쉬는 한국관광은 언제나 '나를 깨우는 생동감'을 약속한다"를 커뮤니케이션의 중심 메시지로 삼았다. 이러한 중심 메시지를 우리의 핵심 경쟁력이라고 할 수 있는 사람, 문화, 장소라는 관점에서 풀어냈다. 또한 메시지 크리에이션 전략을 수립할 때 '한스타일(HANSTYLE)'로 정의되는 '한국어, 한식, 한복, 한지, 한옥, 한국음악'을 주요 스토리 요소로 사용해 메시지를 만들었다.

2) 커뮤니케이션 미디어 믹스

플레이스 브랜딩 커뮤니케이션은 '광고, 동영상, 포스터, 스토리'와 같은 메시지를 담아내는 커뮤니케이션 도구와 신문, TV, 인터넷, 이벤트 등과 같이 메시지를 전달하는 통로인 커뮤니케이션 채널을 혼합해 목표 타깃에게 가장 효율적인 미디어 믹스를 제공해야 한다.

관광브랜드 '코리아 스파클링'의 미디어 믹스는 브랜딩 단계별로 주력 커뮤니케이션 도구, 중심 및 지원 채널을 설정하고 커뮤니케이션의 효율성을 높일 수 있도록 기획되었다. 도입기에는 브랜드 인지도 확보를 위해 TV 및 위성방송을 통한 광고와 신문 및 잡지를 통한 PR활동을 주로 수행했고, 브랜드 아이덴티티를 구축하는 단계인 정립 기에는 신문, 잡지, TV와 같은 매스미디어를 통한 관광사례 홍보를 주력 커뮤니케이션 채널로 했다. 또한 잡지나 케이블, 공항 등의 간판광고를 보조 채널로 기획하기도 했다. 온라인은 전 단계에 걸쳐 콘텐츠, 이미지, 브랜드 업데이트 등 커뮤니케이션 지원 채널의 역할을 하도록 했다.

3) 커뮤니케이션 프로그램과 실행

커뮤니케이션의 대상, 목적, 콘텐츠, 커뮤니케이션 믹스를 정했다면, 구체적인 경험을 제공할 프로그램을 결정해야 한다. 이러한 프로그램에는 플레이스 브랜드 론칭 이벤트와 단기적인 행사 프로그램도 있지만, 중장기 미디어관리 프로그램처럼 실적이 명확하지 않아도 지속적인 노력이 필요한 프로그램들도 있다.

프로그램 기획에 있어서 반드시 체크해야 할 몇 가지 사항은 다음과 같다.

첫째, 프로그램이 목표에 잘 부합하는지를 고려해야 한다. 프로그램을 통해 얻을 수 있는 결과가 커뮤니케이션 목표를 달성할 수 있는지 없는지를 판단해야 한다. 둘째, 기존 경쟁 브랜드의 프로그램들과 비교할 때 충분히 차별화되는지 평가해야 한다. 셋째, 프로그램을 실행할 수 있는 능력, 인원, 예산, 협조 등 충분한 재원을 확보하고 있는지 평가해야 한다. 마지막으로 기존에 있던 프로그램이나 미래에 진행될 프로그램과 연계성이나 지속성을 가져갈 수 있는지 알아보아야 한다. 현재 병행해서 진행하는 다른 프로그램들과 연계성을 가지면서 시너지 효과를 창출할 수 있는지를 알아보는 것이다. '코리아 스파클링'의 경우는 글로벌 전체와 각 국가별, 그리고 브랜드 성숙 단계별, 목표청중별, 미디어채널별로 프로그램을 준비했으며 이를 모두 합쳐 총체적인 측면에서 전체 그림을 기획했다.

4) 플레이스 브랜드 커뮤니케이션 전략 수립과 실행에 필요한 몇 가지 개념들 – IMC(통합 마케팅 커뮤니케이션)[17], IBC(통합 브랜드 커뮤니케이션)[18], IPBC(통합 플레이스 브랜드 커뮤니케이션)

브랜드 아이덴티티 시스템을 개발하고 나면 그것을 효율적으로 커뮤니케이션해야 한다. 요즘처럼 매체가 다양해지고, 정보가 넘치는 시대에는 목표 대상에게 효율적으로 커뮤니케이션 한다는 것은 점점 더 어려워지고 있다. 구체적인 상황에 따라 그에 적절한 매체를 선정하는 것이 중요한데, 커뮤니케이션 채널이 많으면 그 작업이 쉽지 않기 때문이다. 특히 플레이스 브랜딩의 경우 다양한 욕구를 지닌 이해당사자가 존재하기 때문에 플레이스 브랜딩에서 일관성 있는 메시지를 커뮤니케이션 대상에게 효율적으로 전달한다는 것은 결코 만만한 작업이 아니다. 보통 전통적인 커뮤니케이션 채널에는 광고, 홍보, 우편물, 전화, 협찬/후원, 전시회 등의 방법이 있는데 최근에는 인터넷, 이메일, 입소문 등의 채널도 매우 중요하게 고려해야 할 대상이 되었다. TV같은 전통적인 대중매체는 많은 타깃에게 메시지를 전달할 수 있다는 장점이 있어서 지금까지도 많이 사용되는 채널이지만, 타깃 층이 다양하고 그에 따라 니즈가 개별적인 경우에는 비효율적일 수 있다는 단점이 있다. 요즘 많이 사용하는 인터넷의 경우 쌍방향 커뮤니케이션이 가능하고, 접근하기 쉬우며, 글로벌 커뮤니케이션이 가능하기 때문에 플레이스 브랜딩에서 중요하게 생각하는 대표적인 커뮤니케이션 채널이다.

기업 커뮤니케이션에서 주목하는 개념은 바로 통합 마케팅 커뮤니케이션(Integrated Marketing Communication, IMC)이다. IMC 개념은 정보 개방, 기술 발달, 인터넷 매체 발달로 인해 생산자 위주의 제품 출시와 대중 매체 중심의 커뮤니케이션 캠페인의 효율성이 떨어지고 있다는 인식이 확산되면서 등장했다. IMC는 마케팅 활동을 할 때 어떤 특정 마케팅 커뮤니케이션이나 요소만으로는 효율적인 마케팅을 하기 어렵기 때문에 여러 가지 마케팅 수단들을 상호 통합해 마케팅 활동을 수행하는 것을 의미한다. 즉, IMC는 '전체 그림'을 가지고 일관성을 바탕으로 광고, 홍보, 프로모션 등 다양한 커뮤니케이션 활동을 통합해 전체로서 관리하는 것이다. 사실 고객들에게는 커뮤니케이션 활동을 통합해 전체로서 관리하는 것이다. 사실 고객들에게는 커뮤니케이션의 매체가 어떤 것인 가보다는 어떤 메시지인가 더 중요하다. 그렇기 때문에 고객에게 노출되는 제품과 서비스에 관련된 모든 정보의 접촉점을 관리해 일관성 있는 메시지를 전달하는 것이 가장 중요하다.

또 최근에 부상하고 있는 개념 중에 하나가 통합 브랜드 커뮤니케이션(Integrated Brand Communication, IBC)이다. IBC는 "브랜드 가치 극대화를 위해 명확한 브랜드 아이덴티티 시스템을 수립하고, 다양한 이해당사자를 대상으로 하는 내·외부의 모든 브랜드 커뮤니케이션 활동을 통합하는 것"을 말한다. IMC가 주로 특정 타깃을 대상으로 커뮤니케이션 도구와 채널을 통합해 기획 관리하는 데 중점을 두는 것이라면, IBC는 좀 더 브랜드 가치 증대라는 광범위하고 장기적인 목표 하에 다양한 이해당사자들에게 일관되고 지속적인 커뮤니케이션을 실행하는 것에 초점이 맞춰져 있다.

통합 플레이스 브랜드 커뮤니케이션(Integrated Place Brand Communication, IPBC)

은 플레이스 브랜드의 가치를 높이기 위한 활동이라는 점에서 IBC 와 비슷하다. 하지만 플레이스 브랜딩은 이해당사자가 많고 통제하기 어렵다는 문제가 있어 특히 내부 커뮤니케이션의 중요성이 강조된다. 다양한 이해당사자들이 가지고 있는 각각의 이해관계를 조율해 일관된 메시지를 뽑아내고 전달하기 위해서는 내부에서 먼저 브랜드 전략을 이해하고 공유할 필요가 있다.

6 성공적 내부마케팅 구축

플레이스 브랜딩이 성공하려면 이해당사자들과 주도하는 사람들의 이해와 협력이 매우 필수적이다. 특히 강력한 리더십을 갖춘 CBO(Chief Branding Officer, 최고브랜딩책임자)의 역할은 핵심적이다. 브랜드란 보이지 않는 무형적인 자산이기 때문에 브랜딩은 단기간에 가시적인 성과를 거두기 어려운 작업이다. 그래서 신념과 비전, 열정과 추진력이 없이는 성공적으로 브랜딩을 할 수 없다. 그렇기 때문에 실질적인 권한을 가지고 있는 최고책임자의 브랜딩에 대한 리더십과 지원이 없이는 플레이스 브랜딩의 성공이 불가능하다. CBO가 브랜딩에 대해 무지하다면 브랜딩을 시도하는 것 자체가 무모한 노력이라고 말하는 사람도 있다.

이해당사자와 오피니언 리더들과의 공감대 형성을 통해 다양한 협력을 창출하는 것도 플레이스 브랜딩에서 매우 중요한 부분이다. 현대는 협력의 시대라고들 한다. 하나의 목표를 위해 여러 이해당사자들이 모여 서로 협력하는 시스템을 만드는 것이 플레이스 브랜딩에도 필요하다. 특히 신문, 방송과 같은 매스미디어의 지원은 필수적인데, 이는 많은 사람들의 관심을 집중시키고 여론의 방향을 수렴할 수 있을 뿐 아니라 성공적인 브랜드 구축에 걸리는 시간을 단축시키고 비용을 절감하는 효과를 가져 올 수 있다. 플레이스 브랜딩과 관련된 사람들의 공감과 협력을 이끌어내는 것은 단기간에 할 수 있는 일이 아니다. 끈기를 가지고 설득해야 하는 작업이며, 이후 플레이스 브랜딩의 지속성과 일관성을 확보하는 데도 필수적인 요소다.

한편으로 플레이스 브랜딩에는 단기적인 실적도 필요하다. 장기적인 계획도 중요하지만 단기적으로도 실적을 보여줄 수 있어야 공공의 신뢰를 쌓을 수 있기 때문이다. 단기적으로 쉽게 얻을 수 있는 실적들을 쌓아가면서 사람들의 공감과 신뢰를 얻을 수 있게 되면 전담팀의 장기적인 안정성을 확보하기 용이해진다.

7 장기적인 비전을 가진 일관화된 태도

플레이스 브랜드의 가치 증대를 위해 반드시 필요한 것은 지속적으로 플레이스 브랜드에 대한 가치를 평가하는 것이다. 플레이스 브랜드의 가치가 어떻게 구성되어 있는지, 그 구성요소에 영향을 미치는 요인들은 무엇인지를 파악하는 것이 필수적이다. 그렇지 않으면 그저 인지도와 호감도의 증대, 앞으로의 거주, 투자, 방문, 생산, 구매, 교육 의사 등을 확인하는 정도에서 그치기 쉽다. 원인 분석을 통한 구체적인 개선방안을 도출을 해야 하는데 가치 평가를 제대로 하지 않으면 이러한 중요작업을 할 수 없다.

플레이스 브랜딩은 실제로 여러 분야에서 다양한 각도로 실행될 수 있기 때문에 기획이나 실행에도 어려움이 따르고, 그 성과를 측정하는 것 역시 쉽지 않은 작업이다. 명확한 인과 관계를 찾기 어렵고 측정하는 시점의 정치·사회·경제적 상황에 따라 결과에 영향을 미칠 수 있기 때문이다. 정기적인 측정을 통해 추세를 파악하는 것과 다른 측정지수들과의 상관관계를 이해하면서 여러 측면에서 분석이 가능한 성과지표를 가져가는 것이 가장 이상적인 방법이다.

사랑받는 플레이스 브랜드는 하루아침에 만들어지지 않는다. 플레이스 브랜딩은 정책의 지속성이 확보되기 어렵다는 현실적인 문제가 있기 때문에 많은 지도자나 담당자들이 상징적인 랜드 마크를 건설하거나 단기적이 홍보 이벤트를 개최하는 것과 같은 가시적인 결과를 낼 수 있는 활동에 집중하는 경향이 있다. 그래서 비전이나 전략, 성과 측정에 대해서는 큰 관심을 기울이지 않는다. 사실 비전이나 전략이 명확하지 않으면 그 성과도 측정하기가 어려운 것이 플레이스 브랜딩의 현실이다.

모든 활동의 기본은 '계획-실행-점검'이다. 비전과 전략을 가지고 실행하고 이에 대해 지속적으로 점검하면서 고칠 것은 고치고 성장해 나가는 것이 플레이스 브랜딩을 포함한 모든 활동에 예외 없이 적용되는 불변의 법칙임을 기억해야 한다.

사실 체계적이고 전략적인 로드맵을 가지고 플레이스 브랜딩을 완벽하게 실시한 사례는 거의 없다. 각각의 단계나 또는 요소에서 부분적으로 훌륭한 사례들을 찾아볼 수 있을 뿐이다. 지금까지는 플레이스 브랜드의 슬로건과 로고를 만들고 플레이스 관련 광고나 프로모션 이벤트 정도에서 그친 경우가 대부분이었다. 하지만 앞으로는 플레이스 브랜딩이 세상의 관심을 받으면서 중요한 화두가 될 것이다. 성공할 경우 플레이스 이해당사자들에게 엄청난 부가가치를 제공할 수 있는 잠재력이 있는 것이 바로 플레이스 브랜딩이기 때문이다. 세계 거의 모든 플레이스가 '선택'의 대상이 되고 있고 '선택 받기'위해 플레이스들은 치열한 경쟁을 하고 있다. 강력한 플레이스 브랜드를 만드는 방법을 터득하게 된다면 특정 기업에서 창출할 수 있는 부가가치와는 비교할 수 없는 엄청난 부가가치를 집단적으로 창출할 수 있다. 브랜드로 세상이 바뀌는 시대가 왔다. 우리가 플레이스 브랜딩에 대한 장기적인 비전을 가져야 하는 이유가 바로 여기에 있다.[19)]

3장 / 국제화전략

1 서론

앞에서 살펴본 바와 같이 지방도시로 전락하느냐 국제도시로 도약하느냐의 기로에선 부산이 국제도시를 근 미래에 이루려면 도시의 국제화 전략이 있어야할 것이다. 그리고 이러한 부산의 국제화전략은 부산이 가진 지경학적 특성, 기후, 인문사회적 환경까지 고려하여 검토되어야할 것이다.

지경학적 특성으로 부산은 바다도시란 인류역사상 검증된 거대한 인프라를 갖춘 도시일 뿐 아니라 태평양의 해양세력과 중국·러시아 등 대륙세력이 교차할 수 있는 천혜의 지리적 여건을 활용하여 국제적 규모의 축제시장을 활성화시키고, 아직 국내 서울에서도 선례가 거의 없는 외인단지를 조성하며, 국제R&D타운을 조성하는 등 구체적 방안을 모색하고 결행하여야 할 시기라는 점이다. 물론 이러한 사업이 제대로 실행되려면 열악한 재정상태의 부산시 재정만으로 현실적으로 거의 불가능할 것이다. 중앙정부의 대대적 지원이 없다면 어려울 것이고 일부는 해외의 지원(교류 및 투자유치)도 필요할 것이다.

"모든 것은 타이밍이다"라는 말처럼 시점은 어느 것보다 중요하다. 지난 30여 년 동안 정체와 상대적 소외를 겪어온 제2의 도시, 그리고 이제는 그 위상이 제3, 제4의 도시로 밀려날 처지에 있는 위기의 도시에게 더 이상 여유는 없는 것이다. 이제 우리 부산은 인내가 아니라 분노하며 행동해야할 시점인 것이다.

2 축제시장

관광에 관한한 부산은 풍부한 잠재력을 가지고 있다고 평가된다. 국내 최고의 해운대 해수욕장을 비롯하여 다섯 개 해수욕장을 끼고 있는 긴 해안선, 세계적인 철새도래지

을숙도, 도시근교의 산으로 세계적 명산에 속한다는 금정산, 도시가운데를 가로지르고 있는 낙동강, 해운대 및 동래온천, 한 도시가 이만한 자연적 관광자원을 갖추기도 힘들 것이다. 그런데도 부산은 줄곧 관광낙후지로 전락해 왔다. 이것을 돌파할 가장 좋은 방법은 세계적 규모의 축제시장을 활성화하는 방안일 것이다.

이제 부산은 아시아 최고최대의 국제영화제(BIFF)를 정착시키고 있으며, 도시의 랜드마크로 자리 잡은 광안대교의 불꽃축제를 개최하고 있다. 그러나 이러한 축제는 일회적이고 너무 짧다. 다른 축제들은 너무 소규모적이고 제한적인 단점이 있다. 특히 부산은 관광도시로 만들기 위해서는 타지역과 외국에 없는 '부산다움'을 창조해야 한다. 부산의 자연, 부산의 인문, 부산의 역사, 부산의 문화를 만들어내야 할 것이다. 요컨대 부산관광의 특성화 전략이 요청된다.

일례로 부산이 압도적 비교우위로 가지고 있는 것은 물이다. 부산은 해안을 따라 몰운대, 태종대, 이기대, 해운대 등 뛰어난 자연경관을 보유하고 있다. 뿐만 아니라 낙동강이 연출해 놓은 을숙도는 세계적인 철새도래지로 물과 새와 갈대가 어우러지는 색다른 절경지다. 이러한 물(해양과 수상)의 도시 부산이 세계적인 물축제를 개최한다고 가정해보자. 21세기 인류의 과제이기도한 물을 테마로 세계 각국의 다양한 워터파크를 재현하고, 국제 및 해안 크루저투어, 세계해양 및 운하도시 축제, 철새보존관련 국제환경축제 등 다양한 축제 한마당을 열 수 있을 것이다.

축제시장은 일상의 도시나 시장중심이 아닌 대도시 외곽지역에 자리하는 것이 상례적이다. 이런 점에서 부산은 미개발지인 광활한 낙동강지역 및 을숙도지역 등이 있으며 태종대, 해운대, 이기대 등 친수지역이 있기에 여지가 있다. 또한 부산의 축제시장은 인근의 울산·마산·창원·김해·양산과 같은 조선, 기계, 화학 등 국내최대의 산업도시들이 함께 할 뿐 아니라, 부산을 중심으로 3시간 이내의 거리에 약 4억 5천만 명의 인구가 거주하고 있다. 여기에는 세계적인 규모의 도시인 서울, 도쿄, 오사카, 상하이, 베이징, 블라디보스톡 등이 있다. 특히, 중국의 소득수준 증대와 일본의 한류열풍 등에 따라 중국·일본 관광객의 잠재력을 감안한다면 규모의 경제는 확보된 셈이다.

그리고 부산은 한 해에 약 600만 명의 외국관광객과 국내관광객을 유치할 수 있는 부산의 복합테마파크로서 아시아의 플레이그라운드(playground)를 건설해야만 국제적인 글로벌도시로 재도약할 수 있을 것이다. 여기에는 세계 최초의 해저카지노와 동양 최대

규모의 사계절 스키돔, 스파파크 등이 유치되어야 한다.

그리고 축제시장의 꽃은 훌륭한 문화자원을 조성하는 것이다. 뉴욕의 센트럴파크, 런던의 하이드파크에 버금가는 세계적 공원을 조성하는 방안으로 하야리아 공원부지나 수영강변 구역에 세계적인 「부산 구겐하임 파크」조성을 추진해 볼 필요가 있다. 세계적인 미술재단인 구겐하임(Guggenheim)재단은 1937년에 설립되었으며 뉴욕시에 있는 미국현대미술중심의 미술관이다. 구겐하임미술관은 이탈리아의 베네치아(페기 구겐하임 팔라조), 스페인의 빌바오시, 독일의 베를린, 미국 라스베가스 등에 분관을 설치하고 현대 미술과 전위 미술품을 순환전시하고 있다.

특히, 스페인의 빌바오 구겐하임은 조선 및 철강산업 쇠퇴에 따른 도시재건을 목표로 지방정부가 환경·문화산업 육성을 위해 1억 달러를 투자하여 유치하였다. 지방정부는 사업추진의 재원을 담당하고 구겐하임재단은 미술관 운영을 분담하였다. 이러한 도시재건사업은 세계적 성공을 거두게 되었다.

스페인의 빌바오 구겐하임은 개관 1년 후 136만 명이 방문하여 연간 1억 6천만 달러의 수입을 창출하고 있으며 쇠퇴하는 지방도시를 일약 문화아이콘도시로 격상시킨 것이다.[20]

또 하나의 블루오션은 농수산물 축제시장이다. 부산은 반세기전 국제적 규모의 수산시장을 구축한 전례가 있다. 하지만 이후 제대로 된 발전계획이 없어 낙후된 시설과 제한된 시장에 갇혀 있다. 산업화와 함께 거대 중국대륙이 새로운 수산시장으로 도약하고 있다. 또한 일본은 후쿠시마원전사고로 패닉에 빠져있다. 한국수산시장의 새로운 기회를 국제수산물축제시장으로 연결해야 한다. 또한 한국도시에는 아직 농산물축제시장(agricultural fair)이 없다. 부산은 농촌지역인 기장군과 함께 거제, 밀양, 함안, 진주, 울주 등 인근 농업기반지역(도시)와 연계해 국제규모의 농업축제시장을 개설할 필요가 있다.

3 외인단지

한반도의 도시에는 제대로 된 외인단지가 없다. 한해 수출이 2천억 달러를 넘어 5년내에 4천억 달러를 넘보는 규모로 세계를 상대로 장사를 하면서, 외국인들을 불러 모아 한국을 알리고 친밀감을 높이게 할 수 있는 외인단지가 아직 없는 것은 문제다.

외국인이 사는 외인단지만이 아니라 세계인이 와서 편히 다닐 수 있는 국제화된 도시구역도 없다. 관광은 지식 정보사회에서는 그 자체로 가장 큰 산업이기도 하지만 가장 효과적인 자기 알리기 산업이다. 그러자면 세계도시처럼 그들이 편히 와 있을 수 있는 곳을 마련해야 한다. 호텔 몇 개 짓는 차원이 아니라 그들의 작은 도시를 만들어야 한다. 적어도 3천 정도의 인구가 매일 머무는 단지라야 외인단지, 국제화 도시구역이 될 수 있다. 각급의 호텔은 물론 유스호스텔, 콘도와 차이나타운과 리틀이딸리아가 함께 어울릴 수 있는 세계화 도시구역을 만들어야 외국인들을 쉽게 불러 모을 수 있다.

또한 프로그램 관광을 유치해야 한다. 세계 관광네트워크에 한국은 없다. 이 네트워크에 들어가려면 외인단지가 있어야 한다. 싱가포르는 도시 자체가 외인단지다. 부산도시특별구역에 매일 3천~5천명이 머물 수 있는 외국인들의 인스턴트도시를 만들면 축제시장도 살고 R&D타운도 저절로 이루어질 수 있다.

영어와 중국어와 일본어로 일상생활이 이루어질 수 있고 제대로 된 중국음식과 일본음식과 한국음식을 먹을 수 있는 식당이 가득하고 이 나라들의 가장 특색 있는 물건들을 살 수 있는 상점이 늘어선 곳이라면 세계 관광네트워크에 참여할 수 있다. 그러자면 무엇보다 세계 관광기업이 참여하게 해야 한다. 그리고 무엇보다 중국자본과 화교자본의 참여가 필요하다.

유럽과 미국은 멀다. 한반도의 관광은 중국인과 일본인 그리고 화교가 주요 대상이다. 그들이 세계 어디를 가서도 볼 수 없는 특색 있는 관광자원을 만들어야 세계 관광네트워크에서 한몫을 할 수 있다. 외인단지 성공은 축제시장의 성공을 보장할 뿐 아니라 R&D타운의 보이지 않는 강력한 근원이 되기도 할 것이다.[21)]

4 R&D타운

산학클러스터가 이루어지려면 대학과 연구소와 기업이 합하여 하나의 사업을 시작해야 한다. 문제는 기업의 연구 인력이 대학보다 앞서 있는 데 있다. 처음에는 대학 인력이 기업보다 앞섰으나 경쟁 없는 체제가 계속되면서 퇴화하고 있고 기업은 끊임없는 혁신과 경쟁을 통해 세계와 겨룰 만큼 된 것이다. 게다가 지방대학과 수도권대학의 격차가 커 산학클러스터를 지방에서 시작하기 어려운 상황이다. 그러나 바로 이곳에 돌파구가 있다.

대기업은 대학보다 앞서 있지만 대학에서 끊임없이 인력을 공급받아야 하므로 최소한의 유대는 계속하고 있다. 지방도시가 산학클러스트를 이루려면 특정대학과 기업이 아니라 불특정 다수 대학이 연합하여 별도의 연구조직이 없는 중소기업군과 산학협력 체제를 갖추는 길이 필요하다. 그럴 때 동남권과 대경권 대학과 연구소와 중소기업군을 연계할 수 있는 최적의 입지가 마련되고, 또한 해외대학과 연구소 등을 유치할 때 부산은 국제적 R&D도시로 거듭나게 될 것이다.

국제적으로 부상하고 있는 동북아시아 및 동아시아 지역경제권이 가시화되고 있는 시점에서 부산은 많은 국내외학자들과 도시전문가들에 의해 동(북)아시아 중추도시 0순위로 지목받고 있다. 이와 같이 부산은 국제적 지역협력의 중추도시로 성장할 수 있는 천혜의 지경학적 가능성을 가지고 있는 것이다. 또한 규모로 보아도 다중적인 국제적 지역협력체계에 동시에 편입될 수 있다. R&D관련 교류와 협력의 네트워크를 확산시킬 지역적 인프라 구축이 시급히 요청되는 것도 이러한 이유 때문이다. 특히, 대전과 광주(KAIST), 포항(POSTECH)에 비해 열악한 최고의 연구기반을 획기적으로 발전시키기 위하여 부산 KAIST(혹은 수 · 해양KAIST) 설립과 대기업연구소의 분소 유치, 일본 · 중국 · 대만 등의 유명연구소의 분소유치를 위한 노력 등은 4개의 지역국립대학 통폐합 등과 함께 우선순위에 두어야 할 것이다.

5 골드타운

50대에 이르면 대부분이 평생 다니던 직장을 그만두게 된다. 50대는 30,40대보다 더 능력이 있지만 조직사회의 속성상 물러나 스스로의 길을 찾는 것이 보통이다. 그 후 10년 이상 어디에서건 일한다. 실버타운이 필요한 것은 최종적으로 은퇴한 이후이다. 50대의 지적 자산과 경험과 자기자본을 갖고 새롭게 시작할 수 있는 도시가 바로 골드타운이다. 50대에 새로이 시작하는 사람들이 가장 가고 싶어 하는 곳은 자영업이 가능한 도시이며 그들이 평생 살아온 대도시와 쉽게 닿는 곳이다. 그리고 무엇보다 대도시와 다른 청정도시여야 하고 시간이 서서히 흐르는 자연의 흐름을 담는 도시이면서 대도시와 경쟁할 수 있는 힘을 가진 도시여야 한다.

부산은 국내도시 중 골드타운으로서 최적의 조건을 갖추고 있다. 먼저 기후가 가장 좋은 바다도시라는 장점과 함께 울산, 창원, 포항 등 산업도시와 인근하여 이곳의 은퇴자들에게 친근한 도시인 것이다. 또한 천년도시 경주와 인접할 뿐 아니라 은퇴자들이 좋아하는 일본의 도시들과 가깝기 때문이다. 세계도시의 유형을 분류하는 방식은 여러 가지가 있을 수 있다. 즉, 중추관리기능형도시(Headquarters City), 혁신중심형도시(Innovation Center), 다국적 부품조립생산지형(Module Production Place)도시, 관문도시(Gateway City), 관광 및 여가도시(Tourism and Leisure City) 등으로 분류하는 방식 등이다. 부산의 천혜의 조건과 규모·특성 등으로 이러한 거의 모든 기능을 망라한 도시가 바로 부산인 것이다.

6 수상도시

태평양 연안도시이자 국내 최대의 낙동강델타지역을 접하고 있는 부산은 시내중심부는 친수공간이 차단된(항만) 낙후된 구조를 갖고 있으며 낙동강 지역은 아직 도시의 한 축으로 기능하지 못하고 있는 비 수상도시이다. 부산이 21세기 친환경형 도시로 거듭나기 위해서는 북항이 친수공간으로 재개발되어야 하고 낙동강을 새로이 부산지역의 중추지역으로 재개발해야할 것이다.

낙동강 재개발은 을숙도지구와 같은 세계적 철새도래지를 보존하고 조선시대부터 활용하여온 부산-대구 운하도시를 재건한다는 개념으로 출발할 필요가 있다. 또한 도시의 주요하천(동천, 수영강 등)들도 자연친화형 하천으로 복원하는 사업에도 눈을 돌려야할 것이다.

4대강사업이 상류를 중심대상으로 하천의 정비에 너무 치중하는 것은 참으로 아쉬운 대목이다. 상류는 수억의 세월이 만든 자연의 선물이자 유산인데 인간의 얄팍한 계산으로 우를 범하는 우리의 어리석음을 탓하기 보다는 국가예산의 우선투자에서 낙후된 도시의 주요하천을 정비하고 수질개선을 위한 예산투입이 이보다 훨씬 효율적이기 때문이다.

예를 들어 제2도시 부산의 주요하천들이 아직도 반환경적 복개상태로 남아있으며 아직도 하수종말처리도 되지 못하고 방류되는 상당부분이 있다는 사실에서 씁쓸한 것이다. 이런 가운데서 화려한 조명을 받은 서울의 청계천복원사업과 달리 열악한 상황에서 도심하천을 복구한 온천천과 같은 사례는 눈물겨운 우리의 성공사례이자 소외부분이라고 하겠다. 지금도 온천천의 일부 구간은 하수처리가 되지 못하여 역겨운 냄새를 뿜어내고 오수를 임시로 덮은 모습을 목격할 수 있다. 수많은 도시민들의 안식처가 되었으나 여름이면 오수에 찌든 제2도시 부산의 현실은 뉴욕의 이리운하 못지않는 수상지구를 갖는다는 것이 꿈이 아닌지 의심스러운 것이다.

부산의 친환경(수상) 창조도시로서 치명적 약점은 수도시설 문제에서도 찾아진다. 상류 대/산업도시 들을 통해 거대한 오염부하가 상존하는 낙동강 하구(매리취수장)에서 취수 공급하는 현재 시스템은 단순히 부산과 일부 경남지역민에 대한 경시(차별) 뿐아니라 국민건강과 시민의 환경에 대한 국가의 무책임으로 비쳐지고 있으며 도시의 경쟁력에 있어서 본원적 취약점으로 나타난다.

4장 / 도시재창조

1 서론

부산의 도시재창조 사업은 많은 기존 도시들에서 볼 수 있는 후기산업사회의 도시부활산업의 성격을 갖는다고 할 수 있으나 나름의 특수성도 함께 한다. 즉, 오랫동안 부산경제의 중심지였던 항구(북항)와 원도심(중구 · 동구 등) 지역의 활성화를 위한 재건사업이라는 점이다. 그럼에도 불구하고 부산의 도시재창조의 미래지향적 성격은 이 사업이 옛 중심지역의 재활성화와 함께 새로운 항구(신항)와 도시특별구역(혁신신도시) 개발을 거의 동시에 수행한다는 것이다.

예컨대 북항재개발은 항만기능의 현대화에 있는 것이 아니라 신항에 항만기능을 새로이 부여하고 북항을 친수성에 기반한 새로운 도시랜드마크(물론 대체 항만의 성격도 일부 유지하게 됨)로 전혀 새로운 기능과 역할을 부여하게 되는 것이다. 원도심 지역의 경우도 집적화의 수준을 높이는 성격과 함께 북항에 걸맞는 새로운 지역재구축에 있는 것이다. 그리고 이러한 사업은 강서구 낙동강일대와 가덕도지구, 기장군 철마지역이 예정후보지가 될 도시특별구역 등과 맥을 같이해야할 것이다. 특히, 도시특별구역은 부산의 외곽지역이며 동남권의 경계지역에 집중될 것이기 때문에 북항과 원도심이 도시 기간 도로망을 중심으로 구축되는데 반하여 새로이 구축해야하는 광역교통망을 중심으로 형성될 것이다.

그럼으로 부산의 도시재창조사업은 특정지구나 특정사업에 중심이 두는 단일적 성격이 아니라 부산과 동남권 나아가 수도권에 대항되는 보다 원대하고 다양한 국제화된 도시재창조사업이 되어야할 것이다.

2 도시사업

기존 도시구조에서 한 도시의 획기적 발전을 이루기는 어렵다. 특히, 대도시인 경우 더 어려울 것이다. 부산은 도시경쟁력이 없는 도시지역과 산업경쟁력이 없는 외곽산업지역으로 이원화되어 있고 주변 군소도시들과의 산업연대도 미약하다. 부산은 동남권의 중심도시이므로 부산의 발전계획은 당연히 동남권 발전의 핵이 되어야 하고 모델이 될 수 있어야 한다. 그러기 위해서 부산 일원을 집합하고 주변의 군소도시를 연대하게 하는 새로운 산업의 핵심 신도시가 만들어져야 한다.

산업화시대에는 산업도시와 공단이 생산을 이끄는 근거이고 도시는 유통과 금융 등 서비스산업과 소비의 중심이었다. 그러한 산업화시대에 인근 산업도시들과 차단된 변방의 부산은 정체된 도시로 머물 수밖에 없었지만, 지금은 도시가 바로 산업현장인 정보화시대이다. 이때 부산이 도약하려면 새로운 도시산업을 일으킬 도시재창조(부흥)와 신도시를 만들어 기존도시를 개혁하고 주변 군소도시를 조직화하며, 산업(대)도시들을 포괄하는 도시연합을 이루어야 한다.

그리고 부산의 도시사업은 고부가가치 신산업 육성과 연계되어야 할 것이다. 현재 부산의 신산업은 크게 문화·관광산업, 영상컨벤션산업, 디자인산업, R&D산업, 실버산업 등을 들 수 있다. 최근 문화·관광 산업은 전 세계적으로 가장 사랑스런 효자산업으로 부상하고 있다. 영상컨벤션산업과 디자인산업 등도 문화·관광산업과 직간접적 상호관계에 있으며 이들은 창조적 경제의 축이다.

3 도시특별구역

21세기 도시의 이상적 모델은 어떤 것일까? 20세기 도시의 모순은 도시하부구조인 인프라와 도시상부구조의 괴리가 만들어낸 부조화에서 비롯되었다. 도시계획의 기반인 인프라와 시장에 맡겨질 수밖에 없는 도시상부구조는 상충할 수밖에 없다. 도시상부구조는 자신의 필요와 이익을 추구하게 마련이므로 도시의 비효율과 에너지 과소비구조를 낳았다.

21세기가 추구해야 할 도시는 도시 전체의 이익과 개별 건축의 이해를 조화시키는 것이다. 자연에너지를 이용하는 지식정보사회의 디지털도시로 만들어야 도시의 하부구조와 상부구조의 상생과 조화를 꾀할 수 있다. 그러나 전 도시를 디지털화할 수 없고 기존 도시 모두를 자연에너지의 도시로 만들 수도 없다. 특별도시구역을 설정하고 이것을 디지털도시, 자연에너지의 도시로 만들어 도시 전체를 이끌어나가게 하는 방안이 모색되어야 한다.

도시는 초거대 기업이다. 농경사회와 산업사회에서는 농촌과 공단이 생산기지이고 도시가 소비기지였으나, 지식정보사회에서는 도시가 바로 생산기지이다. 이제는 도시경쟁력이 산업경쟁력이고 국가경쟁력이다. 도시도 이제는 조직화되어야 한다. 도시 건설과 관리를 조직화할 수 있으면 경제기적을 이루어낼 수 있다. 초거대 기업인 도시를 제대로 운영하려면 도시의 핵심지역을 철저히 조직화하여 강력한 경쟁력을 갖는 디지털도시로 만드는 일이 필요하다. 기존 도시의 구조개혁이나 신도시 건설 모두에서 도시나 구역 자체가 바로 강력한 하드웨어인 디지털도시의 스페이스 매트릭스(space matrix)를 건설·운용하면 바로 그 지역이 월스트리트, 타임즈스퀘어, 웨스트앤드 같은 특별도시구역이 되는 것이다. 한 도시의 경쟁력과 쾌적성을 높이면서 도시건설·도시경영의 원가를 최소화하려면 디지털방식으로 조직화된 특별도시구역을 선정하고 그곳을 집중개발하는 전략이 필요하다.[22)]

4 창조도시지향

"부산이 좋은 도시다"라는 말을 들을 수 있으려면 어떻게 되어야 하는가? 여기에 답하기 위해서는 다른 나라들에서 "좋은 도시"로 꼽히는 곳들이 어떤 특징을 보이는가를 참조할 필요가 있다.

일본에서는 도쿄가 가장 큰 도시이지만 좋은 도시로 꼽히지는 않는다. 오히려 고베나 교토(京都) 같은 도시가 좋은 도시라 할 수 있다. 특히 고베는 배산임해형(背山臨海形)의 항만 무역도시로 부산과 여러모로 비슷하다. 그러나 이 도시가 좋은 도시로 꼽히는 것은 경제력 때문이 아니라 미야자키 시장을 중심으로 1970년대부터 커다란 정책 전환이 이루어지고, 그에 따라 친환경적이고 친시민적인 도시계획이 이루어졌기 때문이다. 그 정책 전환은 「복지 우선」, 「환경 보전」, 「시민 참가」라는 캐치프레이즈 아래 수행되었다. 그 결과 고베는 시민들의 삶의 편리라는 측면에서 일본에서도 손꼽히는 도시가 되었다.

미국이나 유럽에서도 좋은 도시로 거론되는 도시들은 덩치만 큰 거대 도시들보다는 생활수준이 높으면서도 비교적 빈부 격차가 심하지 않고 범죄의 위협이 적고 교통 문제가 심각하지 않으며 쾌적한 환경을 보유하고 있고 고유한 문화적 개성을 가진 도시들이다. 이를테면 미국의 시애틀·타코마, 캐나다의 밴쿠버, 독일의 함부르크, 동남아시의 싱가포르 등을 꼽을 수 있다.

그리고 현대적 개념의 '좋은 도시'란 창조성이 살아 숨 쉬는 도시라 할 수 있다. 전문가와 시민들이 자유롭게 창조활동을 할 수 있고, 노동자 및 직업인들이 자기 능력을 마음껏 발휘하여 21세기 글로벌 경제에 부응할 수 있는 자기 혁신 능력이 충만한 도시를 의미한다. 또한 생산과 소비 활동이 상호 보완의 선순환을 이루고, 시민들의 감수성이 원활하게 발현되고 소통되는 도시가 창조적인 도시라 할 것이다. 무엇보다도 시민사회가 자발적이고도 적극적으로 도시 행정에 참여하고, 도시 행정은 이러한 전문가와 시민들의 참여를 시정 발전의 원동력으로 삼을 때 우리는 '창조도시'라고 부를 수 있을 것이다.

특히 문화와 질이 산업의 성패와 도시 및 국가의 브랜드가치를 좌우하는 문화 패러다임의 시대에 있어 문화적 잠재력을 일깨우는 창조도시야말로 좋은 도시라고 할 수 있다. 창조성의 도시가 될 때 비로소 외부의 유능한 인재들을 끌어들일 수 있고, 이들이 제 기량을 발휘할 수 있는 법이다.

그러나 좋은 도시라는 개념을 양적인 차원에서 접근하던 시대는 지나가고 있다. 도시 경제력이 아무리 크더라도 만성적 교통 체증에 짜증을 내야하고 빈곤에 허덕이는 주민들이 많으며, 탐닉적 문화와 이기주의가 만연하고, 공동체가 훼손된 도시를 좋은 도시라고 할 수는 없다. 또한 소박하지만 부녀자가 마음 놓고 밤거리를 다닐 수 있는 도시가 화려한 시설물과 네온사인으로 뒤덮였지만 공포에 쌓인 도시보다 좋은 도시가 아니겠는가?

맑은 물, 깨끗한 공기, 살아 숨 쉬는 역사와 문화가 있는 도시가 공장 굴뚝들이 숲을 이루고 있지만 물조차 마음 놓고 못 마시는 도시보다는 훨씬 낫다. 화려한 개발이 이루어졌지만 개발이란 명분으로 역사적 숨결, 즉 전통을 온 데 간 데 없이 훼손해 버리는 도시를 좋은 도시라고 할 수 없음은 분명하다.

따라서 양의 개념에서 질의 개념으로의 전환이 필요하다. 그것은 생산자 우위에서 생활인 우위로, 공급자 우위에서 수요자 우위로, 저임 노동력 우위에서 지식 노동력 우위로, 관료적 행정 우위에서 서비스 행정 우위로, 개발 우위에서 보전 우위로, 하드웨어에서 소프트웨어로, 동원 우위에서 자발적 참여 우위로 바꾸어가는 것을 통해 이루어질 수 있다. 물론 도시 경제력과 재정력이 견실히 뒷받침되지 않으면 이런 목표를 이룰 수 없는 것이 사실이다. 오해는 이런 질적 전환이 마치 경제력의 확충을 포기하거나 뒤로 미루면서 진행될 것이라고 생각하는 데서 비롯된다. 사실은 정반대이다. 21세기에서도 남의 부러움을 살 수 있는 진정한 도시 경쟁력은 이런 질적 전환의 방침을 확고히 밀고 나갈 때 오히려 더 잘 성취할 수 있기 때문이다.[23)]

5장 / 도시의 경쟁력

1 서론

미래도시 부산의 경쟁력을 확보하는 방안은 무엇인가. 먼저 21세기가 추구해야 할 도시는 도시 전체의 이익과 개별 건축의 이해를 조화시키는 것이다. 자연에너지를 이용하는 지식정보사회의 디지털도시로 만들어야 도시의 하부구조와 상부구조의 상생과 조화를 꾀할 수 있다. 그러나 전 도시를 디지털화할 수 없고 기존 도시 모두를 자연에너지의 도시로 만들 수도 없다. 특별도시구역을 설정하고 이것을 디지털도시, 자연에너지의 도시로 만들어 도시 전체를 이끌어나가게 하는 방안이 모색되어야 한다.[24)]

그리고 더욱 중요한 것은 제2의 도시, 서울과 대척이 되는 도시로서 블루오션을 창조하는 일이다. 국내적으로 비중이 커진 과대도시 서울은 너무나 많고 너무 크기 때문에 세계화, 국제화가 부담이 된다는 지적이다. 하지만 국내유일의 국제화된 거대도시로서 역할을 하기 위한 도시재조직은 국제화에 초점을 두고 산업에서는 창조적 전문 인력에 기반을 둔 신경제에 매진하여만 할 것이다.

부산의 경우는 서울·수도권이 가질 수 없으며 놓쳐버린 분야에 대한 새로운 투자집중이 필요할 것이다. 부산이 국토균형발전의 축이 되려면 신행정수도나 행정중심도시가 아니라 '신 대학도시'가 되어야 하고 대기업중심의 산업구조를 중소기업중심으로 바꾸는 산업도시가 되어야 한다.

지역 고교생 상위 5% 대부분이 서울·수도권으로 유출되는 것을 막으려면 수도권 우수대학의 분교나 국제적으로 유명한 해외대학을 적극 유치할 필요가 있다. 제2의 도시임에도 KAIST(광주)나 POSTECH(포항)과 같은 유명한 대학도 없는 상황에서 도시의 경쟁력은 기대할 수가 없는 것이다.

또한 부산의 경우 산업의 공동화문제는 그동안 정책적 소외와 함께 탄탄한 중소기업 육성에 실패했기 때문이다. 미국을 비롯한 선진국의 경우 지역에 기반을 둔 중소기업들이 지식기반산업을 주도하여 새로운 일자리 창출에도 주된 역할을 수행하고 있다. 부산의 경우 지경학적 위치를 잘 활용하여 국내중소기업의 메카로서 나아가 일본 중소기업의 유치에도 힘써야 할 것이다. 예컨대 한때 국내적으로 한계사업으로 해외로 진출했던 기업들의 U-turn도시로 거듭나야할 필요가 있다.

21세기 경제단위는 국가가 아니라 도시권역이다. 경쟁력과 삶의 질 등 중요한 도시지표는 국가나 지방이 아닌 도시권역단위로 나타나고 있다. 부산의 새로운 자리매김은 (대)도시로서의 역할에서 나아가 도시권역의 중심도시로 나아가야 하는 것이다. 부산뿐 아니라 대구, 울산, 포항, 구미, 창원 등 과거 산업화의 기지였던 도시들은 새로운 환경에 적응하는 과제에 직면하고 있다. 도시권역의 경쟁력 확보를 위한 노력은 도시연합과 어반클러스터일 것이다. 또한 거대한 울산, 포항, 창원, 구미 등 장치산업클러스터를 아우르며 대구, 마산 등 전통도시들과 함께 지식정보사회의 신산업클러스터가 되어야 한다.

2 대학과 중소기업의 메카

국토균형발전의 계기가 되려면 신행정수도나 행정중심도시가 아니라 '신대학도시'가 되어야 하고 대기업 중심의 산업구조를 소기업 중심으로 바꾸는 산업도시가 되어야 한다. 한국경제의 강점과 약점, 가능성과 한계는 대기업 주도에 있다. 수도권 일극집중 해소와 국토균형발전을 이루려면 제조업 중심의 경제를 지식첨단산업으로 변화시키는 대학도시 건설이 우선되어야 한다. 미국도 1980년까지는 대기업이 주도하는 산업경제 사회였으나 1979년을 기점으로 소기업 주도의 지식기반산업이 국가경제의 체질을 바꾸었다. 미국의 경우 1979년 이전 500대 기업이 GNP에서 차지하는 비중이 58%였다. 그 후 15년 동안 100대 기업의 일자리는 25%나 줄었지만 소기업이 새로운 일자리를 만들어 500대 기업이 줄인 일자리보다 많은 일자리가 창출되었다. 소기업이 거대기업의 고용규모를 역전시킨 것이다.[25)]

우리의 경우 다수 대기업의 쇠퇴가 전반적인 경기침체와 내수부진으로 이어진 것은 소기업을 창출하지 못했기 때문이다. 소기업 중심의 경제는 부의 전국적 분산을 이룬다. 균형발전의 요체는 재정을 통한 분배보다 소기업의 창출에 있는 것이다. 산업사회인 20세기에는 공단이 도시화를 이끌어왔다. 울산, 포항, 구미, 창원 모두 공단으로 오늘의 도시를 이룬 것이다. 지식정보사회인 21세기에는 지식과 정보와 금융이 모이는 도시 자체가 발전의 근거지이고 새로운 도시인구의 중심에 대학이 있는 것이다. 부산에 R&D 단지와 신대학도시가 들어서 소기업의 인큐베이터가 되고 중소도시의 발전모델이 되고 스핀오프의 중심이 되어야 동남권이 발전하고 전국의 균형발전 모델이 되는 것이다.

3 도시연합과 어반클러스터

수도권 일극집중과 대도시 중심의 산업화전략으로 수도권 과밀과 불균형발전이 초래되었다. 이미 hyperpolis가 되어 가고 있는 서울과 수도권의 기능을 나누는 것이 일차적인 대안일 것이다. 아직도 서울이 갖춘 것을 지방이 나누어 갖는 것은 좋은 방도가 아니며 수도권 과밀과 불균형발전을 함께 해결하려면 복수의 도시와 농촌이 한 도시권역을 형성하는 도시연합을 만들고, 산업클러스터와 연대하여 세계경제를 상대할 수 있는 어반클러스터를 이루어 수도권과 경쟁할 만한 도시권역을 형성해야 한다고 생각하는 사람들이 다수 존재하고 있음도 사실이다. 이들은 충청권 신행정도시(세종시)가 수도권 과밀해소와 국가균형발전을 이루는 방안이라고 생각하는 사람은 과천으로 행정부 대부분을 옮긴 것이 과연 문제해결에 어떠한 도움을 주었는지 생각해보아야 한다고 말한다. 사실 고속도로시대의 과천과 고속철도시대의 충청권은 비슷한 거리의 수도권 외곽지대이다. 그러나 수도권 과밀과 국가균형발전을 동시에 해결하려면 첫 단계는 이러한 국가기능의 분산이며 2단계는 수도권과 겨룰 수 있는 지방의 독립적 경제권역화를 이루어야 한다. 바로 그 방안이 수도권과 상대할 수 있는 규모와 콘텐츠를 갖도록 다수의 도시와 농촌이 도시연합을 이루고 다시 산업공단간 산업클러스터를 통합하는 어반클러스터의 형성이며, 이것이 지방권 자립화를 위한 방안이다.

이제 경제단위는 국가가 아니라 도시권역이다. 경쟁력과 삶의 질 등 중요한 도시지표는 국가나 지방이 아닌 도시권역 단위로 나타나고 있다. 아직까지 서울·수도권과 영남권 이외에는 도시권역이 제대로 이루어지지 못하고 있으며, 서울·수도권이나 영남 산업클러스터도 대도시와 농촌이 상생과 조화를 이루지 못하고 있다. 소도시와 농촌들은 대도시에 종속되고 비자립적이 되었다. 수도권 세계화와 지방권 자립화를 위해서는 소도시와 농촌지역에 세계화된 특별도시구역을 전략적으로 육성해야 한다. 인천, 대구, 대전, 부산, 울산 등 광역시 중심의 경제구조도 결국 대도시 중심으로 주변도시와 농촌을 아우르지 못한 채 지방권 몰락을 가속화하고 있다.[26] 국토균형발전과 지방권의 도약을 이루려면 신행정수도가 아니라 대도시와 경쟁할 수 있는 자립적 규모로 도시와 농촌이 도시연합을 이루고 산업단지가 산업클러스터를 이루며 함께 모인 신개념의 도시권역인 어반클러스터가 대안인 것이다. 라인강을 중심으로 도시와 농촌이 도시연합을 이루어 산업클러스터를 집합한 라인동맹이나 이리(Erie)운하 유역의 도시와 농촌이 도시연합을 이루며 내륙의 산업 클러스터와 함께 이룬 도농집합체가 어반클러스터이며, 일본 세또나이까이 일대의 도시군과 농촌지역이 이루는 경제권역이 어반클러스터의 사례이다. 지금까지 한반도 도시정책은 대도시가 주변도시와 농촌을 병합 종속시킨 공단제조업과 대도시 서비스산업의 두 축을 기본으로 했다. 그러나 세계경제의 축이 공단제조업에서 도시의 창조적 신산업으로 이동하면서 대도시 중심정책의 대전환이 필요하게 된 것이다.[27]

신행정수도의 수행과 함께 부산을 중심으로 동남권의 도시연합이 이루어지고 대경권이 동남권 도시연합과 함께 영남권 어반클러스터가 되어 한강의 기적 같은 낙동강의 기적이 일어나야 국가균형발전의 기반이 마련된다. 옛 신라의 영역에서 일으켜진 울산·포항·구미의 세계적 산업클러스터가 신경제를 견인할 신산업클러스터로 옛 가야지역의 동남권과 대경권 도시연합과 함께 일어나면 국토균형발전과 수도권과밀해소 논의의 창조적 돌파구를 열게 되는 것이다.

4 창조적 신산업 육성

오늘의 경제는 창조적 경제다. 선진국들은 이미 정보기반의 지식경영경제로 이동하고 있다. 창조적 경제의 핵심산업인 R&D, 출판, 소프트웨어, 텔레비전과 라디오, 디자인,

음악, 영화, 게임, 광고, 건축 등 전세계 15개 창조적 분야의 연간 수입은 2조 2400억 달러에 달한다. 미국은 9600억 달러의 소득으로 단연 세계 최고의 창조적 경제국가다. 일본과 독일에 덜미를 잡혔던 미국경제가 일어선 것은 제조업분야의 생산성 향상보다 이러한 창조적 분야의 우위 때문이다. 부산에는 무엇보다 창조적 신산업이 더 필요하다. 창조적 신산업이 일어나기 위해서는 창조적 집단이 있어야 한다. 1980년대와 1990년대 전세계 도시들은 하이테크파크를 건설하고 벤처캐피털 투자를 시작했다. 그들의 신도시 산업전략은 하이테크 기업을 육성하거나 다른 도시에서 기업을 끌어오는 것이었다. 그러나 창조적 집단의 특성을 간과한 그런 방법은 대부분 실패했다. 사회변동의 원동력은 기술이 아니라 창조적 집단에 있다는 것을 간과한 것이다. 빌 게이츠가 세계 최고기업 마이크로소프트도 상위의 창조적 소수 30인이 이동하면 무너질 수 있다고 한 말의 뜻을 알아야 한다.

기술·경제적 창조성은 예술·문화적 창조성과 상호작용한다. 여러 학문분야가 함께 있는 대학이 창조적 집단의 산실이며 창조적인 집단에 접근하는 것이 현대 비즈니스의 특징이다. 창조적 집단이 부산과 동남권에 모이게 해야 한다. 창조적 집단이 모여들었던 고대의 아테네와 로마, 르네상스시대의 피렌체, 근대의 런던, 현대 미국의 맨해튼 등 특정지역은 항상 교육과 문화, 기술과 경제가 모인 강변도시였다.

그들은 무엇보다 창조적 인간으로서의 그들의 독자성을 확인할 수 있는 장소와 기회를 원한다. 신경제는 지역보다는 특정공간에서 일어나며, 시간이 갈수록 더 많은 경제적 거래가 이 새로운 공간으로 이동할 것이다. 창조적 도시의 성패는 '무엇이 있는가, 누가 있는가, 무슨 일이 일어나고 있는가'에 달려 있다. 기존도시를 개혁하고 농촌을 기업화하고 그들과 함께 새로운 경제를 일으킬 어반클러스터의 요체는 바로 창조적 집단인데, 문제는 서울·수도권에 모여 있는 창조적 집단은 지방으로 가려 하지 않는다는 점이다. 지방분권 성공의 요체는 지방에 창조적 집단이 가고 싶어 할 공간을 만드는 것이다.

두 자릿수의 실업률, 정체된 수입, 두뇌유출로 인해 장기적인 경제불황에 시달리고 있던 아일랜드는 지금 OECD국가 중 가장 빠르게 성장하고 있다. 아일랜드의 기적은 창조적 공동체 만들기에서 시작되었다. 역동적인 창조적 집단과 그들이 원하는 생활중심지를 만들기 위해 제임스 조이스, 윌리엄 버틀러 예이츠, 버나드 쇼 등 아일랜드인 특유의 역사와 지리와 인문의 잠재력과 가능성에 근거한 문화공동체를 건설한 것이 아일랜드의 신산업전략이었던 것이다.[28)]

울산·창원·포항·구미의 산업공단이 산업화시대의 한국을 이끌어온 거대한 장치산업 클러스터였다면, 부산·마산·대구·경주는 창조적 인간군이 모여드는 지식정보사회의 신산업클러스터가 되어야 한다. 미국 동부와 서부가 서로 다른 산업을 일으켜 획기적인 경제발전을 이루었듯이 새로운 산업클러스터로 한반도 산업지도의 새 비전을 열어야 한다. 동남권과 대경권에 교육기관, 연구기관, 문화예술센터가 자리를 잡고 창조적 신산업의 도시연합을 이루면 산업클러스터로서는 세계경쟁력을 가진 서울·수도권에 버금가는 국가발전의 또 다른 초석이 되는 것이다.

※ 용어해설[29)]

- **건축화도시** Archiban
  중세의 성곽도시처럼 도시의 하부구조인 인프라와 상부구조인 건축이 하나의 원리에 의해 함께 실현되는 도시·건축복합체.

- **경제공동체** economic community
  공동의 경제정책에 의해 연결된 그룹. 예컨대 EEC(European Economic Community)는 유럽경제공동체조약(로마조약)에 따라 창설되어 관세동맹 결성, 수출입제한 철폐, 역외국가에 대한 공동관세와 공동무역정책의 수행, 역내 노동력·용역·자본 이동의 자유화 조치, 공동농업정책의 수립 등을 목적으로 했다.

- **과대도시** hyperpolis
  물리적 단위로서의 도시공간이 그 개발포용(holding capacity) 한계를 넘어 교통과 도시인프라의 투자가 경제성을 잃은 도시.

- **광역 도시인프라** regional urban infrastructure
  하나의 대도시를 중심으로 다수의 주변 위성도시 또는 다수의 중소도시들이 하나의 사회 및 경제활동의 단위체로서 역할을 수행할 수 있도록 엮어주는 도시인프라, 일반적으로 외곽순환도로, 고속도로, 고속철도 등을 말함.

- **그린브리지** green bridge

다수의 조각난 소규모 녹지군을 서로 연결하여 생태계적 환경을 조성하는 도시적 장치.

- **다목적신도시** multi-purpose new city

도시 스스로의 자립을 위한 목적뿐 아니라 다른 도시를 연결하고 주변의 농촌을 끌어들여 네트워크화하는 등 다중의 목적을 가진 도시.

- **도시공동체** urban community

일군의 도시들이 특정 목적을 공유하며 그 안에서 서로 규제하며 역할 분담하는 공동체.

 · 도시연대urban solidarity 도시들이 특정한 사안에 한하여 협력하는 단계.
 · 도시연맹urban federation 도시들이 특정한 사안에 한하여 협력하는 단계.
 · 도시연합urban union 도시들이 각각의 독립성은 유지한 채로 합쳐서 경제공동체를 구성하는 단계.

- **디지털 철강도시** digital steel city

철을 주소재로 하여 대구조는 현장에서, 소공간은 공장에서 디지털 방식으로 '사전제작'과 '현장조립'하는 건축 · 도시복합체.

- **리빙브리지** living bridge

베네찌아의 리알또, 피렌체의 베끼오 다리처럼 구체적인 도시기능이 있는 다리.

- **메가스트럭처** megastructure

표면과 지하에만 머물던 도시인프라가 지상으로 3차원적으로 확대되고 그 안에서 건축이 장착되는 거대도시 구조.

• **메가인프라** mega infrastructure

거대도시와 거대도시를 네트워킹하는 인프라. 보스턴·뉴욕·필라델피아·워싱턴DC에서처럼 각각의 도시요소가 인프라를 타고 확대되어 작은 주변도시들을 흡수하여 도시네트워크는 마치 포도송이와 같은 형태를 띠게 된다.

• **메갈로폴리스** megalopolis

몇 개의 메트로폴리스가 연결되어 만들어지는 거대한 도시집중 지역.

• **문화관광도시** culture-tourism city

문화관광 인프라가 구축되어 그것이 도시의 정체성이 되고 지역사회의 경제활동 중심이 된 도시.

• **문화관광 인프라** culture-tourism infrastructure

도시나 지역사회의 미술관·박물관·도서관 등 시민과 방문객을 위한 문화·관광시설군이 도로, 공원, 녹지 등 도시인프라와 결합하여 도시공간화한 것.

• **산업클러스터** industrial cluster

산업집적(産業集積)이라고도 한다. 동종 혹은 이종간의 생산 및 경제활동이 가치사슬(value chain) 또는 가치네트워크(value network)를 중심으로 밀도있게 일어나는 산업활동 주체의 조합을 말한다. 일반적으로 생산활동의 주체인 중소기업·대기업과 연구개발의 주체인 대학 및 기업 관련 연구소, 자본지원과 인습화된 산업환경을 계획하는 자치단체 등으로 구성되어 네트워크 구축과 상호작용을 통해 시너지효과를 극대화한다.

• **산학클러스터** industrial education cluster

생산활동의 주체인 기업과 연구개발의 주체인 대학의 연구소가 신상품 개발과 기술혁신을 위해 연합한 협동 연구개발 단위.

- **세계도시** world city

  뉴욕, 런던, 도쿄 등과 같이 그 도시의 시민이나, 도시가 속한 국가의 국민만이 아닌 전 세계인을 상대로 하는 도시.

- **세계화 도시구역** world district

  세계도시처럼 도시 전체가 세계인들을 위한 것이 아니라 도시의 특정지역이 세계인들을 위해 조성된 구역.

- **스페이스 매트릭스** space matrix

  모든 위치에서 건축과 인간의 접속이 가능한 3차원의 주소를 가지는 특정의 공간.

- **신도시산업** creative urban industry

  도시 내부에서 창조적 인간군이 만들어내는 신산업, 신산업은 R&D, 출판, 소프트웨어, TV, 라디오, 디자인, 음악, 영화, 게임, 광고 등 창조적인 인간의 무형 산물(intangible product)의 생산과 분배의 경제활동을 말한다.

- **어반클러스터** urban cluster

  도시집적체(都市集積體) 또는 도시성군(都市星群)이라고도 한다. 산업클러스터가 진화하여 도시와 농촌을 아우르며 거대도시와 경쟁할 수 있는 새로운 단계의 공간을 창출한 것.

- **에코브로드웨이**(eco-broadway)

  생태화된 대형 도시가로 및 도시구조물.

- **인스턴트시티** instant city

  관광객이나 고객 등이 잠시 머물면서 도시의 주인이 되는 도시, 또는 특정 장치들에 의해 임시로 생겼다가 목적이 다하면 없어질 수 있는 도시.

• **자립자족도시** independent city
신도시 개발의 핵심 개념으로 인간활동의 기본이 되는 주거공간과 생산 및 근로활동의 공간이 하나의 도시공간 내에서 해결될 수 있는 이상적인 도시모형을 말함. 반대개념은 베드타운이다.

• **하이테크파크** high-tech park
항공, 전산, 컴퓨터, 생화학, 제약, 통신 등의 첨단 하이테크 분야의 연구 및 개발을 목적으로 기업이나 대학, 혹은 정부가 조성한 연구단지.

• **해안링크** coastal link
바다나 호수를 중심으로 그 연안에 있는 도시들의 연결.

• **혁신클러스터** innovative cluster
혁신시스템(innovative system)이라고도 불리며 한 지역의 산업, 대학, 지역사회 공동체가 하나의 시스템으로 끊임없이 새로운 산업으로 재생발전하는 지역산업체의 단위. 버클리대의 애널리 쌕서니언(AnnaLee Saxenian) 교수가 보스턴의 루트128과 캘리포니아 실리콘밸리의 하이테크산업이 중심이 된 이 지역의 산업구조를 설명하기 위해 처음 사용한 용어.

• **황해(도시)공동체** Yellow Sea (Urban) Community
황해에 접한 중국 동부해안과 한국 서해안, 그리고 일본의 일부 도시들을 포함하는 지역도시들의 상징적 · 선언적 단계에서의 문화 · 경제적 협력체.

• **황해도시연합**. Yellow Sea Urban Union
황해 주변도시들의 정치 · 경제 연합체로 정치와 경제 조약 또는 협약에 따라 서로 협력하여 하나의 거대한 도시권역으로 발전해나가는 단계.

• 후퉁胡同

빼이징 사합원(四合院, 전통주택)이 모여 있는 주거지역에 사합원들과 직접 면한 동서로 놓인 가로. 빼이징 시민들의 일상생활을 위한 무대인 동시에 매우 중요한 환경 장치이다.

※ 플레이스 브랜드 스케이프[30)]

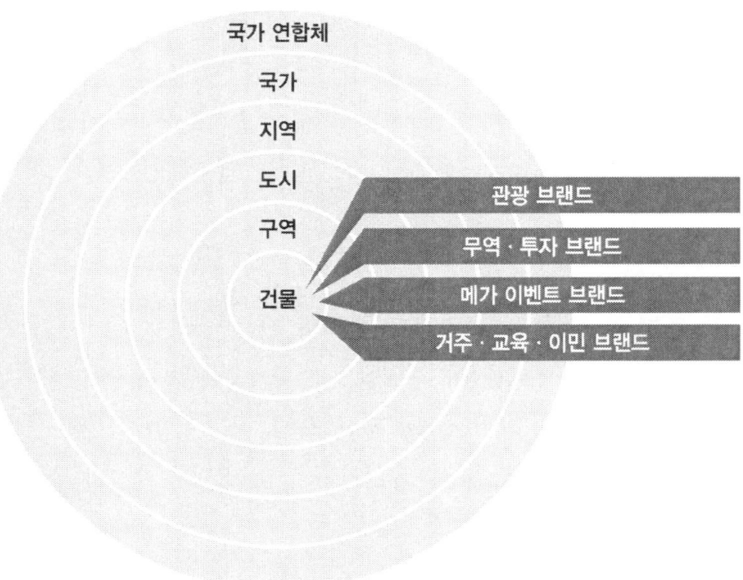

※ 빌바오와 글래스고우 성공사례[31)]

플레이스 브랜딩의 중요성에 대한 강조는 여러 말을 늘여놓기보다 몇 가지 대표적인 성공 사례를 드는 것이 훨씬 효과적이다. 다음과 같은 사례들은 플레이스 브랜딩이 사라져 버릴 뻔 했던 한 도시를 기적적으로 살릴 수도 있고, 그곳에 사는 사람들의 운명을 바꿀 수 있는 힘이 있다는 사실을 일깨워준다.

스페인의 빌바오는 플레이스 브랜딩으로 도시 운명을 바꾼 대표적인 곳이다. 스페인 바스크 지방에 있는 항구도시 빌바오는 지리적 특성 때문에 19세기 후반부터 20세기 중반까지 철강업과 조선업이 중심이었다. 하지만 1980년대로 접어들면서 세계적인 제조업 침체 영향을 피해갈 수 없었고, 바스크 분리주의 운동 때문에 사회적으로도 매우 혼란스러운 분위기에 휩싸였다. 설상가상으로 1983년에서는 700여년 만에 찾아온 최악의 대홍수로 인해 그야말로 빌바오는 폐허 직전의 상태까지 몰렸다. 범람한 네르비온강 때문에 거주지는 아수라장이 되었고, 산업 활동도 제대로 돌아가지 못했기 때문에 4명 중 1명이 실업자일 정도로 지역 경제가 엉망이 되었다. 하지만 빌바오는 이런 엄청난 시련을 딛고 20년이 채 안 되어 세계에서 가장 매력적인 문화도시로 변신하는 데 성공했다. 바로 주민과 지방 정부가 하나가 되어 효과적인 플레이스 브랜딩 작업을 펼쳤기 때문이다.

1985년 빌바오에는 법률가, 건축가 등 민간 전문가 15명으로 구성된 도시재생협회가 만들어졌다. 이 단체는 도심에 역사보존 구역을 설정하고, 홍수 피해를 입은 역사적 건물들을 복원하기 시작했다. 또한 집을 개축해야하는 주민들은 비용의 일부를 지원받는 대신, 도심 재생을 위한 가이드라인을 적극적으로 지켰다. 빌바오의 기적은 바로 플레이스의 고유 가치를 '문화'에서 찾았기 때문에 가능했다. 홍수 피해 복구 작업에서 출발한 빌바오의 도심재생사업은 점점 애물단지가 되어가고 있는 항만시설과 산업지대를 비롯해 도시 전역으로 확대되었다. 그리고 1987년, 빌바오는 첫 번째 도시기본계획을 발표하였다. 빌바오 재생전략의 핵심은 이전까지 빌바오 경제의 핵심이었던 전통적인 철강·조선업의 부활이 아닌 '문화'를 통해 다시 살아나겠다는 것이었다.

빌바오 재생 프로젝트에는 민간 전문가 협의체인 '메트로폴리30'과 비영리 공기업인 '빌바오리아2000'이라는 단체를 중심으로 도시를 살리기 위한 다양한 제안이 있었다. 프로젝트는 우울하기 짝이 없었던 빌바오의 방치된 산업지대를 공공기관으로부터 무료로 넘겨받아 개발하고, 개발 후 발생한 이익을 다른 구역에 투자하는 방식으로 진행되었다. 이에 따라 이전에 하역장과 조선소가 있었던 아바노이바라는 문화지대로 바뀌었고, 철도역 주변에 있었던 아메촐라는 멋진 거주지로 변했다. 또한 바라칼도 등지는 항만시설에서 산뜻한 체육공원으로 바뀌었다. 현재의 빌바오를 세계적인 유명 관광지로 만든 일등 공신은 다름 아닌 1997년에 오픈해 빌바오의 랜드마크가 된 구겐하임 미술관이다. 빌바오는 많은 반대가 있었지만 건설비로 무려 1억 달러를 투자하겠다고 선포했고, 오스트리아 잘츠부르크를 제치고 구겐하임 미술관을 빌바오 안에 세울 수 있었다. 이 과감한 계획은 대성공이었다. 미술관이 세워진 다음 해 무려 146만 명이라는 경이적인 관람객 수를 기록했다. '겨우 미술관 하나를 세웠을 뿐인데……'라고 생각할 수도 있겠지만 그 미술관 하나가 빌바오 경제에 미친 영향은 이루 다 말할 수 없다.

영국의 글래스고우도 성공적인 플레이스 브랜딩으로 새로운 이미지를 창출한 대표적인 도시다. 빌바오처럼 글래스고우도 담배 무역에서부터 선박제조업까지 전통적인 산업을 기반으로 하고 있었던 도시였다. 산업이 발달하면서 17세기부터 지속적으로 노동력이 유입되기 시작했고, 자연스럽게 도시가 발달했다. 20세기 초반에는 도시인구가 160만에 이를 정도로 영국의 중요한 산업도시로 자리 잡았었다. 하지만 1차 세계대전 이후 전 세계에 불어 닥친 불황의 여파를 피할 수 없었고, 도시는 점점 침체 일로에 들어서게 되었다. 게다가 1960년대 이후부터는 기반산업인 조선업을 비롯한 중공업이 급속하게 쇠락의 길을 걷게 되었고, 일자리를 잃은 노동자들이 하나둘 글래스고우를 떠났다. 풍요를 상징하던 도시가 슬럼도시, 범죄도시, 죽어가는 도시라는 오명을 뒤집어쓰게 되었다.

글래스고우의 변신 전략 역시 '문화'였다. 1870년대 초반부터 글래스고우는 본격적인 도시환경 정비 및 개선 사업을 진행했다. 슬럼가를 정비하고, 도심번화가인 뷰캐넌 거리를 보행자 전용거리로 만드는 등 도시의 물리적 환경을 먼저 개선했다. 그리고 1980년대에 들어서면서 컨벤션센터, 쇼핑센터, 박물관, 갤러리, 콘서트홀 등의 문화시설 건설을 통해 도시 활성화를 유도하기 시작했다. 먼저 1983년에 "Glasgow's Miles Better"라는 슬로건과 함께 아트 페스티벌, 메이피스트 같은 행사가 열렸다. 또한 1985년에는 민관합동기구인 '글래스고우 액션'을 설립해 지역 산업과 관광을 활성화시키기 위해 도시의 이미지를 '문화적인 것'으로 만들기 위한 적극적인 홍보활동을 펼쳤다. 글래스고우 곳곳에서 전시, 합창제, 재즈음악축제, 무용제 등이 열렸고, 덕분에 여름휴가 시즌이 되면 글래스고우는 전체적으로 축제 분위기가 되었다. 1987년 글래스고우시가 유럽의 문화도시 후보로 추천된 이후에는 페스티벌 담당 부서가 만들어져 본격적으로 전시, 컨벤션, 문화이벤트, 출판 등에 관한 프로그램을 개발하기 시작했다. 그 결과 글래스고우는 1990년 유럽문화도시로 지정되었고, 도시홍보효과도 월등하게 높아졌다. 글래스고우는 1990년에 무려 659만 명의 관광객을 유치했고, 이는 글래스고우 이외 지역에서 온 관광객의 수가 85%나 증가한 결과이며, 1989년 대비 72%나 늘어난 것이다. 1990년 이후 글래스고우는 더욱 탄력을 받아 지역개발기구를 확대 정비하고, 글래스고우를 문화관광의 도시로 확실히 자리매김하기 위해 여러 가지 노력을 기울였다. 1991년에는 글래스고우 개발청을 설립했고, 'Glasgow's Alive' 등의 캠페인을 통해 본격적으로 도시 활성화 사업을 추진하기도 했다.

변화하는 세상에 적응하지 못하고, 새롭게 변화하지 않으면 살아남을 수 없다. 플레이스도 마찬가지다. 빌바오와 글래스고우는 도시의 핵심 가치를 적극적으로 개발하고 알려 회생불가능해 보이던 도시를 살려냈다. 사양 산업에 연연하며 과거에 머물러 있지 않고, 새로운 발상과 과감한 도전, 그리고 여러 이해당사자들간의 협력을 통해 운명을 바꿨다. 이 두 도시가 이루어낸 기적은 성공적인 플레이스 브랜딩의 모범 사례가 되었다.

註

1) 3부 용어해설. 참조.
2) 1977년 2월 박정희 전 대통령은 행정수도 이전이라는 파격적인 구상을 피력했다. 그리고 이를 위하여 청와대 참모들은 행정수도 건설을 위한 기본 계획과 함께 국토의 균형개발이라는 큰 밑그림을 그리기 시작했다. 그러나 박 전대통령이 강한 애착을 보이던 행정수도 문제는 12.6사태가 터지며 미완의 숙제로 남았다. "'박정희 행정수도' 기획, 오원철 전 경제수석,"(주간조선, 2085호), 2009.12.21.
3) 김석철, 「희망의 한반도 프로젝트」(창비, 2005), pp.126-127. 참조.
4) 제4부 1장. 참조.
5) 선우정, "(2009년 일본의) 혁명전야,"(조선일보), 2009.6.30.
6) 이재호, "대수도론과 부산의 논리,"(국제신문), 2006.6.27.
7) 이재호, "부산이 살아야 나라가 산다,"(국제신문), 2009.1.19.
8) 4부 2장. 참조.
9) 김석철, 앞의 책, pp.125-126.
10) 김석철, 앞의 책, pp.124-127.
11) 플레이스 브랜딩이란 국가브랜딩, 지역브랜딩, 도시브랜딩, 구역 · 건물브랜딩을 포괄하는 개념이다. 이 용어는 2002년 사이먼 안홀트가 처음으로 사용했고, 비슷한 개념으로 플레이스 마케팅이라는 용어가 있는데, 이는 1993년 필립 코틀러가 처음 사용했다. 박상훈 · 장동련, 「홍대앞에서 런던까지 장소의 재탄생」(디자인하우스, 2009), p.43.
12) 냉전체제의 종식으로 세계질서는 경제적 이해관계를 중심으로 재편되고 있다. 이러한 신국제질서의 재편과정에서 가장 두드러지게 나타나고 있는 현상을 범세계주의(globalism)와 지역주의(regionalism)라는 두 평행한 움직임의 대두라고 할 수 있다. UR협상 타결에 따른 WTO체제의 출범이 전자의 대표적 현상이라면, 유럽연합(EU), 북미자유무역협정(NAFTA) 및 기타 지역경제블록의 형성은 후자의 대표적 현상일 것이다.
13) 탈산업사회 국력의 창출체제는 통신을 서로 즉각 주고받고 거대한 데이터, 정보 및 지식의 흐름을 끊임없이 교환하는 수많은 국가기구, 시장, 은행, 생산센터 및 연구소의 범세계적인 네트워크로 구성되는 '초기호체제(super-symbolic system)'이다. 즉, 비교우위의 경우 정보가 간접적 우위요소에 불과하지만 경쟁우위의 경우 직접적 우위요소로 나타나며, 전략우위의 경우 패권요소(hegemonic or dominant factor)로 격상된다고 할 수 있다
14) 박상훈 · 장동련, 앞의 책, pp.60-63.
15) 박종화, 「도시경영론」(박영사, 2009), pp.20~23. 참조.
16) 강형기, 「향부론」(비봉출판사, 2004)
17) IMC의 정의는 1989년 미국광고협회에서 발표한 것을 국내외 학자들이 많이 인용하고 있는데 원문에 충실하여 번역하면 다음과 같다. IMC는 광고, DM, SP와 PR등 다양한 커뮤니케이션 효과를 제공하기 위해 이들 다양한 수단들을 통합하는 총괄적 계획의 부가적 가치를 인식하는 마케팅 커뮤니케이션 계획의 개념이다. 라이터스편집부, 「한국적 IMC의 추진 방향-韓美Case비교를 중심으로」(CEO Report, 2005).
18) IBC는 브랜드 가치 극대화를 위해 전사 차원에서 명확한 브랜드 아이덴티티를 수립하고, 광고 및 PR, IR, 쌍방향 커뮤니케이션, 내부 커뮤니케이션 등 모든 커뮤니케이션 활동을 통합하는 것이다. 중요한 것은 IBC가 IMC와 달리 마케팅 커뮤니케이션 관점이 아닌, 사업 관점에서 출발한다는 것이다. 즉, 자사의 사업 모델 내에서 브랜드의 역할을 이해하고, 사업 성과 향상을 가져오기 위해 브랜드 측면에서 어떤 활동들을 해야 하는지를 도출해낸다. 해당 사업 내에서 브랜드 가치를 결정하는 주요 요인들을 확인하고, 통합적인 커뮤니케이션 활동을 통해 기업이 원하는 방향으로 움직이도록 하는 것이다. 궁극적으로 브랜드 전략 차원에서 커뮤니케이션 활동을 다룸으로써 기존의 커뮤니케이션 활동이 전술적인 차원에서 이루어짐으로써 나타났던 부작용을 해소하려는 트렌드라고 할 수 있다. 박천규, 「통합적 브랜드 커뮤니케이션(Integrated Brand Communication)」, (LG주간경제 874호), 2006.03.08.
19) 박상훈 · 장동련, 앞의 책, pp.240-293.
20) 권철현, 「신부산대개조론 부산이여 깨어 일어나라」(효민출판사, 2006), pp.178-179.

21) 김석철, 앞의 책, pp.272-274.
22) 김석철, 앞의 책, pp.84-86.
23) 권철현, 앞의 책, pp.79-81.
24) 김석철, 앞의 책, p.85.
25) 김석철, 앞의 책, pp.114-115.
26) 김석철, 앞의 책, pp.198
27) 김석철, 앞의 책, pp.177-180.
28) 김석철, 앞의 책, pp.180-182.
29) 김석철, 앞의 책, pp.394-400.
30) 박상훈 · 장동련, 앞의 책, p.41.
31) 박상훈 · 장동련, 앞의 책, pp.67-71.

4부

大부산구상(Great Busan Initiative : GBI)

- 우수한 두뇌의 특징은 그 혼돈 상태에 있다. 우수한 두뇌에는 틀에 박힌 생각, 확신, 요령이 없다. 우리의 사고는 끊임없이 뭔가를 찾아 돌아다니는 개미들처럼 어디든지 달려가서 뒤지고 시험하고 맛보아야 한다 - 베르나르 베르베르
- 바다도시는 세계와 역사를 견인해 왔다 - 시오노 나나미
- 부산의 발전 없이는 한국의 발전도 없다 - 박근혜

1장 / 대수도론의 허구성

1 서론

"사람들은 서울과 지방, 대통령과 야당, 대기업과 중소기업, 문화적 세련미와 변방적 촌스러움의 기준으로 모든 것을 생각한다" 이 말은 조선시대 상황을 탁월하게 기술한 브루스 커밍스 교수의 글을 차용하여 현재 우리나라 상황으로 재구성한 것이다.[1)]

수도권 집중이 과밀과 비효율을 낳고 국가불균형발전을 초래하고 국가경쟁력을 약화 시켜왔다는 것은 정치권 뿐 아니라 언론 그리고 학계에 까지 정립된 명제이다. 그러나 수도권지역과 경제권에서는 오히려 수도권 과잉규제와 지방의 한계를 지적한다.

수도권은 지난 30년 동안 한국 대부분의 에너지를 집합하여 세계로 나아간 중심지역이다. 한국이 이만한 경제성장을 이룬 것은 대부분 지방에서 올라온 수많은 사람들의 피와 땀이 맺힌 것이지만, 무엇보다 국가의 자원과 에너지를 수도권에 집중하고 지방은 주어진 나름의 역할을 해온 데서 얻어진 것이다. 1970년까지 1천 달러 미만이던 일인당 국민소득이 1만 달러를 돌파하고 세계12위의 경제 강국으로 일어섰을 때, 곧이어 2단계의 도약을 위한 국가혁신과 개조개혁이 이어졌어야 하는데 우리는 이 작업을 게을리 했다.

거시적인 차원에서 서울·수도권에 새로운 질서를 부여하는 작업이 시작되어야 한다. 미래도시에서는 기술과 자연, 가상세계와 현실세계의 상생원리가 실현되어야 한다. 이 제안은 서울의 정도(定都) 당시 도시원리를 기반으로 현대도시의 이상을 서울에 실현하려는 계획이다. 옛 서울이 성리학에 기반한 철학적 원리와 풍수지리를 근거로 한 윤리와 자연의 도시였던 데 비해 현재의 서울은 상업자본의 욕망이 지배하는 윤리적이지도 미학적이지도 않은 도시다. 서울은 스스로의 정체성을 상실한 비구조화된 도시가 되고 말았다.[2)]

지금 서울뿐만 아니라 한반도의 대부분 도시가 세계경쟁력을 상실하고 삶의 질도 떨어지고 있다. 한반도의 하드웨어가 이제 한계에 도달한 것이다. 전통산업은 신산업으로 혁신되고 있는 데 도시는 여전히 과거의 도시 그대로이다. 기존 도시 외곽에 신도시를 일으켜 기존도시와 주변농촌의 공동개발을 이루는 혁신도시, 그리고 농업을 기업화하고 농촌에 신산업 인력이 오게 하고 농촌인구가 창조적 집단으로 거듭나는 농촌자립화가 한반도 구조개혁의 방안으로 되어야 한다.

이제 우리는 수도권 집중과 일극체제의 문제를 지역적 시각이나 현재의 시각에서 벗어나 새로운 차원에서 접근할 결단의 시기가 온 것을 알아야 할 것이다. 무엇보다 국가사회의 장기적이고 본질적 발전지향에 대한 이견의 소지 자체가 시대정신과 국가(사회)창조성의 위기라는 국면에서 재조명 되어야 한다. 수도권집중 해소와 국가균형발전 문제는 거시적 차원에서 서울·수도권에 새로운 질서를 부여하는 작업으로부터 시작되어야 하며 최종적으로는 미래와 통일시대를 대비한 국가공간기획으로 승화시켜야 할 것이다.

2 초고밀도 도시, 서울

무엇보다 부정할 수 없는 사실은 서울은 경제규모나 인구에서 세계적인 도시의 하나이면서 반(反)환경적이고 비(非)인간적인 도시라는 사실이다. 천혜의 자연과 등진 도시구조는 서울을 견디기 힘든 도시로 만들고 있다. 수도권으로 확대된 서울은 고층건물과 자동차로 비 조직화된 도시이다. 인구밀도 기준에서 사회 인프라의 양은 세계의 주요도시 중 가장 낮다. 수도권의 확장으로 현재 수도권과 서울을 넘나드는 1일 200만대 이상의 차량으로 발생하는 교통문제에서 드러나듯 서울은 수도권에 포위된 열섬속의 정글이 되고 있다.

우리나라 인구 밀도가 방글라데시, 대만에 이어 세계 3위라는 사실은 잘 알려져 있다. 그러나 서울이 전 세계에서 인구가 가장 많은 도시라는 사실은 아는 사람이 그리 많지 않다.[3] 2006년 현재 서울은 1,203만 명으로 브라질의 상파울루 1,000만 명, 인도의 뭄바이 993만 명을 제치고 으뜸이다. 상하이는 820만 명, 도쿄는 810만 명, 뉴욕은 800만 명, 베이징은 740만 명, 런던 700만 명, 홍콩은 680만 명이다. 물론 거대 광역권을 포함하면 도쿄, 멕시코시티, 뭄바이, 뉴욕, 상파울루는 서울보다 많지만 행정 구역의

개념이 전혀 다르다.[4)]

인구수뿐만 아니라 밀집도를 비교해 보자. 국토 면적의 0.6%에 불과한 서울에 인구의 약1/5이 살고 있다. 그리고 인구의 절반이 전 국토의 11.8%에 불과한 수도권에 몰려 있다. 인구 밀집도가 높다는 도쿄, 런던, 파리, 뉴욕을 두 배 이상 앞지른다. 인구 집중도를 보다 자세히 비교하기 위해 몇 개의 통계 자료로 동아시아, 유럽과 미국 주요 도시의 인구밀도를 표로 만들어 보았다.

[표 4-1] 수도권 인구 집중도(2004년 현재, 단위: 명 · %)

전체 인구	서울 인구 (집중도:%)	서울 면적 비율 (%)	수도권 인구 (집중도:%)	수도 면적 비율 (%)
48,082,163	10,023,546 (20.8%)	0.6	23,053,546 (47.9%)	11.8

자료 : 통계청 통계 정보 시스템

[표 4-2] 세계 도시 인구 집중도(2003년 현재, 단위: %)

수도권(서울)	런던권(런던)	파리권(파리)	뉴욕권(뉴욕)	동경권(동경)
47.3(21.0)	26.0(12.4)	19.0(3.7)	7.7(2.9)	27.2(9.9)

자료 : 건설교통부

[표 4-3] 세계 도시 인구 밀도

	시 행정 구역			광역권		
	인구 밀도 (인/㎢)	면적(㎢)		인구 밀도 (인/㎢)	면적(㎢)	
서울	16,391	605	25구	2,027	11,730	수도권
도쿄	1,338	621	23구	5,619	2,187	도쿄도
베이징	38,303	17	쉬안구	906	16,808	-
상하이	46,293	12	황푸	2,750	6,341	-
홍콩	6,206	1,103	-	-	-	-
싱가포르	6,389	699	-	-	-	-

	시 행정 구역			광역권		
	인구 밀도 (인/㎢)	면적(㎢)		인구 밀도 (인/㎢)	면적(㎢)	
마카오	16,521	28	-	-	-	-
런던	15,177	12	캔싱턴/첼시	4,699	1,579	그레이터런던
파리	24,672	87	20구역	3,542	2,723	-
뉴욕	25,850	59	맨해튼	10,194	786	NYC
로스앤젤레스	3,041	1,291	city	905	12,309	LA카운티

자료: 서울 · 홍콩 · 싱가포르 · 마카오 · 런던 2005년, 베이징 · 상하이 · 파리 2004년, 도쿄 2003년, 뉴욕 2002년 자료 추정, 로스앤젤레스 2000년 자료

아시아에서 베이징, 상하이, 마카오의 밀도가 서울보다 높지만 이들은 종로구와 중구를 합한 정도의 작은 행정 구역이거나 도시 국가의 형태다. 반면 베이징과 상하이의 광역 도시 면적은 서울의 10~28배에 이르는 거대한 지역이라 단순 비교가 어렵다. 서울과 면적이 비슷한 도쿄, 싱가포르, 그리고 면적이 2배 정도인 홍콩과 비교해 보자. 초고밀 도시로 알려진 홍콩, 싱가포르보다 서울의 인구 밀도는 2.5배가 높다. 서울은 전 세계 최다 인구를 가진, 동아시아 최고 밀도의 도시인 것이다.

동아시아를 벗어나면 서울보다 밀도가 높은 도시는 많다. 서남아시아의 마닐라 · 뭄바이 · 자카르타, 아프리카의 카이로와 같은 도시다. 공통적으로 20세기 이후 급격한 도시화를 겪는 제3세계의 도시다. 경제 선진국 유럽과 미국에도 서울보다 밀도가 높은 도시가 있다. 런던, 파리, 그리고 뉴욕이다. 통계에서 나타난 고밀도 도시를 세 가지로 분류해 보면 1그룹은 서울 · 도쿄 · 상하이 · 홍콩 · 베이징 · 싱가포르처럼 아시아 경제를 주도하는 도시, 2그룹은 최근 경제 성장 궤도에 오른 서남아시아와 북아프리카의 개발도상국 도시, 3그룹은 20세기 초반 도시화가 정점화에 오른 서방 선진국 도시다.

서울과 세계 도시의 인구 밀도를 비교해 보면 두 가지 흥미로운 의문이 든다. 첫째, 체감상 밀도가 더 높게 느껴지는 홍콩보다도 서울의 인구밀도가 높다는 사실이다. 가파른 산에 30층 이상의 아파트가 밀집한 홍콩 섬, 카오룽반도(九龍半島)의 조밀한 빈민굴 아파트를 보면 서울의 인구 밀도가 더 높다는 것이 이해가 가지 않는다. 그 이유는 홍콩의 초고층 아파트 옆에는 대규모 녹지와 공원이 자리 잡고 있기 때문이다. 도심 지

역의 밀집도는 높지만 녹지 면적이 밀도를 낮추는 것이다. 반면 서울의 공원 면적은 1.8%밖에 되지 않는다. 녹지와 오픈 스페이스가 빈약한 서울은 건축물 높이는 낮으면서 전체 밀도는 높은 것이다. 서울을 에워싸는 24.9%에 이르는 임야가 그나마 서울의 초고밀도를 낮추고 있다.

둘째는 동아시아 최고 밀도의 서울과 도쿄가 파리나 맨해튼에 비해 밀도가 낮다는 사실이다. 파리(87km^2)와 맨해튼(59km^2)보다 더 큰 서울의 행정구역(605km^2)때문일 것이라는 가정을 해 본다. 실제로 파리 시와 맨해튼 구에 비교되는 종로구는 25개 자치구 중 인구 밀도가 가장 낮고 중구는 다섯 번째로 낮다. 최고는 양천구, 두 번째는 동대문구다. 둘 다 외곽 주거지다. 도심은 평균보다 밀도가 낮고 에워싼 지역의 밀도는 평균을 넘어서는 구조다.

파리와 뉴욕은 중심에서 주변으로 가면서 밀도가 낮아지는 '고-저-저' 유형인 데 반해, 서울은 중심에서 변두리로 갈수록 밀도가 높아지다가 서울을 벗어나면서 다시 낮아지는 '저-고-저' 유형이다. 주거지의 교외 분산과 도심 공동화 때문이다. 서울의 대표적 주거 유형인 아파트가 외곽 지역으로 옮겨 가고 도심은 사는 곳이 아니라 일하는 곳, 소비하는 곳으로 바뀐 것이다. 북촌과 같은 한옥 주거지 보존, 최근 유행하는 대형 주상 복합이 등장하고 있지만 종로구와 중구는 현재로서는 보편적 주거 공간의 기능이 약하다.

반면 서울 사대문 안과 비슷한 파리와 뉴욕의 도심 밀도는 동대문구에 근접한다. 일하는 곳, 소비하는 곳, 사는 곳의 기능이 뒤섞여 있는 것이다. 앞서 다루었지만 파리 전역에는 19세기 이전에 이미 5, 6층 높이의 도시 건축물이 건설되었다. 길모퉁이 1층은 상점·약국·레스토랑과 같은 근린 상업 공간이 자리 잡고 있지만, 2층부터는 주거와 사무 공간이 결합된 수직적 주상 복합 건물이다. 철근 콘크리트 구조의 건축물은 견고할 뿐 아니라 지어질 당시 이미 현대 도시에 버금가는 도심 아파트가 건설되었다. 햇볕도 들어오지 않고 통풍도 안 되는 열악한 도심 아파트 문제를 해결하기 위해 강력한 건축법을 시행할 정도로 주거 공간이 밀집되어 있었다.[5)]

3 용의 도시 인천

오늘의 인천은 옛 인천이 아니다. 농경세력인 온조 백제에 대해 해양세력 비류 백제의 수도 미추홀이 인천이었다는 데서 드러나듯이, 인천은 해양세력의 거점이었다. 해양세력이 부상한 고려시대에 중추도시로 자리 잡은 인천은 해양봉쇄정책을 폈던 조선조에 이르러 수도 서울을 방어하는 요새도시로 축소되었다. 1883년 개항 당시 인천부(仁川府)는 세계열강과의 수호조약 체결의 무대와 통상의 중심지가 되어 각국의 영사관이 설치되고 근대적 항만시설이 축조되면서 국제도시로 발전하기 시작했다. 해방 후 인천시가 되고 1981년 직할시로 승격, 다시 1995년 광역시가 되면서 강화도 전역과 옹진군 대부분을 편입하여 인구 250만이 넘는, 바다와 육지를 아우르는 거대한 해양도시가 되었다.[6)]

✔ 황해공동체와 인천의 미래

인천의 미래를 알자면 해안도시 인천과 수많은 섬으로 이어진 인천열도를 알아야 한다. 인천은 한반도에서 중국대륙과 가장 가까운 자리에 위치하면서도 바다와 육지를 잇는 규모의 도시권역을 이룬 적이 없고 한반도의 중심권에 있으면서도 뉴욕이나 보스턴 같은 도시권을 형성하지 못하였다. 바다로 열린 국가였던 고려 때는 한반도의 관문 역할을 했으나 명나라 이후 황해가 봉쇄되면서 내륙을 방어하는 요새에 머물고 말았다.

그러나 이제 인천은 제물포가 아니다. 광역도시 인천은 단순한 행정구역상의 도시확대에 머물지 말고 인천 해안과 열도와 강화도·김포평야를 하나의 도시권역으로 포괄하는 어반클러스터의 중심이 되어야 한다. 이탈리아의 베네치아가 세계도시가 될 수 있었던 것은 내륙의 베네토(Veneto)와 내해인 라구나와 아드리아 해안을 하나의 도시권역으로 할 수 있었기 때문이며, 항저우(杭州)와 쑤저우(蘇州)가 장난(江南)의 중심도시가 될 수 있었던 것도 양쯔강을 통해 바다의 길을 내륙에 닿게 하면서 주변도시와 도시연합을 이루었기 때문이다. 아직 인천은 강화도와 인천열도 그리고 내륙으로의 네트워크를 자기 것으로 하지 못하고 있다. 인천이 한반도의 중심항이 되고 외국의 조계가 생기면서 국제화가 시작되었을 때도 인천은 상하이 같은 국제도시로 일어서지 못하고 식민지 항구도시로 머물렀다. 해방 후 중국의 공산화로 황해가 정치이데올로기에 의해 단힌 바다가 되면서 인천은 해양공동체의 거점도시가 아니라 바다로 물류가 연결된 공단도시로 변하고 말았다.

해안의 공단도시와 내륙과 해외의 네트워크를 가진 항만도시는 다르다. 뉴욕이 보스턴과 필라델피아를 제치고 세계도시로 부상했던 것은 내륙의 주요 공업도시로 연결되는 이리운하(Erie Canal)를 건설하여 해외와 국내를 잇는 금융과 무역 중심도시로 성장할 수 있었기 때문이다. 인천이 중국대륙과 한반도를 잇는 도시로 부상하지 못한 것은 9m가 넘는 간만의 차이가 만든 광대한 갯벌과 내륙으로 이어지는 지나치게 휘돌아간 한강 때문이었다. 심한 간만의 차이로 바다와 내륙을 잇는 해상네트워크를 구축하지 못하고 서울의 변방도시로 머물 수밖에 없었던 것이다.

이러한 연유로 개성이 한반도의 중심이었을 때는 인천이 스스로의 도시 규모를 유지할 수 있었으나, 서울이 조선조의 수도로 자리 잡으면서 오히려 서울의 변방으로 전락한 것이다. 몽골과의 전쟁 중 한반도가 유린되면서도 강화도에서 항전할 수 있었던 것은 해안과 열도를 장악할 수 있었기 때문이고, 임진왜란과 병자호란 때 외적의 북상을 방치할 수밖에 없었던 것은 인천 해안과 열도를 이용하지 못했기 때문이다. 반면에 6·25전쟁 때 인천상륙을 계기로 전세를 반전시킨 것은 인천이 한반도에서 가진 가능성을 극적으로 보여준다.

이제는 세계로부터의 흐름이 한반도에 효과적으로 닿으려면 인천열도와 해안을 통해야 한다. 강화도와 김포일대와 인천열도를 아우른 해양공동체의 중심도시로서 동북아시아의 허브공항인 인천국제공항을 갖게 되면서 인천이 천년 만에 처음으로 세계도시로 웅비할 수 있는 기회를 맞게 되었다. 그런데 이러한 사실은 다들 알고 있으나 정작 구체적 전략은 아직 세우지 못하고 있다. 인천 해안과 열도와 강화도와 김포를 잇는 네트워크의 마스터플랜이 아직 없으며 중국의 개혁·개방과 함께 엄청난 속도로 증가하는 교역과 교류에 대비한 투자가 항만 확대에만 머물러 있다. 따라서 국제공항과 모도시와 항만을 잇는 해상과 내륙의 네트워크가 이루는 도시개발 가능성을 살리지 못하고 있다. 인천공항은 2천만 인구를 가진 수도권의 국제기능을 담당하는 인프라로서만이 아니라 5억 황해연안 인구의 가장 유력한 허브공항이며, 인천과 인천열도는 황해공동체의 강력한 해상도시가 될 수 있는 잠재력을 지닌 지역이다.

인천과 수도권을 잇는 어반네트워크를 서울과 인천공항을 잇는 철도와 도로만으로 생각해서는 또다시 인천을 서울의 주변도시로 머물게 하는 것이다. 신공항·신항만이 도시중심과 직접 이어지는 새로운 도시중심을 만들어야 한다. 뉴욕이 내륙과 이어지는 운하를 개설하고 항만을 연계하여 유럽의 무역로를 장악하면서 항만과 공항을 하나로 묶어 퀸즈, 브루클린에 해안공단을 완성하고 맨해튼을 금융·무역도시로 일으켜 세운 것이 지난 백년 사이의 일이다. 지금 세계는 지난 백년보다 더 큰 변화를 겪고 있고 인천은 동북아의 허브공항으로 인해 항해공동체 중 가장 가능성이 큰 도시권역이 되었다. 서울과 인천열도를 맨해튼 같은 도시중심으로 잇지 못하면 다시 백년을 기다려야 할지 모른다. 인천에 한반도의 미래가 있다. 인천국제공항과 송도신도시 건설을 계기로 인천의 비전에 대한 논의가 활발히 이루어져야 한다.

용유도와 무의도 중간의 갯벌과 바다 사이에 세우고자 했던 동북아의 관문도시가 될, 주역의 원리를 바다에 심은 아쿠아폴리스 계획은 이런 꿈의 시작이었으나 현실적인 벽이 너무 커서 더 진행하지 못하였다. 그러던 중 인천공항과 송도신도시를 잇는 제2연륙교가 착공되었다. 황해공동체의 허브공항인 인천공항과 송도경제특구 간의 연륙교가 단지 두 공간을 잇는 역할만 해서는 뜻이 없다. 인천을 동북아시아의 관문도시, 서울·수도권의 세계로 열린 창이 되게 하려면 연륙교가 송도 경제특구에 닿는 지점에 세계를 향한 특별도시구역이 형성되어야 한다.

✔ 송도신도시, '용의 눈' 계획

송도신도시 특별도시구역은 이러한 인천 마스터플랜의 구체적 실행계획이다. 인천이 중국의 해안도시군과 하나의 경제권역을 이루게 될 황해공동체에서의 역할을 지금부터 준비해야 하며 그러기 위해서 미래를 여는 특단의 프로젝트를 시작해야 한다.

영종지구, 청라지구, 송도지구를 경제특구로 선언하는 방식으로는 이제 더 이상 성공하기 어렵다. 인천이 세계도시가 되려면 인천의 세계화를 이룰 수 있는 특정지역을 집중 개발함으로써 도시 전체를 견인하는 것이 필요하다. 인천에서 세계도시구역을 만들 가능성이 있는 곳은 공항과 직접 연결되고 항만 기능을 갖고 있으면서 기존 도심과 하나가 될 수 있는 지역이다. 그런 지역이 인천항이다. 그런데 갑문식 항만 인천항은 이미 국제경쟁력이 없는 화물항이다. 인천항은 인천의 핵심적 위치에 있어 오히려 도시를 바다로부터 차단하고 있으며, 인천 한가운데를 가로지르며 인천의 정상적인 도시발전을 저해하고 있는 경인고속도로 역시 문제이다. 가장 중요한 도시인프라인 인천항과 경인 고속도로가 인천을 가로막고 있는 것이다.

[그림 4-1] 인천국제공항 · 인천항과 영종지구 · 청라지구 · 송도지구 등 3개의 경제특구.[7)]

인천항을 바다로 열린 국제자유지역으로 만들고, 인천항에 닿는 고속도로를 우회시키고 기존 고속도로를 간선도로로 만들어 인천시의 주 기능군이 인천항에 닿게 하고, 인천항을 새로이 도시중심화하여 중국과 황해공동체로 열린 자유항으로 만들어야 한다. 그러나 인천항 이전계획은 단시일에 실현하기 어렵고 인천시가 자유롭게 계획할 수 있는 지역이 아닌데다가 다른 항만계획과 연계되어 있기 때문에 장기계획이 될 수밖에 없다. 그에 대한 대안으로 고려할 수 있는 것은 경제자유지역으로 선포하였으나 아직 개발의 실마리를 풀지 못하는 송도신도시를 일거에 일으킬 수 있는 특별도시구역을 만드는 것이다.

[그림4-2] 인천공항에서 연결되는 제2연륙교가 송도 경제특구에 닿는 지점에 기획한 인천 I-city.8)

송도신도시와 제2연륙교가 연결되는 지점은 대단한 가능성과 잠재력을 가진 곳이다. 공항에서 송도에 닿는 연륙교의 인터체인지 부분을 단순한 방조제와 녹지대로 만들 것이 아니라 여의도만한 인공섬을 만들어 송도신도시의 핵이 되도록 해야 한다. 연륙교가 닿는 방조제를 타원형으로 넓히고 타원 안에 맨해튼 남단지역만한 특별도시구역을 만들면 공항 배후지역이면서 송도 경제자유구역의 관문도시가 되어 그곳을 동북아시아의 관문도시로 만들 수 있다. 다시 말해 직선으로 바다와 송도를 가로막고 있는 방조제를 타원으로 건설하고 그 사이에 90만평의 토지와 20만평의 새로운 도시공간을 만들려는 것이다.

송도의 '용의 눈'에 해당하는 인천I-city인프라와 토지를 하나로 만들어 도시공간과 인프라가 일체가 되게 하는 계획이다. 도시와 건축, 도시콘텐츠와 도시인프라가 일체가 되는 새로운 도시건설의 패러다임을 제안하는 것이다. 기존의 도시건설은 토지를 정하고 인프라를 만들고 거기에 건축공간을 구축하는 방식이었다. 실제로 상당부분의 건축공간은 도시공간의 일부일 수밖에 없다. 터미널, 시장, 창고 등을 도시인프라와 일체가 되게 건설하고 특정기능을 상부구조화함으로써 도시건설의 싸이클을 완전히 바꾸는 개념을 제안한 것이다. 그렇게 해서 생긴 20만평의 도시공간에 국제시장을 만들어 2008년 베이징올림픽과 2010년 상하이엑스포 때 동북아의 허브공항인 인천공항을 통해 세계인을 불러 모을 수 있도록 하는 것이다.

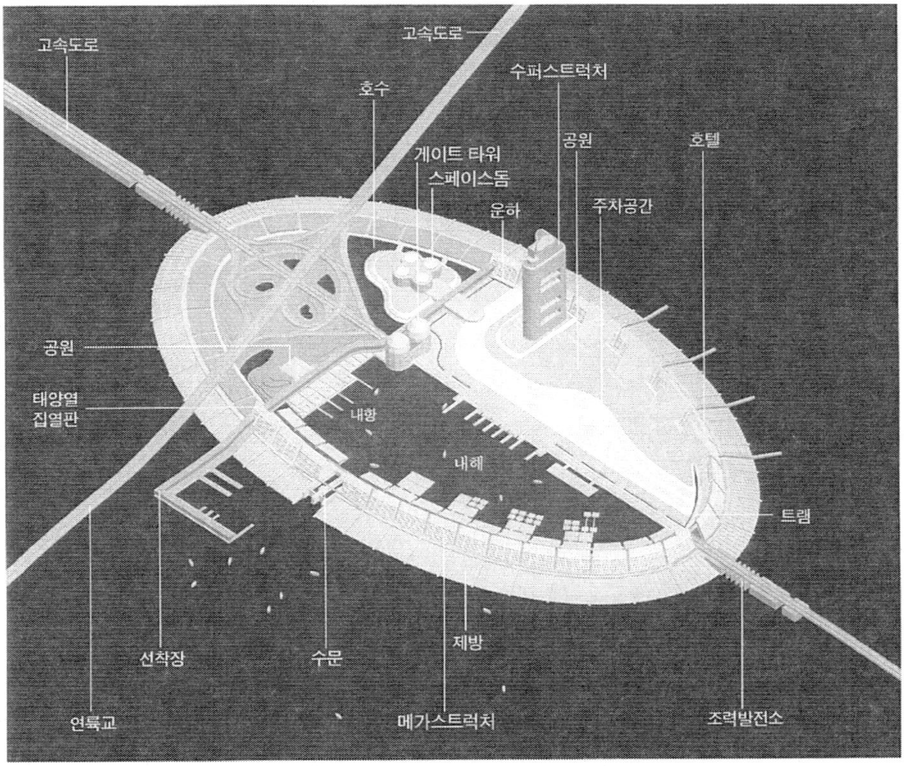

[그림 4-3] 제2연륙교 인터체인지에 타원의 인공섬을 만들고 3차원의 스페이스 매트릭스로 인천 I-city를 건설하는 계획.9)

인천 I-city는 인천공항에서 직접 연결되는 자리이고 내부에 바다로부터의 접근이 가능한 또 하나의 바다가 있는 수상도시로서 수도권 일대의 도시인프라가 접속되는 곳이기 때문에 수도권을 대표하는 황해공동체의 허브시장이 될 수 있다. 따라서 국제박람회와 견본시를 유치할 수 있고 월마트, FedEx 같은 세계기업의 아시아본부를 오게 할 수 있는 곳이다. 세계적 장터가 만들어지면 관광산업과 IT산업을 유치할 수 있다. 자연을 상대로 하는 관광이라기보다 도심의 시장 위에 관광이 형성되는 것이다. 뉴욕의 타임즈스퀘어, 런던의 웨스트엔드, 그리고 베네치아가 세계 최고의 관광도시가 될 수 있는 것은 도시 한복판의 시장 한가운데 보고 즐길 거리가 있기 때문이다. 세계 최고의 시장도시를 만들고 허브시장과 관광을 IT화하면 전 세계를 대상으로 하는 새로운 산업의 창출이 가능하게 되는 것이다.

그러기 위해서는 단순한 방조제 도시만으로는 부족하다. 방조제 안에 다시 바다가 있어야 한다. 인공섬을 만들면서 도시공간을 창출하고 공항과 바로 연결되는 동북아의 허브시장을 만들고 그 위에 관광의 상부구조를 만드는 데서 나아가 바다로 열린 수상도시가 되게 하여야 한다. 배가 인공섬 안으로 들어와야 하고 공항과 인공섬이 하나의 공간으로 연결되어야 인천 I-city가 송도 경제자유지역의 특별도시구역이 되어 인천을 세계도시로 만드는 역할을 할 수 있는 것이다.

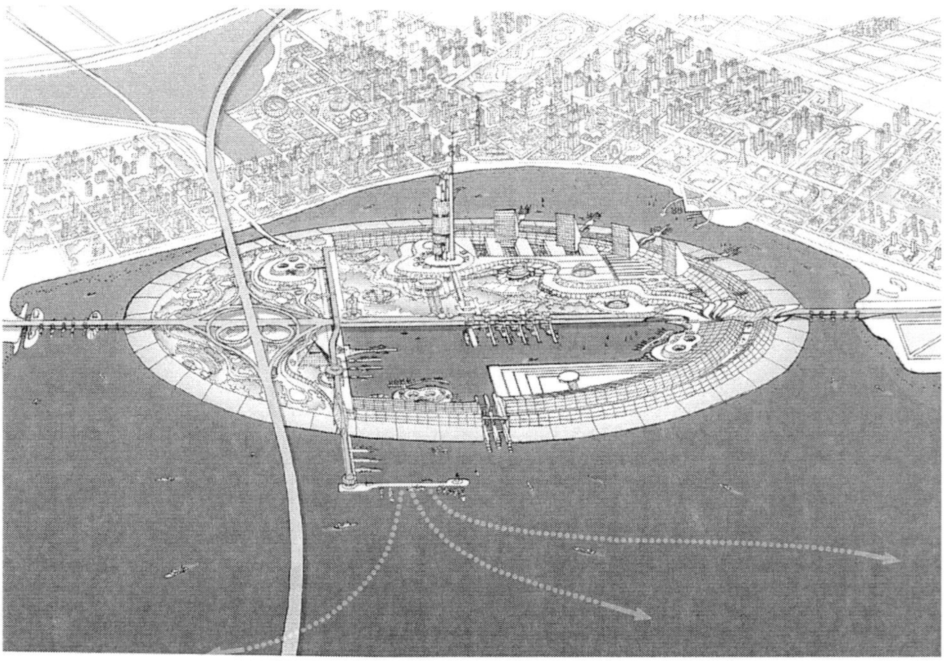

[그림 4-4] 인천 I-city 조감도.[10)]

인천 I-city안은 지난 2004년 진저우 시장 등 진저우시간부들 및 베네치아대 교수팀과 함께한 인천-진저우 바다보디 전시회에 처음 선보였고 베네치아 비엔날레 특별도시전에 초대되어 특별상을 받았다. 중국 측 주요 인사들과 해상특구연합의 파일럿 프로젝트를 검토하고 있으며 화교자본 등 국제자본의 참여를 논의하고 있다. 인천국제공항이 가진 가능성과 잠재력의 불꽃을 인천 I-city에서 중국과의 상징적 공동프로젝트로 일으켜야 한다.[11)]

2장 / 균형발전에서 대칭발전으로

1 서론

한국은 과거에는 수도권에 집중하고 일부 지방권 산업 클러스터에 특수한 역학을 집중시키는 정책을 썼으나, 최근 10여 년간은 지방의 균형발전을 기한다고 하면서 도시사업을 정치적으로 시행하여 경쟁력 없는 공단을 도처에 만들었다. 광주 싸이언스파크, 대불공단, 새만금 간척사업, 양양국제공항 같은 지역발전전략은 이제 더 이상 반복되어서는 안 된다. 지방분권과 국토균형발전 프로젝트의 첫 작업은 실패한 투자를 반복하지 않는 지침을 마련하는 일이어야 한다. 그리고 세계화와 지방분권을 전제로 한 제2건국의 마스터플랜의 시작이 되어야 한다.[12)]

즉 제2의 건국의 마스터플랜은 과거의 방식의 문제로부터 개선하여야 할 것이다. 즉, 서울과 지방으로 2분화 혹은 획일화 한 것은 효율성 측면에서 근본적 문제가 발생하는 것이다. 무엇보다 지역간 특화 및 불균형을 해결하기 위한 선택과 집중 그리고 차별화 전략을 수행하지 못하여 실패를 되풀이해온 것이다.

현대물리학에서는 우주가 균형을 유지하는 힘이 '대칭성'이라는 것을 밝혀내었다. 대칭성이 없다면 우주자체가 블랙홀에 빨려들어 소멸해 버린다는 것이다. 한국도 80년대까지는 서북의 축인 수도권과 동남의 축인 부산권이 대칭을 이루면서 발전해왔다. 그러나 90년대 이후 IMF를 거치면서 이러한 대칭성은 깨어지기 시작했고 수도권의 거대 공룡화가 급속하게 진행되고 있다. 공룡이 왜 몰락했는가? 그것은 자기 몸을 가눌 수 없을 정도로 거대해 졌기 때문이라는 설이 있다. 위기와 변화에 약한 우리의 국가경쟁력을 확보하는 일은 결국 수도권의 과밀을 해소하는 제2건국의 마스트플랜으로 승화돼야 하고 이것은 그동안 잃어버린 (국가 공간기획상) 대칭성을 회복시키는 것으로부터 출발해야 한다.[13)]

2 균형성에서 대칭성으로

'대수도론' 주장의 논거는 국가경쟁력과 동북아 물류중심국가로 요약될 수 있을 것 같다. 그러나 수도권만의 발전은 전국적인 지역경제체제의 심각한 불균형을 초래하고 국민생활의 총체적 발전을 저해하게 된다. 수도권의 과밀화는 환경 등의 삶의 질 악화, 거대도시를 유지하기 위한 과도한 행정 서비스비용, 토지의 오염, 지가의 상승과 함께 국내 물류비용의 급격한 증가로 산업경쟁력 악화를 초래할 것이다.

한국 젊은이들의 미래를 빼앗아 버린 이런 현상을 보고도 수도권이 더 발전해야 국가경쟁력이 생긴다고 하겠는가. 현재 한국사회의 제반 문제점은 대칭성이 깨어진 데서 온 것이다. 중국은 양산항을 개항하고 부산을 상하이의 부속항구로 만든다고 호언하고 있다. 중세의 베네치아, 홍콩, 싱가포르 등 물류중심지는 모두 항구도시이다.

한국의 미래가 '해양국가'로의 발전에 있다면 중국일변도의 우려가 있는 '대륙국가' 취향의 대수도론이 아니라 동남권의 항만 물류기능에 대한 획기적 투자가 있어야 하며 부산시 인근 해역을 포함하는 '해양특별시'를 추진해야 할 것이다. 또한 침몰하는 거점도시의 육성을 위하여 지방거점도시의 침체와 소지역 이기주의 및 행정낭비만 가져온 '광역시' 제도를 폐지하고 과거의 도청소재지로 환원하는 것을 검토해야 할 시점이다.[14)]

이제 경제단위는 국가가 아니라 도시권역이다. 경쟁력과 삶의 질 등 중요한 도시지표는 국가나 지방이 아닌 도시권역 단위로 나타나고 있다. 아직까지 서울·수도권과 영남권 이외에는 도시권역이 제대로 이루어지지 못하고 있으며, 서울·수도권이나 영남 산업클러스터도 대도시와 농촌이 상생과 조화를 이루지 못하고 있다. 소도시와 농촌들은 대도시에 종속되고 비자립적이 되었다. 수도권 세계화와 지방권 자립화를 위해서는 영남권이 명실상부한 메갈로폴리스로 거듭나 대도시를 중심으로 산업도시, 소도시와 농촌지역에 세계화된 특별도시구역을 전략적으로 육성해야 한다. 지금까지 한반도 도시정책은 대도시가 주변도시와 농촌을 병합 종속시킨 공단제조업과 대도시 서비스산업의 두 축을 기본으로 했다. 그러나 세계경제의 축이 공단제조업에서 도시의 창조적 신산업으로 이동하면서 대도시 중심정책의 대전환이 필요하게 된 것이다.[15)]

인천, 대구, 대전, 부산, 울산 등 광역시 중심의 경제구조도 결국 대도시 중심으로 주변도시와 농촌을 아우르지 못한 채 지방권 몰락을 가속화하고 있다. 국토균형발전과 지방권의 도약을 이루려면 행정복합도시 뿐 아니라 수도권과 경쟁할 수 있는 자립적 규모로 대도시를 중심으로 도시와 농촌이 도시연합을 이루고 산업단지가 산업클러스터를 이루며 함께 모인 신개념의 도시권역인 메갈로폴리스가 대안인 것이다. 미국은 시속에 카운티가 다수 있고 일본도 부속에 여러 개의 시가 구성되어 있다. 이들 시나 부가 보다 확대된 대표적은 경우를 보면 미국의 태평양연안권은 샌프란시스코시에서 로스앤젤레스시까지가 광역권으로 이루어져 있으며 일본은 고베 오사카 교토를 광역권으로한 근기권이 있다. 전자는 샌프란시스코시와 로스앤젤레스시라는 2개의 대도시를 중심축으로 하여 광역화가 촉진되었고 후자는 상공도시 오사카시를 중심축으로 하여 광역화가 이루어 졌다.

라인강을 중심으로 도시와 농촌이 도시연합을 이루어 산업클러스터를 집합한 라인동맹이나 뉴욕의 경우 이리(Erie)운하 유역의 도시와 농촌이 도시연합을 이루며 내륙의 산업 클러스터와 함께 이룬 도농집합체가 어반클러스터이며, 일본 세또나이까이 일대의 도시군과 농촌지역이 이루는 경제권역이 어반클러스터의 사례이다.

부산이 대도시권역의 중심축을 이루고 울산 · 창원 · 사천 산업도시연합과 함께 동남권 어반클러스터가 되어 한강의 기적 같은 낙동강의 기적이 일어나야 국가균형발전의 기반이 마련된다. 옛 신라의 영역에서 일으켜진 대구를 중심으로 포항 · 구미의 세계적 산업클러스터에 버금가는 신산업클러스터가 대경권 도시연합과 함께 일어나면 수도권 과밀해소와 국토균형발전 논의의 창조적 돌파구를 열게 되는 것이다.

3 국가4분지계

한때 신행정도시와 새만금 문제는 앞으로 나아갈 수도 뒤로 물러설 수도 없게 된 난제 중의 난제였다. 그러나 좀 더 넓은 시각에서 보면 두 난제를 일거에 해결할 수 있는 방안을 찾을 수 있다. 바로 그것이 행정복합도시를 국토균형발전의 시범사업으로 추진하여 그동안 실패해온 서울 · 수도권 과밀해소와 지역균형발전의 전기를 마련하며 20년 전 당초 계획한 국가4분발전지계로서 호남권 자립적 경제권역으로 만드는 금강 · 새

만큼 어반클러스터 안이다. 워낙 큰 주제들이 겹쳐 있는 문제라 하나씩 단계적으로 정리하고자 한다.[16)]

헌법재판소의 위헌판결 이후 논란이 된 신행정수도 대안은 국가균형발전을 위한 방안이 아니라 정치적 타협안에 가깝다. 신행정수도 대안은 크게 세 가지로 논의되었다. 청와대·사법부·입법부는 서울에 남고 중앙부처를 모두 이전하는 행정특별시안과, 청와대와 외교·안보부처는 서울에 남고 나머지 행정부처를 연기·공주로 이전하는 행정중심도시안, 그리고 교육·과학관련 중앙부처와 산하기관이 선별적으로 이전하는 교육·과학 행정도시안이 그것이다. 하지만 문제는 여전히 해결되고 있지 않다. 세계의 정치수도를 겸한 워싱턴DC에서조차 정부기능이 차지하는 비중은 20% 남짓에 불과하고 나머지 부분은 도시산업이 담당하고 있는데, 인구 50만 명 규모의 신도시를 만든다면서 정작 80%의 비중을 차지하는 도시의 콘텐츠와 당초의 문제의식이던 수도권 과밀해소와 국가균형발전은 생각도 하지 않고 행정부처 이전계획만 논의하고 있다는 주장도 있다.

신행정수도 논의의 가장 큰 문제는 수도권 과밀과 불균형발전의 원인이 국가권력과 기관의 서울 집중에 있다고 하여 이를 지방에 분산 이전하여 지방권의 성장동력으로 삼자는 것이다. 그래서 행정부를 충청권에 옮기고 공공기관을 전국 각처에 분산배치하려는 것이다. 그러나 그것보다 먼저 지방의 성장동력이 될 인프라를 구축해야 하고 신산업을 일으키고 거기에 맞추어 행정부처와 공공기관을 옮겨야 하는 것인데 일의 선후가 바뀌어 있다는 것이다. 충청권 자립을 위한 방안에는 충청권을 도약시킬 수 있는 획기적인 인프라 구축과 신산업 창출이 우선되어야 한다는 것이다.

그러나 현실적으로 우리나라 같은 관(행정)우위의 국가에서 수도권과 격리된 지방권 특정지역의 인프라를 구축하고 신산업을 먼저 갖추어야 한다는 말은 불가능한 것이다. 지금까지 우리나라는 창원, 울산, 구미와 같은 산업도시와 분당, 일산, 평촌 등 거주도시를 만들어왔다. 이들은 명백한 이유에 의하여 단기간의 공사로 세계적 성공사례가 되고 있다. 그러나 한편으로 인프라구축과 도시건설을 거의 동시에 이룩한 불가사의한 사례이기도 하다. 만약 행정기관들이 동시에 혹은 일차적으로 이전한다는 것이 확인될 때 이에 따른 인프라의 규모와 질이 결정되고 신산업의 관건이 될 기업체들이 동반하여 이전할 가능성이 있지 막대한 예산이 소모되는 인프라구축에 미리 예산을 배정하고 (정치적으로) 예측불가능한 사회풍토에서 행정기관 이전예정이라는 것을 믿고 막대한 자금이 소요되는 사업에 투자할 기업은 찾아보기 힘들 것이다.

수도권 과밀해소를 위해서는 수도권 인구를 끌어낼 방안을 마련해야 하고 이것의 일차적 해결은 관료주의와 수도중심주의의 핵심인 행정기관의 과감한 역외 이전인 것이다. 그러한 연후 균형발전을 위해서는 지방도시와 농촌에 신산업을 일으켜 대도시 중심의 발전전략을 대체해야 한다. 그런데 대도시와 산업공단 중심의 발전전략과 달리 지방도시와 농촌에 단순한 산업공단이 아닌 신산업클러스터를 이루려면 대규모의 인프라 투자가 필요하여 여태껏 지방권에서는 감히 엄두도 내지 못해왔다. 행정수도 이전비용으로 충청권에 서울·수도권보다 더 나은 도시인프라를 구축하고 신산업을 일으켜 구미·울산·포항 못지않게 만든다면 국가균형발전과 수도권 과밀해소를 동시에 이룰 수 있는 1차적 방안이 되는 것이다.[17)]

✔ 금강의 부활

백제는 건국, 천도, 멸망, 해외로의 유랑 등의 역사에서 서글픈 사연으로 점철되었다. 고구려 유민들이 한강유역에 나라를 세웠다가 금강으로 천도하여 2백 년 동안 지속하였으나 나당연합군에 의해 멸망하고 유민들은 중국과 일본으로 흩어져갔던 것이다. 한국문명 중 가장 아름답고 서정적인 문명을 꽃피웠던 백제의 영역이 부여와 공주 일대이다. 금강은 백제의 강이다. 당나라 소정방이 5만 대군을 이끌고 들어온 길이 바로 금강이고, 백제가 중국에서 문명을 받아들이고 일본에 그들 문명을 전한 것도 금강을 통해서였다. 백제가 망하자 금강도 죽었다. 통일신라 이후 육로로 중국과 교류하면서 금강도 서해안도 서서히 한반도에서의 역할을 잃어갔다. 백제 멸망 이후 1천 3백 년 동안 금강은 닫힌 강이었다. 중국의 개혁·개방 이후 한반도 서해안에 새로운 가능성이 열렸으나 금강의 역할은 아직 없다. 신행정수도 대안은 백제의 슬픈 역사를 아름다운 미래로 만들 수 있는 방안이어야 한다.

백제의 영역을 다시 살리려면 먼저 금강의 부활이 전제되어야 하고 금강유역의 군산·부여·논산·공주 등이 주변 일대의 농촌과 함께 새로운 도시권역을 형성해야 한다. 금강유역에 새로운 도시권역을 이루려면 금강을 도시 인프라의 기축으로 삼아 신산업을 일으켜야 한다. 금강부활은 금강을 서해안과 한반도 중부권의 물류와 서비스 중심으로 만들고 창조적 신산업이 가능한 인구 기반을 조성하는 데에서 시작되어야 한다.

금강 하구와 만경강 하구를 연결하면 금강유역 도시군이 새만금 바다도시로 이어져 신백제의 대공간을 이룰 수 있다. 이렇게 된다면 한반도는 수도권 못지않은 또 하나의 세계도시구역을 갖게 될 것이다. 그러기 위해서는 금강을 살려야 하고 옛 백제의 영역을 하나가 되게 할 금강과 새만금을 잇는 대공간을 만들어야 한다.[18)]

우리가 제안한 영남 메갈로폴리스는 삼국시대의 신라가 하나의 지역이나 국가라기보다는 경남, 부산, 울산(이상 가야권), 경주, 대구, 포항 일원을 아우르는 거대한 지역연합 국가였다는 점에 근거한 것이다. 신라라는 도시연합을 이룬 도시들의 개별적 역량은 백제나 고구려에 비할 수 없었지만 이들 도시가 연합하여 강력한 정신적·물질적 통합을 이루고 동해와 남해의 해안링크를 통해 세계로 나아갔기 때문에 삼국통일의 저력을 발휘할 수 있었던 것이다.

현재 영남권에는 부산, 울산, 창원, 포항, 대구, 구미 등이 모여 산업클러스터를 이루고 있으나 다음 단계로의 도약에 요구되는 도시연합을 이루지 못하고 있다. 항만과 물류, 관광과 영상산업의 부산, 교육과 섬유와 지식산업의 대구, 철강의 포항, 자동차와 조선과 중공업의 울산, 전자산업의 구미, 철강산업의 포항 등이 나름대로 각개약진하고 있을 뿐이다. 외형적으로 산업적 클러스터를 이루고 있으나 산업클러스터가 강력한 경제문화권으로 도약하기 위해서는 각 도시들을 통합하는 문명적 링크, 문화인프라가 개입하여야 한다. 그것이 문화인프라로서의 옛 경부축의 복원이다. 산업은 각 도시들이 존재하기 위한 기반이고 문화는 그것들을 통합해 문명적 연합체를 구성할 수 있게하는 기반이기 때문이다. 부산, 대구, 울산을 중심으로 하는 도시연합이 이루어진다면 포항, 창원, 사천, 구미의 국제경쟁력도 함께 올라가는 것이다. 예컨대 부산의 제조업과 대구의 섬유산업은 제품과 섬유의 생산을 넘어 디자인산업으로의 도약이 필요한데 천년의 도시연합으로 결속된다면 이것이 정신과 문화의 기지가 되는 것이다.

다행히 옛 경주의 중심부로 고속철도를 통과시키려던 계획이 수정됨으로써 과거의 문화를 미래의 희망으로 이어가는 가능성을 남겨놓았다. 그런데 대구·포항·울산·구미를 아우르는 통합신도시를 경주 외곽에 건설하여 거기로 고속철도가 지나게 함으로써 옛 경주 영역을 보존함과 동시에 기존의 네 도시가 역사도시 경주와 결속되도록 하려는 구상은 아직도 하나의 구상으로 남아 있다. 고속철도 외곽 우회결정이 내려진 뒤로 이런 장기적인 구상에 대한 당국이나 시민사회의 관심이 식어버린 것이다. 왜냐하면 지경학적으로 그리고 역사와 행정상 전혀 상이한 요소들이 결합한 통합신도시안은 영남의 산업클러스터로 나아가 도시연합으로 도약하여 국토균형발전의 한 몫을 떠맡기는 어려울 것이다.

경주 통합신도시는 수도권 신도시를 능가하는 경쟁력을 가질 수 없다. 이의 대안은 밀양 통합신도시안이 될 것이다. 경주와 달리 밀양 지역의 위치는 대경권에 치우치지 않을 뿐 아니라 부산, 창원, 울산 등 동남권과 대구, 포항, 구미가 주축인 대경권을 포괄하는 현실성이 있기 때문이다. 이 안이 진정한 영남지역의 광역권 통합신도시가 되려면 영남지역의 거의 모든 지역들이 각각의 구역을 담당하여 개발에 참여하고 핵심의 구역은 광역적 기능을 담당하여 금융과 인구, 국제기능과 정보기능을 수행하여 공유하면서 자족적 도시산업이 구비된 규모로 성장할 것이며, 이 통합신도시는 한국의 대표적인 대도시 부산과 대구, 세계적인 산업도시인 울산, 창원, 구미, 그리고 천년의 도시 경주와 진주 등을 연결하는 전략적 역할을 수행할 것이다. 영남중심에 자리할 통합신도시로 해서 대구 · 부산 · 울산 · 마산 · 창원 · 구미 · 포항 등 주요도시와 함께 산업클러스터와 도시연합이 해안링크와 함께하는 세계화 도시군인 메갈로폴리스[19)]를 형성할 기반을 만들게 되는 것이다.[20)]

3장 / 초광역발전구상

1 서론 : 발상의 전환

범세계화(globalization)와 지역화(localization)가 동시에 일어나는 오늘날 도시와 지역은 교통, 통신, 기술 등의 발달로 새로운 환경에 직면하고 있는데 바로 광역화의 확산인 것이다. 경제활동의 광역화 등으로 자치단체간의 광역적 협력의 필요성이 점차 증대되고 있는 것이다. 특히 인근지역간 폐기물, 상하수도, 바다오염, 배기가스 등의 관경문제와 공항, 항만, 도로, 철도, 산업단지를 비롯한 인프라, 인력알선, 정보교류, 관광객유치, 기업유치 등 다양한 분에에서 행정구역을 넘어 상호협력의 필요성이 커지고 있다.

이에 따라 정부는 제2차 국토종합개발계획을 시행하는 과정에서 1987년 대대적인 수정을 기한 바 있다. 이때 수도권에 대응하는 지방권역을 개발키로 하고 서남권, 중부권, 동남권을 설정하였다. 말하자면 국토의 공간체계를 재정립하기 위해 지방광역권을 정책적으로 형성하고 대도시의 점진적 광역화를 유도, 대도시와 주변지역은 광역적으로 개발관리하겠다는 것이었다.

이 계획에서 동남권은 다시 부산권과 대구권으로 분리하였으며 1992년부터 2001년까지 시행한 제3차 국토종합개발계획에서 다시 지방권역을 수정하여 광역지방자치단체의 행정구역과 일치시키되 대도시의 광역화 추세 전망에 따라 특별시, 도, 직할시가 서로 인접한 경우 이들 지역을 통합하여 광역계획권을 설정하였다. 그 내용도 수도권, 강원권, 충북권, 대전·충남권, 전북권, 광주·전남권, 대구·경북권, 부산·경남권, 제주권 등 9개 권역으로 2차계획보다 확대(분할)되었다.[21]

결국 정부는 20년간 2차례에 걸친 국토종합개발계획을 수립하고 국토의 균형적 개발을 꾀했지만 여전히 서울을 중심으로한 수도권의 과밀과 광역화를 막지 못하고 지방권들은 몰락을 가속화하고 있는 것이다.

이제 부산·울산·경남권의 광역화(통합화)는 부산이 먼저 시작할 때이다. 그러나 부산은 제2의 대도시이면서도 정치, 사회, 경제, 문화, 금융 등에서 중추관리 기능을 갖추지 못하여 동남권의 중심축 역할을 수행할 수 없었고 이제까지 광역화의 절실한 과제만 외치면서 육지속의 고도처럼 되어왔다. 이제 광역교통망의 건설, 광역도시특별구역 건설, 행정구역의 광역화가 조속히 이루어져야할 것이다.

2 초광역권개념의 발전구상

수도권으로 경제력 집중이 가속화되고, 충청권의 행정중심복합도시가 건설되고 있는 가운데 자치단체 간 기업유치, 관광객 유치 등에 있어서 경쟁이 격화되고 있는 한편, 경제활동의 광역화 등으로 자치단체 간 광역적 협력의 필요성도 증대되고 있다.

특히 인근지역 간에는 폐기물, 상하수도, 바다오염, 배기가스 등의 환경문제와 공항, 항만, 도로, 철도, 산업단지를 비롯한 인프라, 인력 양성, 정보 공유, 관광객 유치, 기업유치 등 다양한 분야에서 행정구역을 넘어 상호 협력의 필요성이 커지고 있다.

광역경제권을 형성하여 경쟁력을 높이는 것은 개별 자치단체의 경쟁력뿐만 아니라 국가 경쟁력을 제고시키는 것과 직결되고 있다. 특히 부산광역시내에 공장들을 붙잡아 두려고만 해서는 안 된다. 광역권적 사고가 필요하다. 동남권 전체의 유기적 분업관련이라는 시작에서 접근해야 할 필요가 있는 것이다. 도쿄지사였던 미노베는 지사 당선 후 과감히 도쿄 내의 공장들을 이웃 가와사키로 밀어내었다. 이 때문에 조세수입은 다소 줄어들었지만 결과적으로는 도쿄를 더욱 윤택하게 만드는 효과를 가져왔다. 공해가 줄어들고 강이 살아나면서 첨단산업과 지식정보산업이 활성화될 수 있는 여건이 만들어진 것이다. 이것이 곧 중추관리기능을 강화하는 지름길이기도 하다. 중추관리 기능을 유지하고 자금과 노동력의 교환에 벽이 없는 한, 공장의 행정구역상 위치가 어디에 있는가에 집착할 필요는 없는 것이다. 일본에서는 자치단체의 통합이 진행되고 있는 가운데 도주제에 대한 논의가 제기되고 있으며, 간사이권, 북큐슈등 지역에서 광역권 차원의 협력이 강화되고 있다.

부산, 울산, 경남은 하나의 행정구역에서 출발하였고, 고도 성장기에는 한국 경제성장을 견인하는데 주도적 역할을 해왔으며, 지금도 수도권을 제외하고는 산업간 연관관계가 높고 경제규모도 큰 지역으로 광역경제권 형성의 가능성이 높은 곳이다.

국경개념도 모호해지는 세계적 흐름에서 국가내의 같은 생활경제권에서의 소모적인 행정구역 집착은 지역을 쇠퇴시킬 수 있다. 고비용·저효율의 분리된 행정구역보다 통합의 시너지효과가 높다는 것이 더 많은 설득력을 지니고 있다. 광역경제권 강화와 동일생활권의 제도적 촉진으로 지역발전의 시너지 효과를 극대화하는 한편으로 시민생활의 불편을 제거해야 하는 것이다.

결국 이러한 논의는 실질적인 부산·울산·경남 경제권 형성에 전국에서 가장 강력한 경제권으로 국가경쟁력 강화는 물론, 통합지역의 발전과 함께 수도권 집중대응에 가장 유효한 분권 및 분산 수단이 될 것이다.

교통·통신 기술의 발달에 다른 생활권역의 광역화로 인접 자치단체와의 인적·물적 교류가 빈번해지고 이를 원활하게 연결 또는 지원해 줄 수 있는 물적 기반시설의 개발과 주민복지 향상을 도모하기 위해 규모의 경제에 근거한 생활기초 및 편의시설의 광역적 설치에 대한 수요가 급증하고 있다. 현재는 수요자 중심의 서비스 시장구조로 전환되고 있는 시점에서 처해있는 사회·경제적 환경여건에 따라 변화해야 제대로 된 공공서비스를 지역주민에게 제공할 수 있을 것이다.

이러한 사회·경제적 환경여건의 변화에 따라 기존의 행정구역 역시 변화시켜야만 주민이나 기업들이 요구하는 공공서비스에 부응할 것이므로 이에 따른 새로운 행정구역변경도 검토해야 할 필요가 있다. 즉 대구, 경북, 광주, 전남 등을 중심으로 행정구역 조정 및 통합의 필요성이 제기되고 있으며, 일본의 경우 현(한국의 도) 및 시정촌의 합병이 추진되고 있다. 독일 경우에도 주통합이 시작되고 있다.

경기도의 경우 과거 도시 형성과정에서 설정된 일부 시군간 경계가 신도시 등 지역개발 이후 시민들의 실생활권과 동떨어지면서 행정구역 조정 및 통합요구가 제기되고 있지만 민선시대 이후 강조되고 있는 지역이기주의 논리에 가로막혀 추진이 지지부진한 실정이다. 그러나 지방자치단체간의 시설 중복투자 등 행정력 낭비가 심해지고 개발의 사각지대 방치 및 주민생활 불편이 가중되고 있어 지역통합의 요구가 격화되고 있다. 민선자치 이후 지방적 논리에 의해 고비용·저효율구조로 되어있는 현재의 상황이 지방행정구역 개편을 갈수록 어렵게 하고 있지만 필요성은 지속적으로 제기되고 있다.

부산, 울산, 경남은 경제력이 상대적으로 저하되고 있는 가운데 지방자치제 실시이후 지방자치단체가 공동으로 대응해야 할 문제에 대해 자체적으로 합의를 도출하지 못하여 문제가 미결상태로 남아 있거나, 문제해결에 있어서 더욱 더 중앙 의존적이 되는 사례가 발생하고 있다.

2003년 현재 지역내총생산의 권역별 비중은 수도권이 41.8%인 반면 부산, 울산, 경남 등 동남권은 17.3%에 불과한 수준이다. 부산, 울산, 경남이 글로벌 경쟁력을 강화하고, 서울·수도권의 경쟁·대응거점이 아닌 동아시아의 새로운 경제거점으로서 위상을 정립하기 위해서는 도쿄권, 간사이권, 서울·수도권, 베이징권, 상하이권, 홍콩권에 버금가는 광역경제권을 형성하여 권역으로서의 총제적인 잠재력을 발휘하여 자생적 경제기반을 구축해야만 할 것이다.[22]

3 도시연합과 어반클러스터

수도권 일극집중과 대도시 중심의 산업화전략으로 수도권 과밀과 불균형발전이 초래되었다. 우선적으로 과도하게 집중되어 있는 수도권의 기능들을 우선적으로 지방에 이전하여야 하는 이유도 여기에 있다. 그러나 최종적으로는 수도권 과밀과 불균형발전을 함께 해결하려면 복수의 도시와 농촌이 한 도시권역을 형성하는 도시연합을 만들고, 산업클러스터와 연대하여 세계경제를 상대할 수 있는 메갈로폴리스와 어반클러스터를 이루어 수도권과 경쟁할 만한 도시권역을 형성해야 한다. 한때 뜨거운 사회이슈화가 되었던 행정복합도시가 수도권 과밀해소와 국가균형발전을 이루는 방안이 아니라고 생각하는 사람은 현재가 아닌 미래, 서울이 아닌 세계, 불균형이 아닌 균형감각으로 과연 이러한 집단(지역)도그마적 사고가 문제해결에 어떠한 폐해를 줄 수 있는지 생각해보아야 한다. 서울은 정치, 행정, 경제, 교육, 문화 등 거의 전영역에 과도할 정도로 집중되어 있는데 행정부처이전이 관건인 행정복합도시도 제대로 수행하지 못한다면 수도권 과밀과 국가균형발전을 종국적으로 해결할 수 있는 지방의 자립화, 즉 수도권과 겨룰 수 있는 지방의 독립적 경제권역화를 영원히 요원한 것이며 수도권 과밀화와 광역화는 지속될 것이다.

이제 경제단위는 국가가 아니라 도시권역이다. 경쟁력과 삶의 질 등 중요한 도시지표는 국가나 지방이 아닌 도시권역 단위로 나타나고 있다. 아직까지 서울·수도권과 영남권 이외에는 도시권역이 제대로 이루어지지 못하고 있으며, 서울·수도권이나 영남 산업클러스터도 대도시와 농촌이 상생과 조화를 이루지 못하고 있다. 소도시와 농촌들은 대도시에 종속되고 비자립적이 되었다. 수도권 세계화와 지방권 자립화를 위해서는 소도시와 농촌지역에 세계화된 특별도시구역을 전략적으로 육성해야 한다. 인천, 대구, 대전, 부산, 울산 등 광역시 중심의 경제구조도 결국 대도시 중심으로 주변도시와 농촌을 아우르지 못한 채 지방권 몰락을 가속화하고 있다. 국토균형발전과 지방권의 도약을 이루려면 행정복합도시 뿐 아니라 수도권과 경쟁할 수 있는 지방대도시를 중심으로 자립적 규모로 도시와 농촌이 도시연합을 이루고 산업단지가 산업클러스터를 이루며 함께 모인 신개념의 도시권역인 메갈로폴리스와 어반클러스터가 대안인 것이다.

국제적으로 보면 미국의 경우 보스톤, 뉴욕을 중심한 동부지역과 LA와 샌프란시스코로 대표되는 서부지역으로 균형적 발전을 기하고 있다. 일본의 경우 도쿄를 중심으로 한 관동경제권에 대항하여 오사카, 고베, 교토를 중심한 관서경제권이 균형을 이루고 있다. 또한 라인강을 중심으로 도시와 농촌이 도시연합을 이루어 산업클러스터를 집합한 독일의 라인동맹이나 미국 뉴욕의 이리(Erie)운하 유역의 도시와 농촌이 도시연합을 이루며 내륙의 산업 클러스터와 함께 이룬 도농집합체가 어반클러스터이며, 일본 세또나이까이 일대의 도시군과 농촌지역이 이루는 경제권역이 어반클러스터의 사례이다. 지금까지 한반도 도시정책은 대도시가 주변도시와 농촌을 병합 종속시킨 공단제조업과 대도시 서비스산업의 두 축을 기본으로 했다. 그러나 세계경제의 축이 공단제조업에서 도시의 창조적 신산업으로 이동하면서 대도시 중심정책의 대전환이 필요하게 된 것이다.

행정복합도시가 예정대로 충청지역에 성공적으로 건설되고 호남권역에서 금강유역의 도시연합이 이루어지고 금강 도시연합이 새만금·호남평야 도시연합과 함께 금강·새만금 어반클러스터가 되어 한강의 기적 같은 금강의 기적이 일어나야 국가균형발전의 기반이 마련된다. 도한 옛 신라와 가야의 영역에서 일으켜진 울산·창원·포항·구미의 세계적 산업클러스터에 버금가는 신산업클러스터가 부산과 대구를 비롯한 영남권 도시연합과 함께 일어나면 수도권과밀화 해소와 지방분권 논의의 창조적 돌파구를 열게 되는 것이다.[23]

4 영남권의 창조적 신산업과 천년도시

오늘의 경제는 창조적 경제다. 선진국들은 이미 정보기반의 지식경영경제로 이동하고 있다.

미국의 미래학자인 앨빈 토플러(Albin Toffler)의 표현대로라면 제1물결(농업혁명), 제2물결(산업혁명)에 뒤이은 제3물결(정보혁명)의 도래인 것이다. 지금은 정보화시대를 넘어 바로 정보시대가 도래하였다. 문명의 혜택을 받은 국가들은 대부분의 커뮤니케이션과 메시지 발신이 정보과학기술의 도움이 없이는 불가능할 정도로 지식정보시대에 이미 진입해 있다. 이에 합류하지 않으면 시대의 낙오자가 될 뿐 아니라 사회적 동물로서의 기능을 제대로 수행할 수 없게 된다.

영남권의 창조적 신산업은 먼저 과학기술의 급속한 발전과 통합화 등에 주목해야 한다. 왜냐하면 세계적 산업클러스터지역을 특성으로 하기 때문이다. 또한 서울이 신경제적 접근을 하게 될 가능성이 농후하기 때문이다. 반면 세계적 산업도시들을 망라하고 있는 영남지역은 서울수도권과 다른 기술혁신, 즉 전통(중후장대)산업에서의 기술혁신이 필요한 것이다.[24)]

울산은 세계적 중화학공업도시이다. 창원은 국내최대의 기계산업도시이며 국내최고의 계획도시이기도 하다. 또한 양산과 김해는 부산의 역외이전도시로서 자리매김하고 있다. 하지만 이 둘 도시 모두 정보산업혁명의 시대를 만나 새로운 시련을 맞고 있다. 이들 도시 모두 새로운 도약이나 좌절이냐의 기로에 서있는데, 가장 심각한 상황은 지역최대거점도시인 부산이 이들 도시 모두를 아우르는, '국제자유(허브)도시'로 거듭나야 한다는 시대적, 지역적 요청이다. 뒤늦은 감이 있으나 2009년 광역경제권개발계획에 따르면 광역경제권전략 30대 선도프로젝트에 부산외곽순환도로(18), 경전선북선전철(14) 등이 입안되어 있다. 그러나 이러한 인프라구축만으로 부산이 국제도시로서 거듭나기에는 한계가 있을 수밖에 없다. 한국의 미래가 '해양국가'로의 발전에 있다면 지난 10년간 중국(황해권) 일변도의 우려가 있는 '대륙국가' 취향의 대수도론이 아니라 동남권의 항만 물류 뿐 아니라 교육, 금융, 지식, R&D 분야 등에 획기적 투자가 있어야 하며 부산은 인근 해안을 포함하여 '해양특별시'를 추진해야 할 것이다. 또한 침몰하는 거점도시의 육성을 위하여 지방거점도시의 침체와 소지역 이기주의 및 행정낭비만 가져온 '광

역시' 제도를 폐지하고 과거의 도청소재지로 환원하는 것을 검토해야 할 시점이다.[25]

한반도에서 동남권이 수도권에 대응하여 발전하려면 항만과 공항과 내륙의 도시들은 연합하고 중국과의 교역에서 경쟁우위를 점할 수 있는 산업도 가져야 한다. 수도권은 이미 한계에 달한 경쟁력으로 어려움을 겪고 있다. 동남권이 한반도의 역할과 경쟁력을 극대화하기 위하여 획기적인 지역공간기획이 필요하며 그 중심에 해양과 내륙의 도시 연합이 필요하다. 부산과 울산이 국가거점항만과 임해거점항만으로 기능하는 한편으로, 창원과 울산이 신산업거점도시로서 자리매김하고, 양산, 김해, 진해가 연계(배후)도시로서 역할할 뿐 아니라 내륙의 밀양, 거창, 진주, 함양, 산청 등을 농업 및 환경 · 전통의 지역으로 연대시키는 일관화된 시스템을 구축하여야 할 것이다. 그리고 이러한 광역시스템은 인근광역경제권(특히 대경권)과의 경협과 연대가 가능한 기반이 될 것이다.[26]

창조적 신산업이 일어나기 위해서는 창조적 집단이 있어야 한다.[27] 1980년대와 1990년대 전 세계 도시들은 하이테크파크를 건설하고 벤처캐피털 투자를 시작했다. 그들의 신도시 산업 전략은 하이테크 기업을 육성하거나 다른 도시에서 기업을 끌어오는 것이었다. 그러나 창조적 집단의 특성을 간과한 그런 방법은 대부분 실패했다. 사회변동의 원동력은 기술이 아니라 창조적 집단에 있다는 것을 간과한 것이다. 빌 게이츠가 세계 최고기업 마이크로소프트도 상위의 창조적 소수 30인이 이동하면 무너질 수 있다고 한 말의 뜻을 알아야 한다.

기술 · 경제적 창조성은 예술 · 문화적 창조성과 상호작용한다. 여러 학문분야가 함께 있는 대학이 창조적 집단의 산실이며 창조적인 집단에 접근하는 것이 현대 비즈니스의 특징이다.[28] 창조적 집단이 동남권(영남권)에 모이게 해야 한다. 창조적 집단이 모여들었던 고대의 아테네와 로마, 르네상스시대의 피렌체, 근대의 런던, 현대 미국의 맨해튼 등 특정지역은 항상 교육과 문화, 기술과 경제가 모인 강변도시였다.

그들은 무엇보다 창조적 인간으로서의 그들의 독자성을 확인할 수 있는 장소와 기회를 원한다. 신경제는 지역보다는 특정 공간에서 일어나며, 시간이 갈수록 더 많은 경제적 거래가 이 새로운 공간으로 이동할 것이다. 창조적 도시의 성패는 '무엇이 있는가, 누가 있는가, 무슨 일이 일어나고 있는가'에 달려 있다. 기존도시를 개혁하고 농촌을 기업화하고 그들과 함께 새로운 경제를 일으킬 어반클러스터의 요체는 바로 창조적 집단인데, 문제는 서울 · 수도권에 모여 있는 창조적 집단은 지방으로 가려 하지 않는다는 점이다. 지방분권 성공의 요체는 지방에 창조적 집단이 가고 싶어 할 공간을 만드는 것이다. 영남의 경우 우리나라 유일의 천년의 고도 경주가 있으며, 전통문화의 산실인 진주와 안동, 세계적 명산인 지리산과 태백산맥, 다양한 대도시까지 골고루 갖춘 지역이기에 수도권에 버금가는 창조적 집단, 국제적 집단이 거주할 기반을 조성할 수 있는 것이다.[29)]

두 자릿수의 실업률, 정체된 수입, 두뇌유출로 인해 장기적인 경제불황에 시달리고 있던 아일랜드는 지금 OECD국가 중 가장 빠르게 성장하고 있다. 아일랜드의 기적은 창조적 공동체 만들기에서 시작되었다. 역동적인 창조적 집단과 그들이 원하는 생활중심지를 만들기 위해 제임스 조이스, 윌리엄 버틀러 예이츠, 버나드 쇼 등 아일랜드인 특유의 역사와 지리와 인문의 잠재력과 가능성에 근거한 문화공동체를 건설한 것이 아일랜드의 신산업전략이었던 것이다.

울산 · 창원 · 포항 · 구미의 산업공단이 산업화시대의 한국을 이끌어온 거대한 장치산업 클러스터였다면, 부산 · 대구 · 경주 · 밀양은 창조적 인간군이 모여드는 지식정보사회의 신산업클러스터가 되어야 한다. 미국 동부와 서부가 서로 다른 산업을 일으켜 획기적인 경제발전을 이루었듯이 새로운 산업클러스터로 한반도 산업지도의 새 비전을 열어야 한다. 낙동강유역과 영남권중간지대에 교육기관, 연구기관, 문화예술센터가 자리를 잡고 창조적 신산업의 도시연합을 이루면 산업클러스터로서는 세계경쟁력을 가진 수도권에 버금가는 국가발전의 또 다른 초석이 되는 것이다.[30)]

✔ 천년도시 경주와 진주

한국의 옛 도시에는 문화와 문명이 함께 있었다. 한국의 옛 도시를 아는 일은 세계를 아는 일만큼 중요하다. 한국문명의 집단적 DNA는 지난 천년의 시간과 공간이 남아있는 옛 도시에 있다. 역사의 현장이던 옛 도시를 알 수 있으면 역사의 흐름이 남긴 시간과 공간을 알 수 있다. 21세기는 국가보다 도시가 인간공동체의 기본단위가 되는 도시문명의 세기가 될 것이다. 도시의 세기인 2000년대에 한국이 자기문화를 확인하고 세계에 자신을 소개하는 데 천년도시 경주만 한 곳이 없다.

경주는 그나마 우리에게 남은 유일한 천년도시이다. 중국과 동양보다 도시문명의 역사가 길지 않은 유럽에는 도처에 천년도시가 있는데 우리는 경주 이외 어디에도 천년도시가 없다. 고구려와 백제의 수도였던 평양, 부여 등은 이름만 남은 채 지상에서 사라진 거나 다름없다. 고려의 수도 개성도 고고학적 역사유적으로만 남았고 6백년 역사도시 서울은 왕가의 공간인 종묘와 고궁만 남았다.

한민족의 성공은 세계화에서 시작되었다. 한국역사의 세계화로 이룬 최초의 국가가 신라였다. 삼국 중 가장 약세였던 도시국가 사로국(斯盧國)이 영남일대를 통합하고 동해, 남해, 서해에 해상교두보를 만들어 세계로 나아갔으므로 신라가 삼국을 통일할 수 있었던 것이다. 통일신라의 수도 경주는 세계화된 중세최고의 불교도시였다.

지금 우리는 경제 재도약과 남북통일이라는 과제 앞에서 시련의 시기를 맞고 있다. 이런 때 일수록 한국문명의 정체성을 기반으로 한 진정한 세계화가 다시 시작되어야 한다. 그런데 경제도약을 가능케 했던 자기 문명과의 교감이 없는 단순한 외형적인 성장으로는 더 이상의 비약이 어렵다. 우리가 저개발국이었을 때는 그렇지 않았더라도 선진국들과 경쟁해야 하는 지금의 우리 문명과 연계된 내연의 성장으로 나아가지 않으면 한계에 부딪힐 수밖에 없다. 인류역사상 경제성장이 문화적·문명적 성장과 동떨어져 지속된 예가 없다. 단명했던 문명의 전철을 밟지 않기 위해 우리가 이룬 경제성장을 문화와 문명의 성장으로 이어가야 한다.

경주가 영남권 뿐 아니라 우리나라 유일의 천년도시인 반면 진주는 사라져 버린 옛 신라의 다른 도시와 거의 운명이 같다. 외국의 대부분 천년도시에는 옛 도시와 현 도시가 공존하고 있으나 우리나라 유일의 천년도시 경주에는 옛 도시가 사라지고 일부의 유적만이 과거와 단절된 채 산재할 뿐이다. 진주의 경우 영호남간의 지리적요충지로서 임진왜란 당시엔 군사적요충지로서 오늘에 이르고 있다.

한국이 세계에 자신을 투영할 수 있는 천년도시 경주와 또 다른 천년도시 진주와 같은 문화유산을 가진 지역으로서 영남권은 수도권을 제외하면 국제자유도시, 통합주거교육도시, 정보화기업도시를 성공적으로 유치할 수 있는 잠재력을 가진 유일한 지역이다.[31]

5 광역통합신도시와 특별구역

초광역발전구상의 관건은 (초)광역통합신도시와 도시특별구역이다. (초)광역통합신도시는 초광역권 대도시들(부산, 대구, 울산, 창원)을 연결하는 축이므로 지리경제적(geo-economic) 위치가 매우 중요하다. 또한 국제신공항과의 접근성도 좋아야 한다. 진정한 (초)광역통합신도시가 되기 위하여 지방자치단체들이 공동으로 참여하고 공동의 지분을 갖게하는 방안으로 뉴욕 처럼 독립적 기구(authority)를 설립하여 운영하는 방식도 검토될 필요가 있다.

그러한 도시는 어디에 있는 얼마만한 크기, 어떤 내용의 도시여야 할까. 한 도시의 비약적 발전을 이루기 위한 특별도시구역들은 거의 비슷한 규모다. 뉴욕을 세계도시로 만드는 월스트리트, 타임스스퀘어 등의 특별도시구역이나 런던을 세계도시가 되게 하는 웨스트엔드나 더씨티(The City) 같은 특별도시구역은 모두 대략 100~200만평 사이의 규모다. 파리를 21세기 도시로 끌어올린 라데팡스도 그만한 규모로 시작했고 서울의 새로운 도심 여의도 역시 90만평 크기다.[32)]

특별신도시의 규모를 그 규모로 상정할 때 특별신도시의 도시내용은 무엇인가. 특별신도시는 도시산업 뿐 아니라 도시연합, 국제화 등 다목적 용도를 전제로 한 것이므로 부산도시특별구역은 도시산업을 정하는 일이 선행되어야 한다. 도시산업은 하나일 수 없다. 월스트리트나 타임스스퀘어도 단일산업 도시구역은 아니다. 공연예술의 메카 웨스트엔드나 금융중심도시 더시티도 다양한 다른 기능을 가진다.

광역통합신도시는 거대한 산업복합체와 현대도시의 성격을 반영해야 한다. 1000만평 규모의 통합신도시 중 핵심신도시의 규모는 100만평 기준인구 10만명 정도의 규모가 가능하며 핵심신도시는 R&D산업클러스터, 물류산업클러스터, 생명공학(해양)산업클러스터 등을 연결하는 축이 될 것이다. 부산을 중심한 (범)영남권의 21세기 성장지역으로 발전하려면 이러한 점에서 새로운 방향이 예고될 수 있다.

4장 / 부산(메트로폴리스)에서 대부산(메갈로폴리스)으로

1 서론 : 메트로폴리스에서 메갈로폴리스로

도시를 건설하는 인류역사에서 현대는 변화와 혁신의 시대이다. 산업화시대에 소비지향의 도시와 생산지 역할을 하여온 공단과 기업구역이 분리되어 관리되었다면 정보화시대로 경유하면서 (대)도시가 곧 생산지인 새로운 변화를 보게 된다.

과거 (거)대도시가 자립형 정치, 경제, 행정, 교육, 문화의 단위였다면 오늘날에는 대도시를 중심으로 한 메갈로폴리스화와 함께 중소도시들이 집합해서 농촌과 도시의 벽을 허물어 하나가 되는 어반클러스트로 나아가고 있다.

거대도시를 중심으로 한 메갈로폴리스는 쉽게 조직화되지만 중소도시들의 도시연합은 기존 도시 간 이해가 엇갈릴 수밖에 없으므로 특정도시 중심보다 통합신도시를 매개로 하는 방안이 현실적이며 해안링크와 강력한 연대를 구축하여 도시집합을 이루는 것이 중요하다.

부산을 중심한 영남권이 명실상부 수도권에 대응할 만한 체계를 구축하는 일은 서울의 성장, 팽창에서 보듯 예외적인 것이다. 서울의 경우 지금까지 강력한 중앙집권적 행정체제하에서 정치, 사회, 경제, 문화, 교육 등의 중추관리 기능이 집중되었고 이로 인해 서울을 중심축으로 하여 수도권을 형성, 이 지역 내 도시들은 흡족한 성장혜택을 받았다.

지역의 광역화는 대도시의 역할과 기능이 매우 중요하다. 이는 대도시가 각종 행정, 경제, 문화, 교육보건 등의 시설과 제3차 산업의 기능을 가지고 있으며 특히 중추관리기능이 있어 자연히 인근지역 주민들이 이를 이용하는 빈도수가 높아지고 지역 내 중심도시로 수용하거나 이를 가리켜 광역화된 지역의 중심축이라 정할 수는 없다. 다만 그 지역의 발전에 대도시의 역할이 뚜렷하다면 광역화의 중심축이라 한들 이의가 없을 것이다.

이제까지 부산은 제2의 대도시이면서도 동남권의 중심축 역할을 수행할 수 없었고 이로 인해 광역화의 절실한 과제만 외치면서 육지속의 고도처럼 되어 있다. 이제 부산은 이러한 무력감, 피해의식 등을 떨쳐버리고 국가와 서울 · 수도권의 건전한 발전을 위하여 부산이 중심이 된 21세기형 거대도시를 중심한 도시연합 및 도시 · 농촌통합, 도시공동체, 즉 메갈로폴리스[33] 구축에 나서야 할 때이다.

2 제2의 메갈로폴리스 구축 : 동남권에서 영남권으로

한반도 중심권인 수도권과 대응하려면 부산, 대구, 울산을 중심으로 한 메갈로폴리스(megalopolis)가 될 수밖에 없다. 2천 2백만에 이르는 서울 · 수도권은 황해공동체에서의 경쟁상대인 베이징 · 텐진과 상하이 · 양쯔델타의 각기 3천만 명에 이르는 경제권과 겨룰 수 있도록 규모와 콘텐츠를 새롭게 구축해야 한다. 이럴 때 인구와 규모에 의한 수도권 집중을 고집할 것이 아니라 기능의 과감한 지방이전 하는 등 메갈로폴리스의 특성을 적절히 활용하고 문제점을 해결하는 방향으로 나아가야 한다. 이는 곧 수도권을 확대하여 농촌을 포용하고 외곽 도시들을 포괄하는 기존의 방식에 대한 탈피의 방식이다. 수도권이 과대도시(hyperpolis)로 변하지 않으려면 국토균형상 대응을 할 만한 경제권이 거대도시와 주변도시와 농촌이 역할을 분담하는 방식의 이원적(양극적) 재편이 이루어져야 한다.

메갈로폴리스에는 강력한 핵이 있지만 거기에 흡수되기보다는 강력한 구심력에서부터 분리되는 스핀오프(spin-off) 정책을 펴는 것이 필요하다. 예컨대 부산에서는 도시재창조를 중심으로 한 도시부활의 움직임이 있어 대도시 중추 기능의 분산을 다방면에서 진행하고 있다. 대구 역시 산업디자인과 인근공단을 통해 시도되는 섬유도시의 새로운 장으로 인해 장차 새로운 가능성을 안게 되었으며, 마산도 경남지방의 거점도시로서의 역할을 모색하고 있다. 메갈로폴리스에서 중심도시만이 아니라 외곽도시들도 동등한 경제력을 갖는 곳으로 키워나가야 중간에 있는 농촌이 몰락하지 않고 특유의 역할을 할 수 있게 되는 것이다. 울산의 경우 환경과 신재생 등 도시의 새로운 도약에 매진하고 있으며, 창원의 경우 계획도시와 도청소재지로서 안주하지 않고 마산, 진해 등 해안링크와의 연대에 주력하고 있다.[34] 영남권이 지금처럼 중심축과 미래비전이 제한된 형태로 분산되어 있을 때는 시너지 효과가 나타날 수 없으며 장기적으로 보아 몰락과 쇠락의 길을 걷겠지만 부산·대구 등 전통적 지역 대도시를 중심으로 울산·창원·포항·구미 등 탄탄한 기반의 산업도시들과 연합하여 연계구조를 확고히 하고 경주·진주 등 소규모 도시들과 농촌을 포용하고 외곽도시들을 스핀오프의 산업권역으로 포괄하면 영남권의 자연스러운 통합화와 함께 지역경쟁력 강화를 이룰 수 있다.

또한 지방권은 황해공동체라는 새로운 판에서 세 바다를 중심으로 내륙의 도시연합과 해안링크가 함께 새로운 산업클러스터를 일으켜 각각의 독특한 경제권역을 이루는 것이 한반도의 새로운 전략이 되어야 한다. 지방을 자립적 경제권역으로 분할한다면 세 권역으로 나누어볼 수 있다. 지방권의 비약을 이루려면 호남권중심의 금강·새만금 어반클러스터, 행정복합도스를 중심한 충청·강원(중부권) 어반클러스터, 영남 메갈로폴리스를 새로운 국가중심으로 일으키는 안을 생각해야 한다. 즉 지방권을 서해안링크와 전북·전남(충남)의 도시연합을 아우르는 금강·새만금 어반클러스터, 금강유역에서 강원·DMZ에 이르는 중부권 어반클러스터, 그리고 옛 가야의 도시연합이 이루는 부산·울산·창원의 어반클러스터와 옛 신라지역의 대구·포항·구미·경주 등의 도시연합이 해안링크를 따라 동해로 북상하면서 일본의 세또나이까이로 들어가는 (범)영남권 메갈로폴리스 등 세 권역으로 재조직한다는 구상이다.[35)]

수도권과 지방권이 모두 세계경쟁력을 갖도록 하려면 서울·수도권은 전 세계를 상대로 하는 한반도의 중심이 되게 하고, 금강·새만금 어반클러스터는 산뚱성 및 보하이만 일대와 짝을 이루며, 영남 메갈로폴리스는 동남권(부산·울산·경남)의 세계에서 가장 큰 물류의 흐름인 동아시아와 미대륙을 잇는 물류의 중심이 되게 하고, 대경권(대구·경북)은 세또나이까이를 통해 후쿠오카에서 시모노세키와 오사카로 이어지는 해안링크와 접속할 수 있는 것이다.

황해공동체는 바다를 가운데 둔 대도시와 국제항만과 국제공항 중심의 경제공동체이다. 그래서 황해공동체 안에서 교역과 교류가 확대되면 확대될수록 대도시를 중심으로 한 도시집합이 이루어지게 마련이다. 지금은 대도시를 중심으로 한 메갈로폴리스화와 함께 중소도시간의 도시연합이 일어나고 있는 단계인데, 그것이 한 단계 더 진전해서 대도시와 중소도시들이 집합하면서 농촌과 도시의 벽을 허물어 하나가 되는 어반클러스터로 가는 길이 한반도 공간전략의 새로운 키워드가 될 것이다.

거대도시를 중심으로 한 메갈로폴리스는 쉽게 조직화되지만 중소도시들의 도시연합은 기존 도시 간 이해가 엇갈릴 수밖에 없으므로 특정도시 중심보다 통합신도시를 매개로 하는 방안이 현실적이며 해안링크와 강력한 연대를 구축하여 도시집합을 이루는 것이 중요하다. 베이징 · 상하이 · 오사카 · 서울 등의 대도시 중심 메갈로폴리스에 대항하여 지방의 중소도시들이 도시와 해안링크를 집합한 어반클러스터를 이룰 수 있으며 황해 공동체는 국가가 기본 단위인 유럽연합보다 더 강력한 경제공동체가 될 것이다.

한반도 구조개혁은 한계에 다다른 우리 경제의 새로운 하드웨어를 구축하여 위한 것이며 그간의 압축성장으로 야기된 국토의 불균형발전과 수도권집중을 한단계 높은 차원에서 해결하려는 것이다. 뿐만 아니라 중국의 개혁 · 개방 이후 과제로 떠오른 새로운 국제관계 정립에 능동적으로 대처하기 위한 것이다.

국가의 하드웨어계획[36]은 기존 사회간접자본(SOC)과 거대 규모의 네트워크를 조화롭게 통해해야 한다. 기존의 사회간접자본을 최대한 이용하고 네트워크 속에서 미래의 가능성과 잠재력을 찾아야 경쟁력 강화와 균형발전을 이룰 수 있다. 수도권이 사회간접자본은 세계 최강 수준이므로 수도권에 집중하는 것이 당장에는 가장 효과적이다. 그러나 전국적인 네트워크 속에서 보면 서해, 남해, 동해 모두 서울 · 수도권 못지않은 가능성과 잠재력을 갖고 있다.

제한된 재원이다 보니 수도권에 집중하게 된 것인데 이제는 과감한 세계자본 도입을 전제로 한 새 전략이 필요하다. 중국의 현대화는 세계자본이 이룬 것이다. 한반도 제2의 도약은 세계자본을 끌어들이는 데서 시작되어야 한다. 우선 비교적 자본조달이 용이한 수도권에는 국내자본이 투자하고 세 권역의 메갈로폴리스, 어반클러스터에는 국가가 나서 인프라를 구축하고 도시상부구조의 청사진을 제시하여 대기업과 세계자본이 오게 해야 한다. 지방권의 자립에는 세계자본이 달려들 만한 마스터플랜을 만드는 일이 우선시되어야 한다.[37]

3 대부산계획과 영남 어반클러스터

부산이 도시재창조와 특별도시구역 건설 등으로 대도시의 특성과 함께 집약된 미래형 정보산업화도시의 혁신적 도시환경을 제공한다면 울산·창원·양산·김해 등 동남권 일원의 경제적 잠재력을 도약시키는 근거지가 될 수 있다. 대구, 구미, 포항, 울산에서 보듯이 제조업은 과거의 도시산업 중심지에서 흩어져 나가지만 1980년대에 급격히 성장한 국제금융활동이나 서비스활동은 몇몇 도시에 점점 더 집중된다. 대구는 15세기 중엽부터 영남지방의 중심지였고 오늘날에는 서울과 부산을 잇는 중간요지의 도시이며, 1970년대에 시작된 구미전자단지는 국내 최대의 산업단지이고, 포항은 세계 최고의 철강단지이며, 울산은 세계적 중화학공업도시이다. 그러나 이 네 도시 모두 정보산업혁명의 시대를 만나 새로운 시련을 맞고 있다. 네 도시 모두 새로운 도약이나 좌절이냐의 기로에 서있는데, 그중 어느 하나가 네 도시 모두를 아우르는 '국제자유신도시(창조도시)'로 탈바꿈하기는 어렵다. 영남의 과거와 현재와 미래를 잇는 거시적 디자인으로서 영남(초)광역통합신도시의 건설이 필요하다.[38]

우리가 제안한 영남 메갈로폴리스는 최초의 민족통일을 이룩한 삼국시대의 신라가 하나의 지역이라기보다는 부산, 울산, 대구, 구미 일원을 아우르는 옛 가야와 신라를 포괄하는 거대한 연합국가였다는 점에 근거한 것이다. 신라라는 도시연합을 이룬 도시들의 개별적 역량은 백제나 고구려에 비할 수 없었지만 이들 도시가 연합하여 강력한 정신적·물질적 통합을 이루고 동해와 남해의 해안링크를 통해 세계로 나아갔기 때문에 삼국통일의 저력을 발휘할 수 있었던 것이다.

현재 영남권에는 울산, 포항, 대구, 구미 등이 모여 산업클러스터를 이루고 있으나 다음 단계로의 도약에 요구되는 도시연합을 이루지 못하고 있다. 항만·물류와 영상·관광의 부산, 교육과 섬유와 지식산업의 대구, 철강의 포항, 자동차와 조선과 중공업의 울산, 전자산업의 구미 등이 나름대로 각개약진하고 있을 뿐이다. 외형적으로 산업적 클러스터를 이루고 있으나 산업클러스터가 강력한 경제문화권으로 도약하기 위해서는 각 도시들을 통합하는 문명적 링크, 문화인프라가 개입하여야 한다. 이런 점에서 천년고도 경주는 찬란한 자원이 되는 것이다. 그것이 행정과 문화인프라로서의 옛 경부축의 복원이다. 산업은 각 도시들이 존재하기 위한 기반이고 문화는 그것들을 통합해 문명적 연합체를 구성할 수 있게 하는 기반이기 때문이다. 영남권이 부산·대구를 중심으로 하는 도시연합이 이루어진다면 포항, 울산, 창원, 구미의 국제경쟁력도 함께 올라가는 것이다. 예컨대 대구의 섬유산업은 섬유의 생산을 넘어 디자인산업으로의 도약이 필요한

데 천년의 도시연합으로 결속된다면 이것이 정신과 문화의 기지가 되는 것이다.

다행히 옛 경주의 중심부로 고속철도를 통과시키려던 계획이 수정됨으로써 과거의 문화를 미래의 희망으로 이어가는 가능성을 남겨놓았다. 그런데 대구, 포항, 울산, 구미를 아우르는 통합신도시를 경주 외곽에 건설하여 거기로 고속철도가 지나게 함으로써 옛 경주 영역을 보존함과 동시에 기존의 네 도시가 역사도시 경주와 결속되도록 하려는 구상은 아직도 하나의 구상으로 남아 있다. 고속철도 외곽 우회결정이 내려진 뒤로 이런 장기적인 구상에 대한 당국이나 시민사회의 관심이 식어버린 것이다. 하지만 국제기능과 지식정보기능과 신주거교육 기능이 고속철도와 더불어 형성되는 통합신도시가 없이는 영남의 산업클러스터가 도시연합으로 도약하여 국토균형발전의 한 몫을 떠맡기는 어려울 것이다. 이런 점에서 지리적으로 전통적으로 영남권을 다 아우를 수 있는 밀양통합(광역)신도시의 건설은 새로운 대안이 될 것이다.

밀양통합신도시는 수도권 신도시를 능가하는 경쟁력을 가질 수 있다. 이 지역의 개개의 도시는 금융과 인구, 국제기능과 정보기능을 통합신도시와 공유하면서 자족적 도시산업이 구비된 규모로 성장할 것이며, 이 통합신도시에 5개 광역권이 모두 참여하고 일정 지분을 행사하여 명실상부한 새로운 초광역협력도시를 만들고 나아가 도시 중심부의 기능을 첨단산업기반도시, 국제자유도시, 창조도시 등을 만들면 천년도시 경주의 옛 도시구역을 발굴·보존하면 세계적 경쟁력을 가진 역사도시와 통합신도시를 함께 이루게 된다. 이들 두 도시로 해서 부산·대구란 양대 대도시와 구미·포항·울산·창원의 네 도시와 함께 산업클러스터와 도시연합이 해안링크와 함께하는 세계화 도시군인 영남 메갈로폴리스를 형성할 기반을 만들게 되는 것이다.[39)]

4 남해안 해양벨트

지역의 발전은 입지와 조건 그리고 사회, 정치, 경제, 문화, 교육 등의 역할에 따라 달라지며 외관상으로 규모나 형태로 나타난다. 광역화된 지역의 선정과정은 대부분 초기에 지형적으로 유리한 조건을 갖춘 평원이나 분지 또는 하구를 중심으로 형성된 지역이 발전을 거듭하면서 인근지역과 합병 또는 시가지가 연결되고 이러한 과정에서 지역 간의 경계마저도 모호해져서 주민의 생활중심이 지역행정과 관계없이 통합함으로써 광역화가 자연스럽게 이루어졌다고 할 수 있다.

사실 한낱 작은 포구에 불과했던 부산이 오늘날 이만큼이라도 된 것은 바로 이 절묘한 지리적 위치 덕분이며, 이것만으로도 우리는 지금까지의 비관적 의식을 버리고 부산의 미래를 낙관적으로 볼 수 있게 된다. 다른 곳이 갖고 있지 않은 하나의 중요한 무기를 가지고 있는 셈이다. 이러한 무기의 하나가 남해안 해양벨트의 중추도시로서 새로운 잠재력과 역할일 것이다. 남해안 해양벨트는 최근 세계적으로 가장 주목받고 있는 미래형산업인 환경 · 문화 · 관광산업의 보고가 될 수 있기 때문이다.

남해안은 천혜의 해양생태낙원이다. 섬이 별같이 많고 그 자태가 기러기처럼 이어지는 형이상학적 공간인 것이다. 역사적으로도 이곳은 한민족역사에서 해양문화를 가장 왕성하게 꽃피웠던 장보고의 청해진과 세계해전사에서 찬란한 무공을 빛낸 이순신 장군의 위업이 함께하는 곳이다. 또한 남도지역은 전통적으로 불교문화를 비롯한 전통문화의 유적과 분위기가 가장 풍부하며 잘 보존되어 있다. 무엇보다 산업화시대 집중적으로 개발된 동해안이나 민주화시대 투자가 집중되었던 서해안과 달리 일부 지역(광양, 여수, 거제 등)을 제외하고는 자연이 잘 보존된 우리의 자랑거리인 곳이다.[40)]

이제 남해안은 새롭게 조명받는 시점이 되었다. 무엇보다 국민소득 1만 불 시대가 20여년이 경과되면서 자연과 환경, 특히 우리나라의 아름다운 자연이 산업화와 도시화에 찌든 우리 국민들에게 안식과 치료의 터전으로 부상되고 있다. 그리고 이러한 흐름을 가속화시키고 있는 것은 대전-통영고속도로, KTX 개통 등 국가인프라의 종착역이 이제 출발되었기 때문이라 하겠다.

그러나 남해안은 우리들만의 것이 아니게 될 것이다. 한려수도로 대변되는 아름다운 풍광, 전국토섬의 집합처라 할 전남의 섬들은 새롭게 해양크루저여행에 눈뜬 세계적 경제대국 일본과 새로이 부상하는 중국과 대만의 부유층 등도 새롭게 주목하는 국제해양관광자원인 것이다. 여수엑스포는 여기에 하나의 전환점이 될 것이다.

북항재개발 등 도시재창조에 나선 부산은 해륙종합역세권 개발, 수산관광단지, 해상교통 · 해양관광 기지화를 통한 부산의 새로운 지역경제공간으로 창출시켜야 할 것이며, 가장 한국적이며 부산만이 지닐 수 있는 차별성 높은 크루즈 및 해상여객기지화 등 한국을 대표하는 해양문화관광의 메카로 조성해야 할 것이다.

그리고 에코포트(Eco-Port) 개념의 청정해역 조성과 항구도시 어메니티(Amenity) 확보를 토대로 한 세계적인 해상교통 및 크루즈산업 발전을 선도하는 해양관광수도로 탄생시키는 모델사업이 되어야할 것이다.

한국 남해안 · 제주도를 비롯하여 외국의 주요 항구와 직접 연결되는 해상여객 및 국내외로 연결되는 크루즈터미널 등 국제해상고속도로터미널을 구축해야 할 것이며 철도, 항공, 해상교통, 수산관광, 해양관광이 공존하는 세계적인 워터프론트(Water Front) 개발의 모델사업으로 만들어야 할 것이다.[41)]

5 참고사례 : 그랜드런던계획과 그랑파리계획

1) 그랜드런던계획

2000년 시민이 뽑은 런던시장과 시의원으로 구성된 '대런던위원회'에 의해 작성된 '런던플랜'은 자치구와 전문가들의 염려와 우려 가운데 4년간에 걸친 연구-컨설팅-재검토-홍보의 과정을 거쳐 2004년 2월에 출간되었다. 그리고 2006년 6월에는 2004년 런던플랜을 수정 · 보완한 런던플랜이 작성 · 발표되었다. 런던플랜은 런던시장의 큰 치적 중 하나로 소개되고 있으며 2016년까지의 월드시티 런던의 도시계획과 개발방향을 제시하고 있다.

런던플랜의 목표와 지향점은 런던시장이 런던플랜의 서두에서 언급하고 있는 월드시티 런던이 앞으로 겪게 될 여러 '변화와 도전'의 맥락에서 ① 인구증가, ② 경제성장, ③ 환경문제, ④ 생활스타일의 변화 그리고 ⑤ 기술변화로 요약하고 있다. 이들의 현안을 바탕으로 런던플랜은 2016년까지 지향하는 목표를 아래와 같이 정리하고 있다.

- 녹지공간과 오픈스페이스를 파괴하지 않는 내에서의 성장지향
- 사람중심적인 도시 만들기
- 성장하는 경제를 바탕으로 한 안정적이며 다양성을 가진 도시
- 빈곤과 차별이 없는 사회적 융화를 꾀하는 도시
- 접근이 용이한 도시
- 매력적이고 높은 수준으로 디자인된 녹색도시

2016년까지의 주요 전략적 현안을 크게 일곱 가지로 제시하고 있으며 이는 런던플랜이 지향하는 목표와 같은 맥락을 가지고 있다.

첫째는 현재 인구와 2016년에 늘어나는 인구에 대한 대책, 둘째, 약 64만개의 일자리가 생길 것으로 예측. 셋째, 라이프스타일의 변화와 이에 대한 대응 넷째, 삶의 가치에 대한 변화 다섯째, 친환경적인 도시건설 여섯째, 새로운 기술의 등장과 대응 일곱째, 다양한 인종으로 이루어 런던 커뮤니티의 평등 문제 등이다.

이러한 런던의 전략적 현안을 바탕으로 런던시장은 지속가능한 월드시티 런던을 만들기 위해 안전적이고 다양한 분야의 경제성장, 심화되고 있는 커뮤니티의 계층분화를 막기 위한 사회융화, 지속가능하며 친환경적인 도시를 강조하였다.

런던시장이 제시한 비전은 런던플랜의 3장 주제별 정책, 4장 전반적 정책, 5장 권력별계획을 통해 구체적으로 나타나고 있다. 정책을 통해 전하고자 하는 주요 내용은 크게 가지로 정리할 수 있다.

첫째는, 현재 세계의 금융과 경제 그리고 문화의 중심지인 월드시티로서의 역할유지와 지속적인 인구증가(1016년 예상인구)를 설정해 두고 런던의 지속가능한 성장을 어떻게 이룰 것인가에 대한 내용을 다루고 있다.

이를 위해 도시의 경제적 성장과 인구성장과 관련된 일자리(64만 개의 일자리 창출), 주택, 환경, 교통, 다양한 인종의 사회융화 등에 해결책을 제시하고 있다. 특히 런던의 성장과 함께 야기되는 서민주택공급문제, 일자리문제, 그리고 환경관련 정책에 중점을 많이 두고 있다.

둘째는, 교통인프라 투자를 통한 접근이 용이한 런던 만들기와 교통인프라를 따라 성장의 동력으로 삼는 공간개발 전략이다. 런던플랜의 2장에서 언급하고 있는 전반적 개발전략에서는 광역차원의 런던의 공간개발 전략을 ① 탬즈케이트웨이 ② 런던 · 스텐스테드 · 캠브리지, ③ 완들계곡(Wandle Valley), ④ 웨스턴웨지(Western Wedge) 등 4개의 공간개발계획을 통해 설명하고 있다. 이 4개의 공간개발계획은 기존 지역의 성장을 도모하는 동시에 소외되고 침체된 지역의 전략적 개발을 담고 있다.

공간개발전략과 4개 공간개발회랑은 기존에 형성된 교통시설의 연계와 함께 새로운 교통 인프라의 건설을 통해 침체되고 소외된 지역의 장기적인 재개발 전략을 제시하고 있다.

셋째, ① 기회지역(opportunity area), ② 집중개발지역(for intensification), ③ 도시재생지역(urban regeneration area)의 지정과 (재)개발 정책을 통해 주택과 일자리 창출, 그리고 낙후된 지역의 도시재생사업을 진행하는 정책을 펴고 있다.

그리고 런던플랜은 지속적인 '경제적 성장' 과 '일자리 창출' 그리고 증가하는 인구와 성장을 담을 '주택공급' 문제를 가장 큰 현안으로 다루고 있으며, 이들 지역은 이를 해결하기 위한 중요한 전략적 방편이 되고 있다.

현재 런던플랜은 이들 지역을 구체적으로 지정하고 있으며 이들 지역에 대한 데이터를 구축하고 있다. 특히, 5천 개의 일자리와 주택 2,500호를 창출할 수 있는 잠재 지역을 '기회지역'으로 정하고 체계적인 전략과 실행계획을 세우고 있다.

넷째, 런던플랜은 월드 런던의 역사와 전통 그리고 현대적인 이미지를 이룩하기 위해 콤팩트시티, 복합용도, 고층빌딩 그리고 양질의 디자인 도시를 지향하고 있다.

런던플랜에 나타난 도시조건환경과 관련된 정책은 이러한 원칙을 반영하고 있다. 보행하고 싶은 자연환경이 함께 공존하는 살 만한 도시의 공공공간, 녹지공간, 보행로, 자전거도로, 건축디자인, 수변공간에 대한 지침과 정책을 제시하고 있다. 특히 월드시티 위상을 고려하여 적제적소에 필요에 따라 고층빌딩을 건설하는 것에 긍정적인 정책을 제시하고 있다.

다섯째, 런던플랜은 친환경적인 도시를 만들기 위해 공기오염을 예방하고 기존의 녹지공간과 자연환경을 보호하기 위해 적극적인 정책을 펴고 있다.

자전거와 공공교통 그리고 보행을 유도하는 도시의 물리적 공간구조와 디자인을 장려하는 정책을 펴고 있으며, 자연녹지나 공원의 소실을 막기 위해 택지재개발이나 여타 도시개발이 기존의 녹지나 보존지구보다는 산업유휴지(brownfield)에 먼저 개발되도록 하는 정책을 펴고 있다.

이러한 녹지와 공공공간을 최대한 보존·관리하기 위해 런던차원의 오픈스페이스의 위계를 정하고 런던시민들의 생활환경에서 쉽고 용이하게 접근할 수 있도록 하고 있다.

여섯째, 런던플랜의 가장 두드러진 특징 중 하나인 '권역계획(sup-regional planning)'을 통해 런던플랜이 추구하고자 하는 전략적 계획을 실현하는 것이다.

즉, 광역런던의 개발전략을 효율적으로 실행하기 위한 수단으로써 권역별 계획의 중요성과 내용을 런던플랜의 5장을 통해 강조하고 있다.

효율적인 공공서비스를 위해 각각의 자치구 차원에서 접근하기에는 한계가 있어 여러 자치구를 하나로의 생활권으로 묶어 접근할 필요성이 대두되었다(예: 쓰레기, 공공교통, 건강, 교육 등)

이와 관련하여 런던을 구성하는 32개의 자치구와 시티오브런던은 크게 5개 권역 즉, ①Central London 권역, ②East London 권역 ③West London 권역, ④North London 권역, ⑤South London 권역으로 나누고 이에 대한 정책을 서술하고 있다.

그리고 이에 대한 정책을 상세히 설명하기 위해 런던시장은 5개 '권역별 계획(Sub-Regional Development Frameworks)' 문서를 부가계획지침서로(Supplementary Planning Guidance)로 따로 작성하였다. 이 권역별 계획은 런던플랜처럼 법률적 문서로서의 위상을 가지고 있지는 않지만 런던플랜이 지향하는 정책을 담고 있기 때문에 런던의 자치구들이 자치구계획을 작성하는 과정에서 고려해야(Material Consideration)할 중요한 문서다.

일곱째, 런던플랜은 정책의 실행과정에서 다양한 이해당사자들과의 파트너십을 중요시하고 있다. 이는 4년간의 런던플랜 작성과정이 다양한 이해당사자들과의 컨설팅을 기반으로 이루어진 점과 함께 두드러진 특징이다.

런던플랜에 제시된 정책들이 런던정부나 중앙정부의 일방적인 정책이 아니라 다양한 이해당사자들이 참여하여 함께 만들어가고 실행하는 데 중점을 둔 점이다. 이는 시민들이 소유의식을 느낄 수 있는 계획을 만들고 공간정책의 민주화를 실현하는 과정이라고 할 수 있다.

마지막으로 런던플랜은 ①증거중심적인 실행목표를 세우고, 실행목표가 제대로 진행되고 있는가에 대한 ②모니터링, ③관리, ④이에 대한 평가와 재 반영 하는 과정을 중요시하고 있다. 이 점은 런던플랜의 6장에서 상세히 설명하고 있는데 이전 영국의 도시계획이 조사-분석-계획과정에 머문 것과는 대조적이다. [42)]

2) 그랑파리계획

'프티' 좋아하던 파리, 거대권역 '그랑파리' 추진

✔ '그레이트 런던'에 맞서는 미래도시 프로젝트

프랑스가 '그랑 파리(Grand Paris)'를 향해 힘찬 시동을 걸었다. 프랑스 제3공화국(1870~1940년)에 살았던 사회학자 앙드레 시그프리드는 1914년 제1차 세계대전 발발 전까지만 해도 프랑스 시민들이 '작은(petit)'이란 말을 얼마나 자주 사용했는지 말한 바 있다. 그들은 카페에 앉아 '르 프티 파리지앵(Le Petit Parisien)' 신문을 읽으며 작은 여인(petite femme), 작은 식사(petits plats), 작은 집(petite maison), 작은 일(petits metiers)에 대해 말하길 좋아했다.

이처럼 '작은 것'에 익숙했던 파리에 형용사 '큰 것'이 유행하기 시작한 것은 150년 전 오스망 남작이 파리를 개조하면서부터다. 모든 것이 커졌다. 호텔도 커지고(grands hotels), 거리도 커지고(grands boulevards), 상점도 커졌다.(grands magasins). 그럼에도 불구하고 21세기 초까지 커지지 않은 것은 파리라는 도시 자체였다.

현재 파리는 외곽순환도로를 경계로 그 안에 고작 200만 명이 거주하고 있는 지역을 말한다. 하지만 파리에서 국제특급열차인 유로스타를 타고 2시간 거리에 있는 런던만 하더라도 800만 명 이상이 살고 있다. 우리가 흔히 런던이라고 부르는 곳은 정확히는 '그레이트 런던(Greater London)'이다. 영어권에서는 그랑 파리를 '그레이터 패리스(Greater Paris)'라고 번역한다. 그랑 파리는 '그레이트 런던'의 대응 개념인 셈이다.

프랑스 대통령들은 절대왕정 시대의 왕처럼 자기의 이름을 빛낼 대규모 건설공사를 좋아한다. 프랑수아 미테랑 대통령에게 라데팡스에 해당하는 게 니콜라 사르코지 대통령에게는 그랑 파리다. 1958년 프랑스 파리 서부 외곽에 건설된 현대식 상업지구엔 미테랑 대통령 재임시절(1981~1995년) 최첨단 고층빌딩이 줄줄이 들어섰다.

사르코지 대통령은 그랑 파리 계획을 발표하면서 "그랑 파리를 그려보려면 영국의 런던과 네덜란드의 로테르담을 마주 바라볼 만큼 멀리서 파리를 봐야 한다"고 말했다. 일찍이 나폴레옹 보나파르트는 "(그랑 파리 지역 안에 위치한) 파리 루앙르아브르는 센강을 대로(大路)로 삼는 하나의 도시"라고 말한 바 있다.

그동안 영국의 런던과 이탈리아의 밀라노를 잇는 유럽의 경제중심은 프랑스를 비껴가고 있었다. 파리는 유럽의 경제중심축에서 제외됐고 프랑스의 양대 항구인 르아브르와 마르세유는 앞으로 도태할 것이라는 위기의식이 팽배해 있었다. 그랑 파리는 이런 위기를 극복하기 위한 것으로 파리를 관통하는 센 강이 서쪽으로 흘러 대서양을 만나는 곳의 르아브르를 항구로 삼고 센 강을 그 발전 축으로 삼는 새로운 도시계획을 뜻한다.

프랑스는 2007년 역사적인 환경 그르넬 협약을 통해 수운(水運)의 중요성을 확인 하고 북(北)센 강 운하를 건설하기로 했다. 센 강 하류지역에 대한 굴착작업이 2012년부터 시작될 예정이다. 그랑 파리 건설엔 지속가능한 도시 발전을 위한 녹색 개발 개념이 적용된다. 샤를 드골 공항이 위치한 루아시 주변 2500ha에 1만 그루의 나무를 심을 예정이다.

거대 도시에는 문화공간도 대폭 확충할 예정이다. 파리 서쪽으로는 스갱 섬이 새로운 예술중심지로 개발된다. 동쪽으로는 시청각연구소(INA)를 중심으로 영상미디어 지구가 형성된다. 북쪽으로는 라빌레트 공원에 파리필하모닉이 자리할 음악당이 만들어지고 뤼크 베송 감독의 유럽영화박물관이 들어선다.

교육 및 연구단지도 세워진다. 라데팡스의 금융가로는 요즘 파리대학에서 가장 잘나가는 경제 경영 중심의 파리도핀대가 이사를 간다. 아쉐르항과 세르주퐁투아즈 대학 주변으로 생태산업과 물류산업 중심의 센 강 계곡 산업지대가 들어선다.[43)]

註

1) Bruce Cumings교수는 그의 저서에서 "(조선시대)사람들은 계급과 국가, 지주와 소작인, 토지와 농산품, 문화적 교양과 야만적 무지의 기준으로 모든 것을 생각했다."라고 쓰고 있다. 브루스 커밍스, 「한국전쟁의 기원」(일월서각, 1986), p.30.
2) 김석철, 「희망의 한반도 프로젝트」(창비, 2005), p.130.
3) 모나코, 마카오, 홍콩, 싱가포르, 바티칸, 지브롤터, 버뮤다 등 밀도가 더 높은 곳이 있지만 온전한 나라라기보다는 도시 국가 또는 섬이다.
http://en.wikipedia.org.wiki/List_of_countries_by_population_density
4) http://www.citymayors.com/features/largest_cities1.html
5) 김홍성, 「도시건축의 새로운 상상력」(현암사, 2009), pp.281-285.
6) 김석철, 앞의 책, pp.153-154.
7) 김석철, 앞의 책, p.160.
8) 김석철, 앞의 책, p.161.
9) 김석철, 앞의 책, p.163.
10) 김석철, 앞의 책, p.164.
11) 김석철, 앞의 책, pp.154-168.
12) 김석철, 앞의 책, p.119. 참조.
13) 이재호, "대수도론과 부산의 논리,"(국제신문), 2006.6.27.
14) 앞의 글, 참조.
15) 김석철, 앞의 책, p.178. 참조.
16) "신행정도시와 새만금 문제는 앞으로 나아갈 수도 뒤로 물러설 수도 없게 된 난제 중의 난제다. 그러나 좀더 넓은 시각에서 보면 두 난제를 일거에 해결할 수 있는 방안을 찾을 수 있다. 바로 그것이 금강유역 도시연합과 새만금 도시연합을 산업클러스터화하여 서울·수도권과 겨룰 수 있는 자립적 경제권역으로 만드는 금강·새만금 어반클러스터 안이다. 워낙 큰 주제들이 겹쳐 있는 문제라 하나씩 단계적으로 정리하고자 하겠다." 김석철, 앞의 책, p.172 .참조.
17) 김석철, 앞의 책, pp.172-175.참조.
18) 김석철, 앞의 책, pp.175-177.참조.
19) 거대도시군을 의미하는 메갈로폴리스는 최근 대도시지역(mega city region: MCR)의 개념으로도 사용된다. 보스톤컨설팅그룹, MCR 연구(동아일보, 2008). 참조.
20) 김석철, 앞의 책, pp.208-210.참조.
21) 부산일보사, 「부산 21세기- 국제화시대의 발전전략」(부산일보사, 1992), p.170.
22) 권철현,「신부산대개조론 부산이여 깨어 일어나라」(효민출판사, 2006), pp.151-153.
23) 김석철, 앞의 책, pp.177-180.참조.
24) 1부 1장 표1-1, 참조.
25) 이재호, 앞의 글, 참조.
26) 부록 영남메갈로폴리스 구축방안 연구(제안서) 참조.
27) 전문적 창조적 노동자(professional creative workers)는 건축가, 엔지니어, 수학자, 컴퓨터과학자, 도시계획가, 저술가, 예술인, 연예인, 운동선수가 포함되며 이들의 수는 미국의 경우 1900년 기준 20만명에서 1999년에는 760만명에 이르렀으며, 고용비율로는 0.7%(1900년)에서 5.7%(1999년)로 상승했다. Baruch Lev,「Intangibles」, (Washington, DC: Brookings Institution Press,2001), pp. 14-15.에서 재인용.
28) 김형국·유석진·홍성걸, 「과학기술의 정치경제학」(도서출판 오름, 1998). 참조.
29) 찰스 랜드리, 메타기획컨설팅 한국어판 기획, 「크리에이티브 시티메이킹」(역사넷, 2009). 참조.
30) 앞의 책, pp.180-184. 참조.
31) 김석철, 앞의 책, pp.194-198. 참조.
32) 김홍성, 앞의 책, p.289. 표 참조.

33) 3부 용어해설. 참고.
34) 2009년 12월 11일 마산과 진해시의회에 이어 경남 창원시의회가 '창원과 마산, 진해시 통합안'을 의결하여 3개 시의회가 모두 찬성해 전국에서 처음으로 행정구역 자율통합 지역으로 확정되었다. http://news.hankooki.com/lpage/society/200912/h2009121123073221950.html
35) 4부 2장 3번 국가4분지계. 참조.
36) 김석철, 앞의 책, 참조.
37) 김석철, 앞의 책, pp.100-105.참조.
38) 4부 3장 5번 광역통합신도시와 특별구역. 참조.
39) 앞의 책, pp.206-210.참조.
40) 유홍준, 「나의 문화유산답사기 1, 2권」.참조.
41) 권철현, 앞의 책, 참조.
42) 이행규, 「선진도시의 사례분석」(월간 국토 2009년 5월호, 국토연구원) 참조.
43) 송평인, (동아일보), 2009.7.14.

부 록

Ⅰ. 부산의 주요 통계지표
Ⅱ. 영남권의 주요 통계
Ⅲ. 영남 메갈로폴리스 구축방안 연구

- 국가지도자는 일반 정치인과 달리 비전, 카리스마, 국정운영능력이 필요하다 - 자크 아탈리
- 모든 독서가가 지도자가 될 수 없다. 하지만 모든 지도자는 독서가가 되어야 한다 - 해리 트루먼
- 미래를 예측하는 가장 좋은 방법은 미래를 창조하는 것이다 - 앨런 케이

Ⅰ 부산의 주요 통계지표[1] (2004년 기준, *는 2003년)

구 분		단 위	전 국	부 산	비 중
인구 및 면적	· 인구	천명	49,053	3,684	7.5
	(남자)	천명	24,641	1,839	7.5
	(여자)	천명	24,412	1,845	7.6
	· 연령별 인구 구성비	%	100.0	100.0	-
	(0~14세)	%	19.5	16.8	-
	(15~64세)	%	72.0	75.4	-
	(65세이상)	%	8.5	7.8	-
	· 면적	㎢	99,924.15	763.36	0.8
	· 가구수(일반가구)	천가구	17,392	1,251	7.2
	· 인구 총이동자수	천명	8,568	539	6.3
	(전입자수)	천명	2,794	132	4.7
	(전출자수)	천명	2,794	165	5.9
	· 출생자수	명	493,471*	29,838*	6.0
	· 사망자수	명	245,817*	18,396*	7.5
	· 자연증가자수	명	247,654	11,442	4.6
	· 혼인건수	건	310,944	19,898	6.4
	· 이혼건수	건	139,365	11,334	8.1
농림 어업	· 농가수	호	1,240,406	7,429	0.6
	· 농가인구	명	3,414,551	23,554	0.7
	· 경지면적	ha	1,835,634	9,070	0.5
	· 식량작물 생산량	M/T	5,669,209	22,834	0.4
	· 산림면적	천ha	6,406*	37*	0.6
	· 어가수	호	72,513	2,834	3.9
	· 어가인구	명	209,855	9,471	4.5
	· 수산물 어획고	천M/T	2,519.1	398.2	15.8
주택 및 건설업	· 건설 주택수	호	463,800	20,509	4.4
	(단독주택)	호	24,641	756	2.2
	(아파트)	호	404,878	17,716	4.4
	(연립주택)	호	24,685	2,037	8.3
	· 건축허가면적	천㎡	117,461	5,224	4.4
	· 건설발주액	억원	765,875	67,415	8.8
	· 도로 총연장	km	100,253	2,942	2.9
	(도로포장률)	%	76.1	95.4	-
	· 상수도 보급률	%	89.4*	99.0*	-
	· 1인당 1일 급수량	l	359*	327*	-

1) 권철현, 앞의 책, pp.277-279.

구 분		단 위	전 국	부 산	비 중
산업	· 광업 · 제조업 사업체수	개	113,297*	9,560*	8.4
	· 광업 · 제조업 종사자수	천명	2,750*	171*	6.2
	· 산업생산지수	2000=100	126.1	117.2	-
	· 생산자제품 출하지수	2000=100	124.1	116.8	-
	· 생산자제품 재고지수	2000=100	120.8	126.6	-
	· 총사업체수	천개	3,118*	268*	8.4
	· 총사업체 종사지수	천명	14,729*	1,130*	7.7
	· 대형소매점 판매액	십억원	38,715	3,194	8.2
	(백화점 판매액)	십억원	16,507	1,008	6.6
	· 전력 사용량	Gwh	312,094	13,467	4.3
	· 자동차 등록대수	대	14,934,092	966,417	6.5
고용	· 경제활동인구	천명	23,370	1,680	7.2
	· 경제활동참가율	%	62.0	57.8	-
	· 산업별 취업자수	천명	22,557	1,612	7.1
	(농림어업)	천명	1,325	30	1.6
	(광공업)	천명	4,306	305	7.1
	(사회간접자본 및 기타)	천명	16,427	1,278	7.8
	· 실업자수	천명	813	68	8.4
	· 실업률	%	3.5	4.0	-
물가 및 소득	· 소비자 물가지수	2000=100	114.7	114.0	-
	· 지역내총생산(가격)	십억원	727,605*	42,616*	5.9
	· 1인당 지역내총생산	천원	15,182*	11,564*	-
금융 및 무역	· 예금은행 점포수	개	642.1	550	8.6
	· 화폐발행액	십억원	29,090.9	2,090.8	7.2
	· 예금은행 예금액(연말잔액)	십억원	540,726.2	34,245.2	6.3
	· 예금은행 대출금	십억원	565,655.4	37.936.4	6.7
	· 어음부도율(금액)	%	0.18	0.60	-
	· 수출액	백만달러	253,845	6,434	2.5
	· 수입액	백만달러	224,463	6,740	3.0
	· 무역지수	백만달러	29,382	-306	-
보건 및 사회보장	· 의료기간(2002)	개소	43,704*	3,834*	8.4
	· 의사수(2002)	명	61,388*	5,139*	8.4
	· 의사 1인당 인구수(2002)	명	752*	722*	-

구 분		단 위	전 국	부 산	비 중
교육 및 문화	· 학교수				
	(초등학교)	개	5,541	283	5.1
	(중학교)	개	2,888	165	5.7
	(고등학교)	개	2,081	135	6.5
	· 학생수				
	(초등학교)	명	4,116,195	277,769	6.7
	(중학교)	명	1,933,543	144,092	7.5
	(고등학교)	명	1,746,560	137,315	7.9
	· 공공도서관	개	462*	16	3.7
	(좌석수)	석	245,935*	12,441*	5.1
	(장서수)	천권	36,970*	2,194*	7.1
	(연간이용자수)	천명	97,606	6,614*	6.8
	· 국가지정 문화재	점	2,617	37	1.4
	· 외래관광객수	명	5,818,298	1,660,492	28.5
사회	· 화재 발생건수	건	32,737	1,945	5.9
	(인명피해)	명	2,304	174	7.6
	(재산피해액)	백만원	146,634	2,690	7.8
	· 자동차사고 발생건수	건	220,755	12,026	5.4
	(사망자수)	명	6,563	298	4.5
	(부상자수)	명	346,987	17,832	5.1

Ⅲ 영남권의 주요통계

① 총인구 (단위: 명)

	총 계	남 자	여 자
부 산	3,635,389	1,812,627	1,822,762
울 산	1,102,988	568,897	534,091
경 남	3,172,857	1,592,610	1,580,247
대 구	2,513,219	1,261,391	1,251,828
경 북	2,718,298	1,368,074	1,350,224

통계연보(2006기준)

② 면적 · 세대 · 인구밀도

	면 적 (㎢)	세 대 (세대)	인 구 밀 도 (명)
부 산	765.1	1,288,672	4,752
울 산	1,057.1	373,114	1,044
경 남	10,522.0	1,153,979	302
대 구	884.3	875,173	2,842
경 북	19,026.0	1,030,265	143

통계연보(2006기준)

③ 산업별 산업체수 (단위: 개)

	부 산	울 산	경 남	대 구	경 북
계	262,926	65,818	1213,131	180,015	180,991
농림, 어업	102	13	183	16	247
광업	6	15	72	13	118
제조업	27,799	5148	25,229	23,683	18,561

	부 산	울 산	경 남	대 구	경 북
전기, 가스	68	25	118	60	165
건설업	5,701	2,070	6,373	4,620	5,721
도, 소매업	76,461	16,665	53,749	49,310	46,726
숙박, 음식	49,817	14,987	48,537	31,274	41,888
운수, 통신	30,165	6,403	18,295	20,057	16,015
금융, 보험	3,024	696	2,440	1,836	2,157
부동산, 임대	7,831	1,895	5,810	5,228	3,529
서비스, 기타	61,952	28,633	52,325	43,918	45,864

통계연보(2006기준)

④ 산업별 종사자 (단위: 명)

	부 산	울 산	경 남	대 구	경 북
계	1,147,243	389,470	1,023,724	721,257	815,419
농림, 어업	2,977	156	2,408	271	2,763
광업	37	213	803	121	1,316
제조업	199,795	142,754	347,625	154,329	259,813
전기, 가스	4,133	1,571	4,944	2,341	6,045
건설업	60,575	24,203	53,413	36,280	39,849
도, 소매업	217,263	44,469	133,227	129,489	105,134
숙박, 음식	132,094	35,671	113,764	79,265	93,588
운수, 통신	109,520	20,640	52,339	48,409	41,273
금융, 보험	46,128	10,769	33,256	30,005	25,632
부동산, 임대	27,677	6,256	16,801	18,413	10,799
서비스, 기타	347,044	102,768	265,144	222,334	229,207

통계연보(2006기준)

⑤ 광업, 제조업 현황

	사 업 체 수 (개)	종 사 자 수 (천명)	생 산 액 (십억원)	부 가 가 치 (십억원)
부 산	9,084	167	28,447	10,582
울 산	1,707	145	117,301	29,569
경 남	9,804	320	92,685	31,038
대 구	6,743	123	21,047	7,766
경 북	6,458	241	104,741	40,764

통계연보(2006기준)

⑥ 서비스 (단위 : 개, 명)

		부 산	울 산	경 남	대 구	경 북
하수 · 폐기물 처리 원료재생 및 환경복원업	사업체수	303	116	447	248	463
	종사자수	4,703	1,524	5,321	2,239	4,448
출판 영상 방송통신 및 정보서비스업	사업체수	879	161	476	597	456
	종사자수	7,685	1,924	4,532	6,666	4,206
전문 과학 및 기술 서비스업	사업체수	4,205	1,023	2,755	3,050	2,132
	종사자수	24,579	7,498	15,972	15,135	9,193
사업시설관리 및 사업지원 서비스업	사업체수	3,038	714	1,461	1,582	1,100
	종사자수	53,993	18,281	19,677	25,890	17,232
교육 서비스업	사업체수	9,816	3,800	9,438	8,722	7,075
	종사자수	32,734	12,390	28,840	26,648	20,562
보건업 및 사회복지 서비스업	사업체수	5,688	1,618	5,273	4,139	4,118
	종사자수	57,775	15,569	48,216	40,304	36,282
예술 스포츠 및 여가관련 서비스업	사업체수	7,693	2,592	6,901	5,082	5,071
	종사자수	20,376	6,054	18,827	13,250	13,149

		부 산	울 산	경 남	대 구	경 북
협회 및 단체 수리 및 기타 개인 서비스업	사업체수	24,011	6,239	18,361	16,533	16,822
	종사자수	48,447	13,666	36,014	31,760	31,985

통계연보(2006기준)

⑦ 영남권 주요도시 비교 현황

	면 적 (㎢)	인 구 (명)	수 입 (백만불)	수 출 (백만불)	지역내총생산 (십억원)
부 산	765.1	3,635,389	8,646	8,090	48.1
대 구	884.3	2,513,219	2,608	3,546	27.8
마 산	330.6	411,078	2,430	3,725	4.9
울 산	1,057.1	1,102,988	49,235	54,940	41.2
창 원	292.7	503,518	5,193	11,206	14.4
구 미	616.0	391,368	12,025	30,381	29.9
포 항	1,127.7	507.674	7,900	5,428	23.5
경 주	1,324.3	277,185	304	818	8.3

통계청, 무역협회 통계 참조(2006년 기준)

Ⅲ 영남 메갈로폴리스(megalopolis) 구축방안 연구

2009.7

1

목 차

Ⅰ. 과업의 개요

1. 과업의 배경 및 목적

- 수도권 집중화 체제를 극복하기 위한 균형 및 신성장동력형 해양국토 개발계획 필요
- 동북아 최대 규모의 해양 도시 벨트화 개발 사업 및 무형자산 · 문화유산 클러스터 조성

2. 과업의 성격

- 5+2 광역경제권 활성화 전략의 국가 정책기조와 맞는 동남 · 대경권역의 실천적 패러다임을 제시하는 용역

3. 과업의 범위

- 사업기간 : 2009년 ~2028년 (20년)
- 공간적 범위 : 동남권 (부산, 울산 , 경남), 대경권 (대구, 경북)

4. 과업의 내용

- 지역개발전략
  - ↗ 해양거점 도시별 재창조사업을 통한 양극형 국토개발전략
- 창조도시(벨트) 전략
- 신 산업도시 전략
  - ↗ 무형자산 산업 클러스터단지유치
- 해양도시개발 국제네트워크 전략
  - ↗ 유럽 및 환태평양 해양도시 개발공동체 수립
- 생태(학습)도시 전략
- 도시연합
  - ↗ 역내 시스템 다이나믹스 구축

〈 공간적 범위 〉

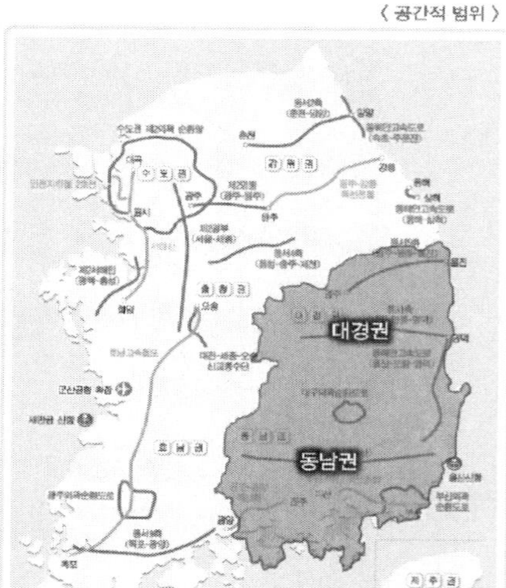

※ 주) 5+2 광역경제권중 동남권, 대경권

4

Ⅰ. 과업의 개요

5. 과업의 주요내용

메갈로폴리스(megalopolis)의 개념

대도시 중심으로 도시연대가 이루어질 경우 주변의 도시가 종속화 되고 농촌지역까지 흡수되어 대도시와 중소도시와 농촌이 이어진 거대한 도시군(群). 우리나라의 경우 서울집중의 수도권은 명실상부한 메갈로폴리스로 인정받고 있으나 지방은 파편화, 소외화, 차등화되어 제 2, 3의 메갈로폴리스 구축은 지방균형발전(자립화)의 효과적 대안으로 부상되고 있음

영남 메갈로폴리스 구축 구상

↗ 경부축의 재구축
- 2nd megalopolis : 북서축(서울-수도권)의 counterpart
- 국토균형발전의 신기원(시범사업)

↗ 동해 경제권의 구축
- 한 · 일 · 러 3각 경제권
- 유라시아 / 환태평양 연결망

↗ 수도권 수준의 SOC 구축
- 초광역(inter-regional) 인프라 구축
- 동북아 허브 도시 인프라 지향
- 수도권과의 인프라 격차 해소

↗ 초광역권내 시스템 다이나믹스 구축
- 초광역 authority 출범
- 광역시 · 도간의 수평적 계열화(전문화)
- 3층(초광역/광역/기초)의 수직적 계열화(통합화)

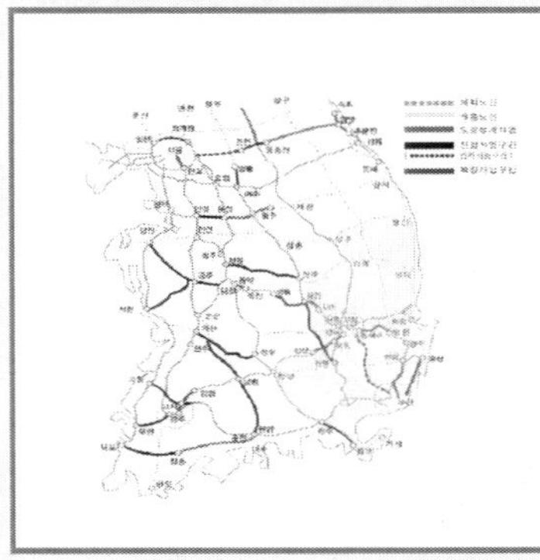

5

Ⅰ. 과업의 개요

5. 과업의 주요내용

Five Diamond Initiative(FDI)

Zone Ⅰ 통합화 정책분야	Zone Ⅱ 분권화 정책분야	Zone Ⅲ 차별화(국제화) 정책분야
• IRA (Authority) 출범	• RDI (지역발전구상)	• RII (지역국제화구상)
• IRI (Infra) 구축	• RII (지역통합구상)	• RISO (지역표준화구상)
• IRN (Network) 구축	• RAI (지역계열화구상)	• RSI (지역전문화구상)

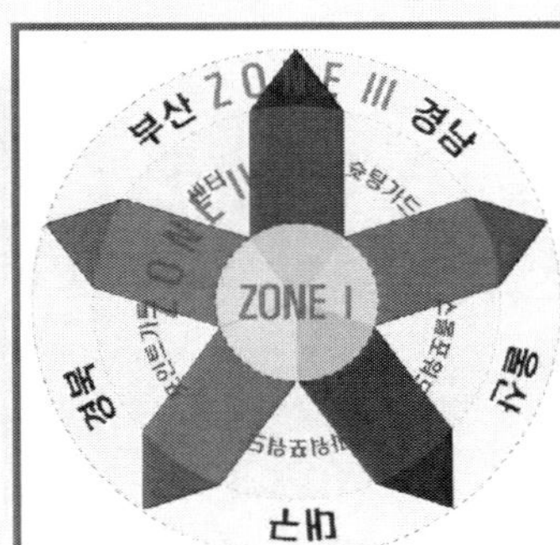

6

Ⅱ. 과업의 세부내용 및 수행체계
1. 과업의 세부내용
2. 과업의 수행체계
7

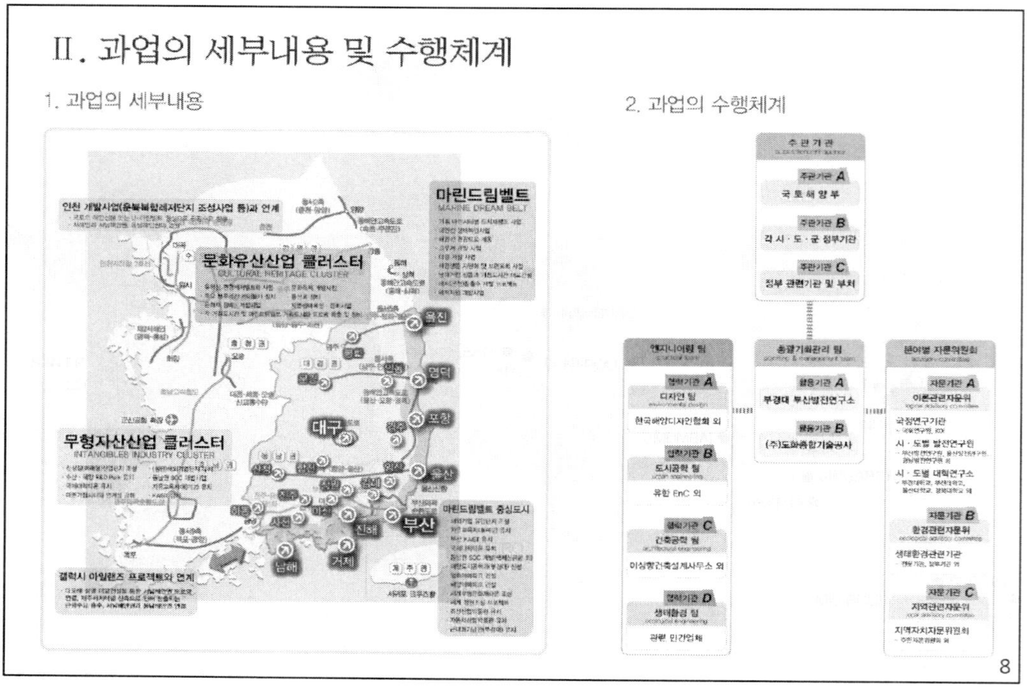

Ⅱ. 과업의 세부내용 및 수행체계
1. 과업의 세부내용
마린드림벨트
MARINE DREAM BELT
문화유산산업 클러스터
CULTURAL HERITAGE CLUSTER
무형자산산업 클러스터
INTANGIBLES INDUSTRY CLUSTER
울진
영덕
포항
대구
울산
부산
진해
거제
남해
마린드림벨트 중심도시
2. 과업의 수행체계
주관기관
주관기관 A
국토해양부
주관기관 B
각 시 · 도 · 군 정부기관
주관기관 C
정부 관련기관 및 부처
엔지니어링 팀
협력기관 A
디자인 팀
한국해양디자인협회 외
협력기관 B
도시공학 팀
유한 EnC 외
협력기관 C
건축공학 팀
이상향건축설계사무소 외
협력기관 D
생태환경 팀
관련 민간업체
총괄기획관리 팀
운용기관 A
부경대 부산발전연구소
운용기관 B
(주)도화종합기술공사
분야별 자문위원회
자문기관 A
이론관련자문위
국정연구기관
시 · 도별 발전연구원
시 · 도별 대학연구소
자문기관 B
환경관련자문위
생태환경관련기관
자문기관 C
지역관련자문위
지역자치자문위원회
8

Ⅲ. 국토공간계획상의 위상

국토종합계획의 하위계획인 지역계획 위상으로 국토종합계획에 부합하는 동남 · 대경권역의 발전구상 제시

1. 국토공간계획 체계

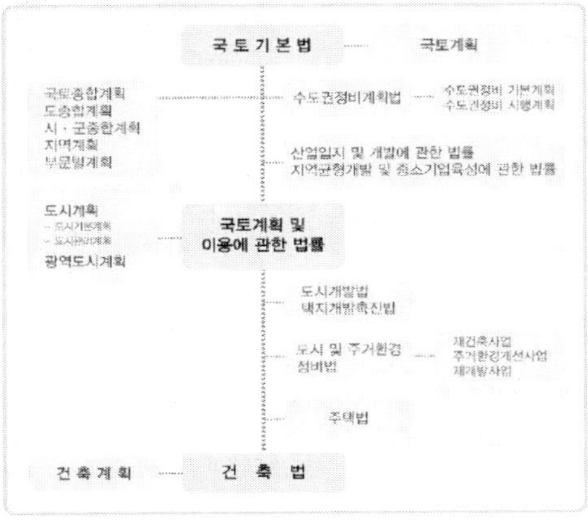

2. 지역계획 체계

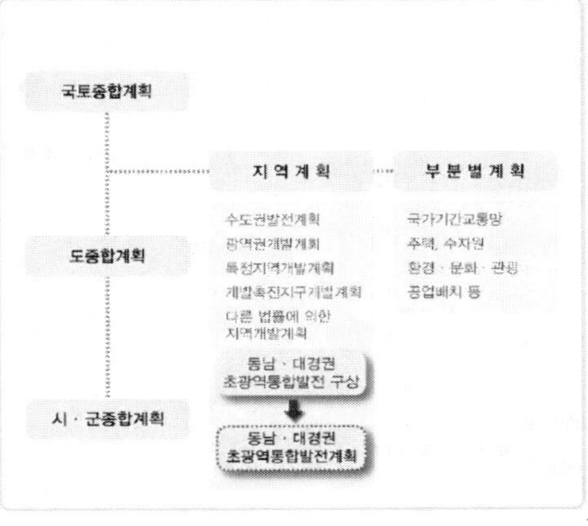

10

Ⅲ. 국토공간계획상의 위상

3. 지역계획 및 관련제도

구 분	정 책 명	지역단위	주관부서	근거법	최초지정	예 산
글로벌 특수구조성	제주국제자유도시	도	국토해양부, 제주도	제주국제자유도시법	2002	2002~11년까지 29.5조원
	경제자유구역	임의지역	기획재정부	경제자유구역법	2003	2003~20년까지 30.5조원(3곳)
	대덕연구개발특구	임의지역	교육과학기술부	대덕연구개발특구법	2005	계획미수립
지역산업진흥	지역산업진흥사업	광역시도	지식경제부	–	1999	5.7조원 (4개 지역 1~2단계 및 9개 지역 1단계)
	지방문화사업클러스터	시	문화체육관광부	문화산업진흥기본법	2001	2000~10년까지 6천억원
	벤처기업육성촉진지구	임의지역	중소기업청	벤처기업육성에관한 특별조치법	2001	2001~04년까지 2,400억원
	지역소프트타운	시	방송통신위원회	–	2002	초기 25억원 + 매년 2.5억원(1개지역당)
	혁신클러스터	산업단지	지식경제부	–	2004	2005년 300억원
	기업도시	임의지역	국토해양부	기업도시개발특별법	–	민간개발
	혁신도시	임의지정	국토해양부	–	–	계획미수립
낙후지역개발	개발촉진지구	임의지역	국토해양부	지역균형개발 및 지방중소기업육성법	1996	1~5차 16.2조원
	소도읍육성	읍	행정안전부	지방소도읍육성지원법	2003	2003~12년까지 12조원
	신활력지역	시군	행정안전부	–	2004	매년 2천억원
농어촌지원	정보화마을	마을	행정안전부	–	2001	1~3차 677억원
	농어촌 체험마을	마을	농림수산식품부, 농촌진흥청, 국토해양부	농업농촌기본법 농어촌정비법 농촌진흥법 해양수산발전기본법	2002	2,019억원(3개 정책)
	지역특화발전특구	시군구	기획재정부		2004	국비투입 없음

11

Ⅳ. 관련 국가정책 전략

1. 상생도약을 위한 지역발전정책 기본구상과 전략 (국가균형발전위원회)

초광역 개발권	3대 해안벨트 (동, 서, 남해안) + 남북교류 · 접경벨트의 4대 초광역 개발로 대외 개방형 국가 경쟁력 제고
관련 자료	

2. 5+2 광역경제권 활성화 전략 (국가균형발전위원회)

목 표	글로벌 경쟁력을 갖춘 광역경제권 창조
추진 전략	1. 선도 프로젝트 추진 · 핵심선도산업육성 · 지역인력양성 · 인프라구축
	2. 관련기반 구축
	3. 추진체계 확립 · 광역경제권 발전 수립
관련 자료	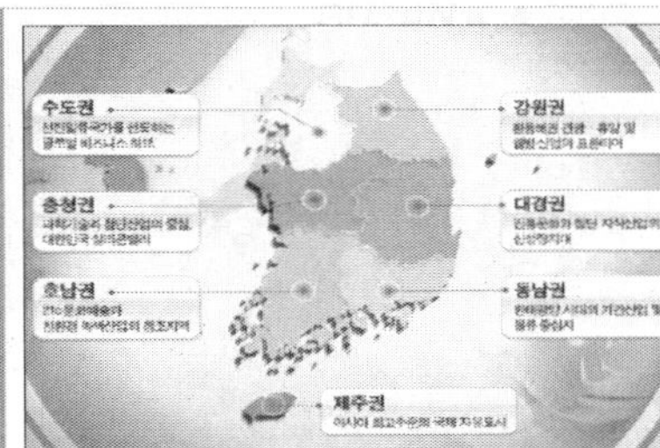

13

3. 남해안 선벨트 구상 (국가균형발전위원회)

남중권	첨단산업, 관광, 의료, 교육산업중심의 "남중경제자유구역"으로 개발
부산권	부산 · 진해 경제자유구역 조기개발로 부산강서 첨단물류단지 조성
목포권	동북아 해양 문화 관광거점으로 육성 – 무안기업도시, 조선산업타운, 해양생물산업구성
관련 자료	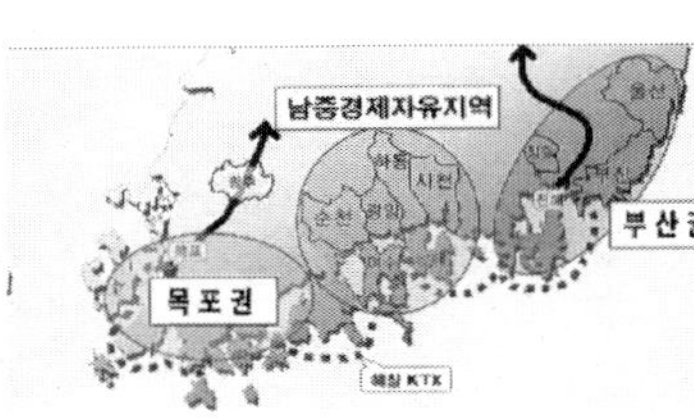

4. 남해안 시대 발전 기본구상 (부산, 전남, 경남)

Advanced Industry	남해안 경제 업그레이드 – 산업간 시너지 발휘 – 혁신역량 강화 – 지역내 파급효과 극대화
Better Life	사람들이 몰려드는 남해안 – 건강과 지속가능성 – 매력과 희망의 공간 – 해양과 내륙의 쾌적성
Cultural Fusion	다양한 문화가 조화되는 열린 남해안 – 영남과 호남의 화합 – 세계로 열린 공간 – 다양한 문화의 교류공간
관련 자료	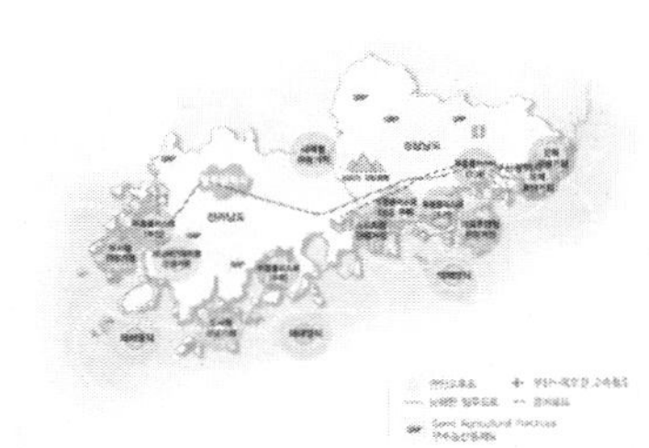

14

Ⅴ. 지역관련계획
1. 남해안권 발전종합계획
2. 지역관련계획
15

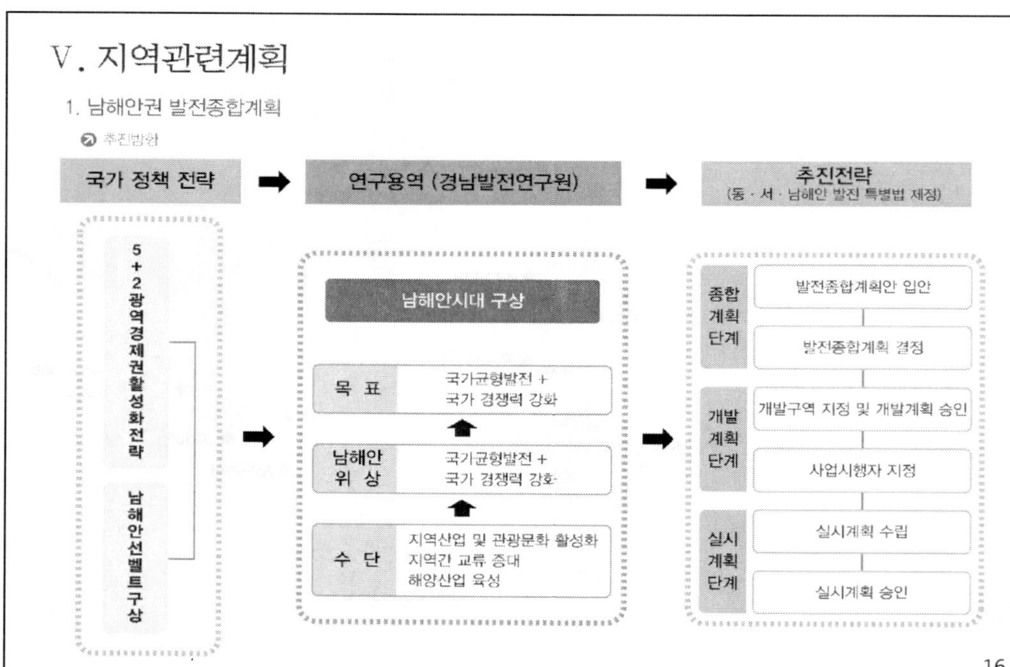
Ⅴ. 지역관련계획
1. 남해안권 발전종합계획
추진방향
국가 정책 전략
연구용역 (경남발전연구원)
추진전략
(동 · 서 · 남해안 발전 특별법 제정)
5+2광역경제권활성화전략
남해안선벨트구상
남해안시대 구상
목 표
국가균형발전 +
국가 경쟁력 강화
남해안
위 상
국가균형발전 +
국가 경쟁력 강화
수 단
지역산업 및 관광문화 활성화
지역간 교류 증대
해양산업 육성
종합
계획
단계
발전종합계획안 입안
발전종합계획 결정
개발
계획
단계
개발구역 지정 및 개발계획 승인
사업시행자 지정
실시
계획
단계
실시계획 수립
실시계획 승인
16

2. 지역관련계획

남해안 관광벨트계획	관광기능의 특화 : 4개 권역별 관광정비방향 지역 특수성을 고려한 관광벨트계획 남해안을 4대권역으로 구분하여 특화개발 … 5개 거점개발, 6개 부거점개발	문화체육관광부
부산 · 경남권 광역개발계획	정주체계형성 : 도시지역, 전원도시지역, 농촌지역의 특성별개발 신개발축의 구축 : 수도권에 대응하기 위한 부산광역권 기능제고 광역교통망체계 : 국제기반시설과 산업기반시설이 연계된 교통체계 구축	지역균형개발 및 중소 기업 육성에 관한 법률 민자유치촉진법
광양만 · 진주권 광역개발계획	국가경쟁력 강화를 위한 신산업입지대 조성 광양만 지역거점 도시권, 진주, 사천 거점도시권 조성 관광레저 벨트 조성	지역균형개발 및 중소 기업 육성에 관한 법률
동해안 광역권발전계획	환동해권 환경공생 신 성장 산업 거점 지역가치 발현의 극대화 네트워킹을 통한 지역별 특성화 발전	지역균형개발 및 중소 기업 육성에 관한 법률

17

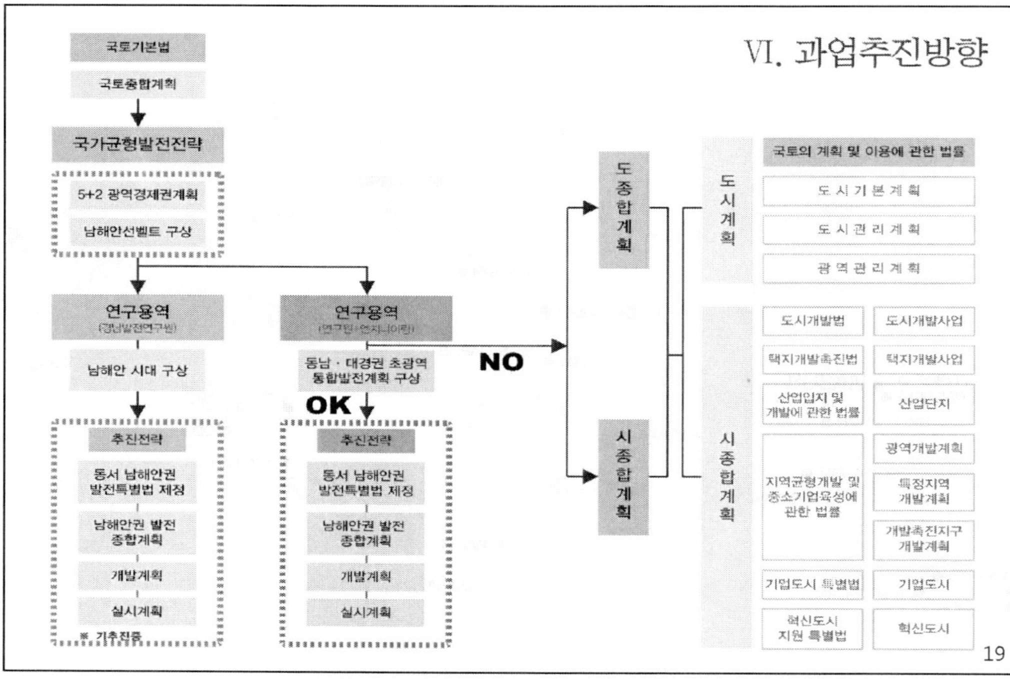
Ⅵ. 과업추진방향
국토기본법
국토종합계획
국가균형발전전략
5+2 광역경제권계획
남해안선벨트 구상
연구용역
남해안 시대 구상
추진전략
동서 남해안권 발전특별법 제정
남해안권 발전 종합계획
개발계획
실시계획
연구용역
동남 · 대경권 초광역 통합발전계획 구상
OK
NO
추진전략
동서 남해안권 발전특별법 제정
남해안권 발전 종합계획
개발계획
실시계획
도종합계획
시종합계획
도시계획
국토의 계획 및 이용에 관한 법률
도시기본계획
도시관리계획
광역관리계획
시종합계획
도시개발법
도시개발사업
택지개발촉진법
택지개발사업
산업입지 및 개발에 관한 법률
산업단지
지역균형개발 및 중소기업육성에 관한 법률
광역개발계획
특정지역 개발계획
개발촉진지구 개발계획
기업도시 특별법
기업도시
혁신도시 지원 특별법
혁신도시
19

Ⅶ. 문제점 및 대책
20

Ⅶ. 문제점 및 대책

구 분	내 용	대 책
법적 · 제도적 기반 미약	현재 근거법령이 없어 실천력이 없는 구상계획으로 끝날 수 있음	특별법제정으로 법적 · 제도적 기반 확정
개별단위사업의 구체적 전략 미약	구체적인 실천계획이 아니라 실현할 수 있는 전략 미약	실천적인 전략의 완성을 위해 국가차원의 지원과 정책협력과 같은 법적 · 제도적 지원 시스템 구축필요
유사계획과 상충	광역권 개발계획 및 남해안 종합발전계획 (부산광역시, 전라남도, 경상남도)등과 개발계획 및 계획전략의 상충문제	계획구상단계에서 주요사안별로 차별화 및 특성화 전략필요
각 지자체의 정책방향 상충	동남권역 (부산, 울산, 경남) 및 대경권역 (대구, 경북) 초광역적 성격의 계획으로 지자체간의 이해관계 및 정책방향에 혼선 초래 우려	각 지자체간의 정책협력의 기조로 공동의 계획방향 및 실천과제 수립 필요

21

Ⅷ. 향후 추진일정

1. 추진일정

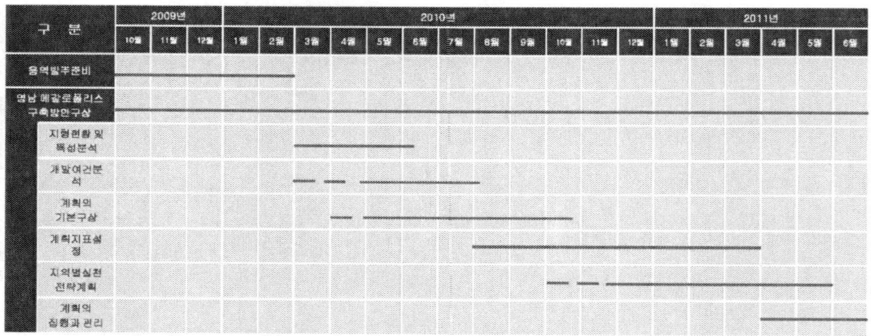

2. 추진방법

- 발 주 처 : 국토해양부
- 발주방법 : 사전자격심사(PQ)방법에 의한 경쟁입찰
- 참가자격 : – 연구기관 (국 · 공립 정부출연 연구기관, 대학 부설 연구소, 민간연구기관)
  – 엔지니어링 활동주체(도시계획, 교통, 환경 등)
- 공동계약방식 : 분담이행 방식 또는 공동이행 방식

23

도시경영시대와 부산

- 창조도시, 해양수도, 세계도시로의 비전

2013년 8월 5일 인쇄
2013년 8월 8일 발행

저 자 | 하 봉 규
발행인 | 김 영 섭
발행처 | 부경대학교 출판부
주 소 | 부산광역시 남구 용소로 45-1
전 화 | (051) 629-6914
F A X | (051) 629-6917
E-Mail | upress@pknu.ac.kr

값 12,000원

ISBN 978-89-94047-81-2 93320